译文经典

非理性的人
Irrational Man

William Barrett

〔美〕威廉·巴雷特 著

段德智 译

上海译文出版社

目　录

第四编 整体的人对理性的人

第一编　"当今时代"

第1章　存在主义的问世

基尔凯戈尔曾讲到这样一个故事，说的是一个对自己的生命心不在焉的人，直到他在一个阳光明媚的早晨一觉醒来发觉自己已经死了，才知道他自己的存在。这个故事今天讲来有特别的意义，因为我们时代的文明终究掌握了一些武器，凭借这些武器，可以轻而易举地使它自身陷入基尔凯戈尔故事主人公的命运：我们可能明早醒来发觉自己死了，却从来不曾触及我们自己的存在之根。时至今日，对原子时代的诸多危险确实存在着一种普遍的焦虑，乃至惊恐。但是，对于这种境况，一般民众很少有人反省，进行全方位的检讨，既或有之，也难得触及问题的实质。我们没有反躬自问，那些隐藏在我们文明背后使我们陷入这种险境的终极观念究竟是什么，我们也没有探究那隐藏在人们铸造的大批令人眼花缭乱的器械背后的人的真实面目。简言之，我们不敢进行哲学思考。尽管我们对原子时代深感不安，但是对于极端重要的存在问题本身，我们却甘愿和基尔凯戈尔故事中的那个人一样依旧心不在焉。我们所以会如此，原因之一就在于现代社会已经把哲学贬黜到完全无关紧要的地位，而哲学本身对此竟也欣然接受。

如果哲学家真要讨论人的存在问题，如果社会上再无别的职业团体能够接替他们的工作，他们就很可以从这个问题开始：在当今时代，哲学本身如何存在？或者问得再具体一点，就是在现代世界上，哲学家如何存在？这个问题并不意指任何高超深邃的、形而上学的东西，甚至一点也不抽象；我们对这个问题的初步答案也同样具体、平常。今天，哲学家存在于"学院"里，是大学哲学系的成员，成为多少带有理论性质的大家叫做哲学学科的专业教师。这个简单的观察非常实在，几乎具有统计学性质，似乎并不能使我们深入到玄而又玄的存在问题；但是，理解存在问题的任何努力都必须从我们的实际情势出发，从我们当前的立足点出发。"认识你自己！"是苏格拉底在整个西方哲学初露端倪（或非常接近这一开端）之际对哲学家们发出的指令；因而，当代哲学家的自我认识旅程，便可以从承认哲学这一专业的社会地位这样一个事实起步。这个事实尽管有点"污秽不洁"又很平庸，但它所带有的若干含混性却饶有趣味。

根据字典，所谓"以……为业"，就是公开地、因而也就是当众地供认或表明信仰，所以也就是在世人面前公开承认从事某项工作的内心冲动或神灵的感召。这样，这个词原本就带有宗教的意涵，例如，当我们讲到职业信仰时情况就是如此。但是，在我们现今社会里，随着人的职能的精心划分，职业乃成了一项专门性的社会事务，它需要熟练和技巧，是一项人们为收取报酬而不能不履行的事务，亦即一种生计、一种个人营生。以职业谋生的有律师、大夫、牙医、工程师，也包括哲学教授。在现代世界里，作为哲学家的职业就是去做哲学教授；而哲学家作为一个生存的个体，他的存在领域也和大学一角一样无声无息，鲜为人知。

尽管一些当代存在主义者已对哲学家的这种学院式存在作出过率直、尖锐的批评，但这仍未引起充分的关注。一个人为谋得职业所付出的代价是法国人所谓的职业缺陷。大夫和工程师容易用他们的专业眼光观察事物，因而对他们专业领域以外的东西通常便表现出十分明显的无知。观察越是专业化，其焦点也越是明显；而对焦点四周的所有事物也就越发近乎全然无知。哲学家作为人，既然在学院内供职，特别是由于人越来越完全地和他的社会职能化为一体这一点已成为现代社会的法则，我们便很难指望他避免自己的职业缺陷。对于当今的哲学家来说，既惹人烦恼又意义深刻的含糊性正出于此。以哲学为业在过去并不总具有它现在所具有的这种狭隘专业的意义。在古代希腊，情况则完全相反：哲学不是一门特殊的理论学科，而是一种具体的生活方式，是对人和宇宙的总体看法，个体的人据此度过他的一生。这些最早的希腊哲学家，不仅是最早的思想家，还是先知、诗人，也差不多是巫师。他们的思想里充满着神话的和直觉的因素，即使在那些我们看到他们为形成概念而作出最初历史尝试的地方，情况也是如此；他们甚至在赋予旧神祇以新的意义的过程中，也还同旧神做交易；在前苏格拉底希腊人的断简残篇里，到处都显露出一种超乎他们自身的伟大的启示，而他们透露给世人的也正是这样一种启示。即便在柏拉图的著作里，虽然思想已经比较分明、比较专门化，作为理论学科的哲学的主导路线也已制定了出来，但哲学的动机也还是和潜心研究的专家学者们的冷漠探求很不相同。对柏拉图说来，哲学是一种激昂的生活方式；苏格拉底生为哲学而生，死为哲学而死，他的不朽典范是柏拉图在其师长去世后50年哲学生涯的准绳。哲学是灵魂寻求拯救，而这对柏拉图来说，则意味着从自然世界的苦难和罪恶中解脱出来。即使到了今天，东方人从事哲学研究的动机仍然和西方人完全不同：东方人为哲学费神的惟一动因是寻求解脱和宁静，摆脱尘世生活的苦恼和困惑。哲学决不能够放弃这些原始的要求。这些要求是过去的一部分，是永远消失不了的。当代哲学中，最诡辩的莫过于理性哲学；然而，即便在这种哲学的饰面之下也依然潜存着这些要求。就连那些矢口否认有所谓大智慧的哲学家，也为人们所呼吁，去回答这些重大问题。尤其是那些从事非哲学专业的俗众，由于他们还不曾意识到专业化的历史命运已经落到哲学头上了，往往会发出这种呼吁。

哲学的这些古老要求使当代哲学家有点难堪，使他不得不为他之存在于专家学者和科学家的知识圈里的合理性进行辩护。现代大学和现代工厂一样，都是当今时代专业分工的产物。此外，哲学家也知道，我们所珍视的一切现代知识，都是专业分工的结果。其中的每一种在精确性和力量上都超越了过去所谓的知识，体现了一种巨大的进步。现代科学之所以可能，就在于知识的社会组织。所以，当今哲学家正是由于其在社会组织中的这种客观社会作用而被迫成了科学家的模仿者：他也试图借专业化来完善他的知识武器。因此，现代哲学家格外关注方法和技巧，关注逻辑和语言分析，关注句法学和语义学；而且，一般说来，他们为求得形式的精巧而不惜把所有的内容全都提取掉。所谓逻辑实证主义运动，在美国这个国家（在欧洲各大学，人本主义的气氛很可能比在美国要浓厚些），实际上是对哲学家由于自觉不是科学家，也就是说，不是那种以科学模式制造可靠知识的研究者而滋生的"负罪感"的抒发。哲学家由于他们的整个事业极不稳定，原本就容易滋生不安全感，现在这种不安全感由于其执着于把自己化为科学家而严重到了难以估量的地步。

专业分工是我们为知识进步付出的代价。其所以是一种代价，是因为专业分工的道路使人离开了其普通具体的理解活动，而他实际上是按照这种活动每天生活着的。人们过去常常说(我不知道这种说法今天是否依然适用)，如果要死上 12 个人，则爱因斯坦相对论的意义就将对人类丧失殆尽。今天，没有一位数学家能像一个世纪多以前伟大的高斯①那样，领悟他的整个研究课题。凡是离开紧迫现实问题而走上了专业化道路的哲学家都可以声言他的地位比得上科学家，声言他自己之日益远离生活只不过表明知识进步的法则不可抗拒罢了。但是，实际上，他的地位还是比不上科学家。因为靠只有少数几个专家才能领会的抽象概念，物理学家就能够使原子弹爆炸，而这会改变并且在事实上还能够结束普通人类的生活。哲学家对他所在时代的生活并不曾产生过如此爆炸性的影响。实际上，要是今日的哲学家坦率的话，他们就会承认，他们对周围人们心理的影响已经越来越小。既然他们的存在已经专业化和学院化到这样一种地步，他们在大学校园之外的重要性也就日渐衰微。他们的争辩已经成了他们自己人之间的争辩；他们非但得不到强大民众运动的必要的热情支持，而且现在同依然留在学院之外的各类知识分子精英也没有什么接触。约翰·杜威乃是对美国非学院生活有过广泛影响的最后一位美国哲学家。

这些就是在第二次世界大战后存在主义作为新闻传来时，

---

① 高斯(1774—1855)，是历史上最伟大的德国数学家之一。——译者

我们美国哲学的一般情景。那时，存在主义是个新闻，而且即使到了今天，它本身对哲学还是件不寻常的事情。公众的兴趣确实也没有完全指向正在讨论的哲学问题。它是来自法国的新闻，因此显著地表现出法国知识生活能够产生出来的那种独特的色彩与轰动。法国的存在主义在巴黎，是一种狂放不羁的酵素；它把由它的年轻信徒们以汇聚夜总会、跳美国爵士舞、留奇特发型、穿奇装异服等形式造成的时尚作为哲学的装饰。所有这一切都成了想要报道大战和德军占领期间巴黎生活的美国记者们的新闻题材。再者，存在主义还是一种文学运动，它的领袖人物——让·保罗·萨特、阿尔伯特·加缪[①]、西蒙·德·波伏瓦[②]都是才华横溢、大受欢迎的作家。尽管如此，我们也不能完全否认美国公众对这种哲学本身也感到过好奇。或许这种好奇主要就在于想要知道这个名词、这个大字眼究竟是什么意思；再没有什么能像一条口号那样引发公众的兴趣了。尽管对所有这一切的感受还很肤浅，但还是有一种真正哲学上的好奇；因为这项运动似乎要把非常重要的信息和意义传送给国外许多人，而美国人也想要知道它。寻求意义的渴望虽然被淹没了，但却还是蛰伏在美国生活的外向性下面。

---

① 加缪(1913—1960)，法国小说家、剧作家、存在主义哲学家。主要作品有《局外人》、《西西福斯的神话》、《堕落》等。——译者
② 德·波伏瓦(1908—1986)，法国女作家、存在主义哲学家，萨特的终身伴侣。主要作品有《应邀而来》、《人总有一死》等。——译者

从法国传来的哲学新闻在战后历史上只是个小的细节。法国存在主义，作为一种时尚，就像去年的时髦一样现在已经消逝了。诚然，它的领袖人物依然十分活跃：萨特和西蒙·德·波伏瓦依然出类拔萃地多产，虽然就萨特来说，我们感到他至少已经差不多发表完了他的全部看法，因而可以说，我们现在已相当完全地掌握了他的要旨。阿尔伯特·加缪在他们合演的三重唱中最为敏锐，虽然很久以前就脱离了这个存在主义团体，但却还在继续探究原本属于存在主义深为关注的论题。作为新闻和轰动，这个运动已经完全寂灭了；然而，它却给欧洲最近十年几乎所有的作品和思想都打上了它的烙印。在严酷的冷战年代，任何一个其重要性可以与之匹配的思想运动都不曾出现过。存在主义作为一种新颖和富有创造性的运动，是十分缺乏创见的战后年月能够出现的最好运动。如果我们以冷静的态度来评估存在主义的话，则即便我们承认它附带有轻浮不实和危言耸听的成分，我们还是应当至少指出这一点。

我再说一遍，重要的是，这里有一种能够走出学院大门进入大千世界的哲学。这对专业哲学家们本来应该是个可喜的兆头；因为它表明，如果你给普通人啃的是些看来与他们的生活密切相关的东西的话，他们还是会渴求哲学的。然而，哲学家们对这个新运动却一点也不热诚。存在主义常常是在人们没有对之进行详尽研究的情况下，就被当作激情主义或纯粹的"心理分析"，当作一种文学态度、一种战后的绝望情绪、一种虚无主义，或天知道别的什么东西而遭到拒斥。存在主义的主要论题，对英美哲学超然的庄重态度来说，恰恰是某种丑闻似的令人反感的东西。诸如焦虑、死亡、伪造自我与本真自我之间的冲突、民众的无个性、对上帝之死的体验等问题，几乎都不是分析哲学的论题。然而，它们却是人生的课题：人确实要死，人确实终生在本真与伪造自我的需求间奋斗挣扎，而且我们也确实生活在一个神经过敏性焦虑增长得很不相称的时代，就连那些以为自然科学技术可以解决所有人类问题的人，也开始把"心理健康"列在我们公众问题的首位。专业哲学家对存在主义的反抗，只是他们囿于他们自己学科狭隘框架的一个征候。职业缺陷没有比这更加明显的了。精神与生活离异这样一种现象，早就在一味追求他们自己专业问题的哲学家身上出现。既然哲学家只在总人口中占极小部分，要不是精神与生活离异在现代文明中也恰巧到处都灾难性发生的话，这个问题大概就不值得劳神了。如我们将会见到的，这恰巧是存在主义哲学的主题之一——或许，总有一天我们会因此而大欠其债的。

即使我们承认法国存在主义确有感情用事和幼稚病态的一面，上述这一切也都不能不提到。萨特的才华——到了现在，他的才华几乎不容置疑了——也有其无可否认的病态方面。但是，没有一个人的性情不能显现某种真理的，因而，萨特的病态也有它自己独特的展现力量。诚然，法国存在主义里有许多只不过是对一种历史情绪——那场"假战争"①之后战败的混乱，以及德军占领下被完全遗弃的感受——的表达。但是，这类情绪难道竟如此无关紧要以致哲学家不屑一顾吗？事实上，详尽阐述蕴含在人的某些基本情绪中的东西，不正是哲学家一项严肃适当的任务吗？我们生活在这样一个时代，它已经产生了两次世界大战，而这两次战争不只是偶然的插曲，而且还彻底地暴露了我们这个时代的特征；一种体验过这些战争的哲学，无疑可以说是与其时代的生活有了某种联系。把存在主义作为"只是一种情绪"或"一种战后情绪"的哲学家们，执着于只有在那些"不"掺和任何人类情绪的经验领域中才找得到哲学真理的看法，这就暴露了他们对人类精神所关注的事物令人难以置信的茫然无知。

很自然，一些深深地带有美国烙印的东西在对存在主义的最初反应中泛到了表层。那美国对抗欧洲的旧戏又再次上演了。存在主义的确是欧洲的表达方式，它的阴郁情调与我们美国人朝气蓬勃和乐观主义的性情格格不入。这种新哲学并不是法国独具的现象，而是西欧大陆政治和精神的整个视界正在迅速收缩这一历史时期的产物。美国人还不曾从心理上领略过他

① "假战争"（phony war），指从 1939 年 10 月到 1940 年 4 月期间，在双方没有重大军事冲突的情况下，德军入侵波兰、挪威一事。——译者

们自己的地理疆界消失的滋味，他们的精神视界依然无限地展示了人类的各种可能性；而且迄今为止，美国人还不曾体验过人的有限性的严酷滋味。（人的有限性这个词对我们美国人来说，依然只是个抽象的词汇。）像存在主义那样讨论问题的情调，必定被美国人看做失望与挫败的征候，以及一般说来，也是趋于没落的文明衰竭的征候。但是，从精神方面来说，美国还是同欧洲文明紧密相连的，尽管两者的政治权力的路线现在很不相同。何况，这些欧洲情调只是指出了美国本身早晚也要踏上的道路；到了那个时候，美国就将最终悟出欧洲人现在讲的究竟是怎样一些东西。

既然在至关紧要的问题上，整个欧洲文明（我们美国至今仍然既是欧洲文明的后裔，又是它的随从）的意义，从根本上受到了质疑，我们就有必要强调存在主义之发祥于欧洲，而不是特别地强调它之发祥于法国。看来依然有必要向美国读者强调：让·保罗·萨特并不就等于存在主义；如我们后面将会见到的，他甚至还代表不了存在主义哲学最深层的动力。现在，既然法国存在主义作为风行一时的运动（甚至一度成为流行的污害），除了留下几个新贵继续殿后之外，无疑已完全死寂了，我们就有可能清楚得多地窥到它的真相——它原本是一棵参天大树上的一条细枝。而这棵大树的根须一直延伸到西方传统的最深层。甚至在我们以当代眼光能更直接看清的这棵大树的各个分枝上，我们还是能看到有些东西是欧洲许多思想家的合成品，尽管这些思想家中有些人采用了一些完全不同的民族传统。譬如，萨特思想的直接源头是德国人：马丁·海德格尔（1889—　）与卡尔·雅斯贝斯（1883—　），[①]以及作为其方法论直接源头的德国伟大现象学家埃德蒙德·胡塞尔（1859—1938）。严格地讲，只有海德格尔与雅斯贝斯才称得上本世纪存在主义的创始人：他们给它打上了决定性的烙印，给予存在主义诸问题以新的更加贴切的表达方式，而且还一般地构建了一种所有别的存在主义者的思想无不环绕其旋转的思维模式。海德格尔与雅斯贝斯两人的哲学都不是凭空捏造出来的。德国哲学在本世纪初期的气氛由于探求一种新的"哲学人类学"——一种对人的新的解释——而活跃起来。哲学人类学由于所有研究人的特殊学科知识的遽增而成为必要。虽然一般人不把马克思·舍勒[②]（1874—1928）列为"存在主义者"，但是，在这里，我们必须特别提到他。这是因为他对于来自心理学和社会科学的新的具体资料很敏感，然而最为重要的，是因为他入木三分地领悟了下面这个事实，即现代人就其内在本质而言，已经变得成问题了。舍勒与海德格尔都极大地受惠于胡塞尔，而后者同存在主义的关系却极其含混和矛盾。就气质而言，胡塞尔在现代哲学家中是位卓越的反现代主义者。他是古典理性主义的

---

① 海德格尔和雅斯贝斯分别卒于 1976 年和 1969 年。——译者
② 舍勒，德国社会与伦理哲学家，以研究现象学的方法而知名。——译者

热情倡导者，他的惟一和崇高的目标，就是把人的理性建立在比过去更为恰当和更为全面的基础上。可是，由于执着于哲学必须摈弃先入之见，才能注意到实际具体的经验材料，胡塞尔就使哲学的大门突然向丰富的存在内容敞开，而这些内容正是他的更加激进的信徒们要加以发掘的。在其后期的著作里，胡塞尔的思想甚至踌躇而缓慢地转向海德格尔的论题。这位伟大的理性主义者被徐徐地拖回了"地面"。

但是，鼓舞海德格尔与雅斯贝斯超越他们同代人哲学水准，并且激励他们对当代知识界发出新声的，乃是他们同两位年代较早的 19 世纪思想家——索伦·基尔凯戈尔（1813—1855）与弗里德里希·尼采（1844—1900）——的至关紧要的关系。雅斯贝斯在承认这种"家谱"关系方面更为坦率：他说，真正体验到基尔凯戈尔与尼采思想的哲学家绝对不会再在学院哲学传统模式内从事哲学探讨。无论基尔凯戈尔或尼采都不是学院派哲学家；尼采，虽然曾在瑞士巴塞尔大学当希腊语言学教授达七年之久，但他最根本的哲学思考却发生在他离开大学及其严肃的学者圈子之后。基尔凯戈尔从未担任过学院教席。他们两人的哲学都没有发展出一套体系；事实上，他们两人都嘲笑体系的创造者，甚至否认构建哲学体系的可能性；与此同时，他们创造了极其丰富的、远远超前他们时代、只有下一个世纪的人才理解得了的观念。这些观念不是学院哲学的陈腐的论题，甚至观念也算不上这些哲学家的真正话题。这种情况本身体现了西方哲学的革命性变革：他们的中心论题是单个人或个体独有的经验，这单个人或个体情愿把自己摆到他的文明的最重大的问题面前接受拷问。对于基尔凯戈尔与尼采两人来说，这个最重大的问题就是基督教，虽然对于这个问题，他们持正相反对的立场。基尔凯戈尔给自己提出的任务，是确定是否依然可以过基督徒生活，抑或一种名义上依然是基督教的文明是否必定最终要宣告精神破产；而他的所有观念无非是他在努力身体力行实现基督真理的狂热过程中迸发出来的火花。尼采则是以承认这种破产而开始的：尼采说，上帝死了，欧洲人要是更诚实一点，更勇敢一点，对在其灵魂深处发生的事情眼光更敏锐一点，他就应当知道：尽管他口头上依然赞成宗教的套话与理想，上帝之死却已经在他灵魂深处发生了。尼采用他自己的生命来作实验，以便能够回答这个问题：接着会出现什么情况？当人这个种族终于割断了几千年来一直把它和神、和处于尘世之外的超验世界连成一起的脐带之后，对它会发生什么情况呢？他拿自己的生命来作试验，以便深刻地体验上帝之死。基尔凯戈尔与尼采不只是思想家，更多的还是见证人——是为他们的时代忍受时代本身不愿承认是它自己的内伤的见证人。处于他们哲学中心点的，不是任何概念或概念的体系，而是为自我实现而奋斗不已的个体人格本身。无怪乎他们两人都属于最伟大的直觉心理学家之列。

虽然基尔凯戈尔是个丹麦人，但是，那时的丹麦知识界属于德国的文化圈，他的思想几乎完全是德国文化滋养起来的，因而最终也可以划归于广义的德国哲学传统。因此，总的说来，现代存在主义哲学是德国天才的创造。它从日耳曼精神的古老谱系中脱颖而出。早在中世纪末叶，迈斯特·埃克哈特①就曾试图表达欧洲人灵魂最深层最内在的心声。但是，存在主义所表达的也是一种彻底现代化的心声，它既不具有埃克哈特安详宁静的神秘主义色彩，也不具有德国唯心主义理智的陶醉狂放与恍惚朦胧。在这儿，这种内向性已经达到了直面它的对立面，即具体的生活现实，先前的德国哲学在其面前只拥有些胡思乱想的抽象概念；也就是说，已经达到直面历史的危机，直面时间、死亡与人的焦虑了。

然而，与其说现代存在主义起源于德国，毋宁说它是整个欧洲的产物，或许欧洲给美国或其他任何一种文明的这一最后的哲学遗产现在又反转过来开始排挤欧洲了。通力合作共同构建存在主义哲学的，有不同种族或民族传统的欧洲思想家，其人数要比那些依然对法国存在主义有几分入魔的公众所想象的多得多。法国存在主义的画面如果缺了加布里埃尔·马塞尔②（1889—　）这个人物便算不得完整。马塞尔是萨特的激烈反对

---

① 埃克哈特（约1260—1327或1328），莱茵兰神秘主义派创始人，德国新教教义、浪漫主义、唯心主义、存在主义的先驱。主张"心灵超越上帝"。——译者
② 马塞尔，卒于1978年，法国哲学家、剧作家及文学、戏剧、音乐评论家。他多方位地深化、发掘、阐明了人类经验，堪称第一个法国的现象学家和存在主义哲学家。——译者

者和有力的批评者，又是个虔诚的天主教徒；然而，令人瞠目的是，他的哲学源泉完全不是德国的，而是美国唯心主义者乔赛亚·罗伊斯①与法国直觉主义者亨利·柏格森。据马塞尔《形而上学杂志》记载，他的存在主义是从纯粹个人的体验中发挥出来的，或许对我们来说，不管他的哲学的系统阐明会有什么样的终极价值，它的最重大的意义就在于此。个人感受的亲切与具体使马塞尔明白，一切纯粹玩弄抽象理智概念的哲学都是不完整的。但是，开启这扇经验之门的，却是柏格森的直觉学说；因此，任何一部现代存在主义哲学简史，都实在少不了亨利·柏格森（1859—1941）这个人物。没有柏格森，存在主义者进行哲学探讨的整个氛围就会面目全非。他最早坚持抽象理智不足以把握经验的丰富性，坚持时间是一种紧迫的、不可还原的原始实在；而且，从长远的观点看问题，他最有意义的洞见或许是坚持自然科学定量分析方法测不出精神生活的内在深度。由于柏格森提出了上述这些观点，存在主义者极大地受惠于他。然而，从存在主义的观点看来，柏格森的思想有一种令人费解的缺憾，似乎他从未真正地抓住中心问题，即人的问题，而是一直在其四周转来转去，躲躲闪闪。事实上，柏格森思想的一些前提——这些前提固然也只能算是前提——比存在

① 罗伊斯（1855—1916），美国新黑格尔主义哲学家，信仰黑格尔的绝对唯心主义，又强调个性与意志。主要著作有《哲学的宗教方面》、《世界与个人》、《忠的哲学》等。——译者

主义者曾经考察过的都更为彻底。现在，除在法国外，柏格森的声望已经大降；但是，他的思想之将被复兴是可以想见的。要是到了那个时候，对他的再认识就会使我们看到他的哲学所包含的内容比它过去即使为人推崇备至的时候似曾包含的还要丰富得多。

俄罗斯人（自然是白俄罗斯人）贡献给存在主义三个典型而有趣的人物：弗拉基米尔·索洛维约夫①（1853—1900），利昂·谢斯托夫②（1868—1938）和尼古拉·别尔佳耶夫③（1874—1948），他们中似乎只有最后一位为美国人所知。这些人是陀思妥耶夫斯基④的精神产儿，他们带给存在主义一种独特的俄罗斯人的看法：一种整体的、极端的和天启式的看法。索洛维约夫主要是一位神学家和宗教著作家，属于第一代，受到作为预言家和小说家的陀思妥耶夫斯基的影响，他还发展了典型的陀思妥耶夫斯基的观点，即在理性主义精神与宗教精神之间没有任何妥协余地。别尔佳耶夫与谢斯托夫两个都是俄国的流亡

---

① 索洛维约夫，俄国基督教哲学家和神秘主义者。主要著作有《西方哲学的危机：反对实证主义者》、《神人身份》、《爱的意义》等。——译者
② 谢斯托夫，俄国非理性主义哲学家。1922 年前往柏林和巴黎。哲学上推崇基尔凯戈尔，极端反对理性。主要著作有《陀思妥耶夫斯基与尼采》等。——译者
③ 别尔佳耶夫，基督教存在主义主要代表人物之一。十月革命后，曾任莫斯科大学哲学教授，1922 年被逐出国。主要著作有《自由与精神》、《俄国共产主义之起源》等。——译者
④ 陀思妥耶夫斯基（1821—1881），俄国著名社会小说家。主要作品有《罪与罚》、《群魔》、《卡拉马佐夫兄弟》等。有世界性影响，尼采承认曾受惠于他。——译者

者，是精神上的世界主义者；但是，尽管如此，他们骨子里依然是俄罗斯式的；而且，他们的作品和那些伟大的俄国 19 世纪小说家的一样，能够把局外人对西欧精神，即对古典主义与理性主义的后嗣的看法展现给我们，尤其是能把俄国局外人对他们的看法展现给我们，这些俄国局外人对任何一种哲学回答，只要是缺乏他们自己的人性所带有的那种总体而热情的感情，都不满意。

现代西班牙贡献给存在主义哲学两个人物：米格尔·德·乌纳穆诺①（1864—1936）和何塞·奥尔特加-加塞特②（1883—1955）。乌纳穆诺始终是个诗人，写过一部讨论整个存在主义运动的最动人又最忠实的哲学书；他的《人生的悲惨感》这部著作，虽然在一定意义上是反尼采的，却满足了尼采忠实于大地的要求。乌纳穆诺曾经读过基尔凯戈尔的著作，但是他的思想所表达的却是他自己的个人情感和他土生土长的巴斯克大地。奥尔特加是位更冷静又更有世界主义精神的人物，著有《民众的反叛》，因而在美国享有社会批评家的声誉。奥尔特加的所有基本前提都源于现代德国哲学：就他进行哲学思考所及的而

---

① 乌纳穆诺，西班牙早期存在主义者，认为人类"对永生的渴求"，不断为理智所否定，只能用信仰来满足。主要作品有《人生的悲惨感》、《基督教徒的痛苦》等。——译者
② 奥尔特加-加塞特，西班牙著名哲学家和人文主义者。提出"生命理性"概念和"我是我和我的环境"的口号。主要作品有《没有脊梁骨的西班牙》、《民众的反叛》等。——译者

言，他的精神是德国的；可是他能够把德国哲学译成通俗语言，没有学究气和行话术语；特别是他能把德国哲学简洁朴实地译成一种完全相异的语言，即西班牙语；结果，翻译本身竟成了一种思想创造活动。奥尔特加喜欢用新闻工作者或文学家的简明随便的语言来表达深刻的哲理。

在德国传统的外缘，活动着一个著名的人物，即马丁·布贝尔①(1878—)。他是一位犹太人，其文化完全是德国系统的，但其思想在走过漫漫旅程之后已经成功地重新发现了它的《圣经》的和希伯来文化的遗产，并且本身也深深地定泊于这种遗产上了。布贝尔的作品给我们留下一个印象：他是在令人失望的现代寻根活动中获得成功的很少几个思想家之一。《圣经》人物的形象影子般地活动在他所写的每件作品的背后。他的思想具有希伯来文化的狭隘性与凝聚力，常常是倔强执着、刚愎自用。乍一看，他的贡献在所有的存在主义者中似乎是最微不足道的，可以用他的最动人的《我与你》这本书的书名来概括。基尔凯戈尔说过，"心灵的纯洁就在于只去意欲一件东西"，仿佛布贝尔已经把这句格言重铸成：心灵的深邃就在于只去思考一个思想。但是，生活的意义只发生在这样一种个人与个人的区间里，在这个区间里，他们处于一个人总可以对作

---

① 布贝尔，卒于 1965 年，德国犹太宗教哲学家。深受尼采哲学影响。曾创办《犹太人》月刊，出任过以色列科学和艺术学院第一任院长。20 世纪精神文化生活中最有影响的人物之一。——译者

为他人的"你"说"我"的这样一种交往情势中,这样一种思想是值得毕生发掘的。无论如何,布贝尔对于像海德格尔与萨特那样的雄心更大的体系创造者来说,是一个必要的矫正。

于是我们见到,存在主义在其最有力的代表人物中除无神论者外,还有犹太人、天主教徒、新教徒。同最初新闻界的轻率反应相反,存在主义思想的严肃性并不只是由对上帝离开世界的绝望产生出来的。这样一种概括很大程度上是由于把存在主义哲学同萨特学派混同起来所致。从上述梗概就当看出,萨特学派所代表的实际上只是存在主义的一个极其细微的片断。就存在主义思想的中心推动力而言,至少在一定意义上,一个人究竟在哪一个教派里找到他的归宿,是完全无关紧要的。而且,把天主教徒、犹太教徒、新教徒与无神论者在一种哲学的大标题下放到一起,也不是一种纯粹的多相拼凑。尽管依照存在主义哲学模式进行研究的哲学家投入了不同的宗教阵营,但是,存在主义哲学,作为人类思想的一种特殊模式,却只有一个。所有这些哲学家的共同点和中心点,就是宗教的意义及宗教信仰是因人而异的。他们每一个都彻底地考察了宗教问题;其思想表现出来的信仰或对信仰的否定,多少会使那些随俗从众沿着"外在"道路步入"教堂"的人们感到困惑,是完全可以想见的。乌纳穆诺似乎一直濒临为西班牙主教革除教籍;布贝尔是个预言家,在其祖国以色列并没有多大声誉;基尔凯戈尔直到生命最后一息都在为反对丹麦教会的等级制度而战。另一方面，无神论派对海德格尔染指异端嗤之以鼻。海德格尔曾经在一处把他自己的思想叫做"等待上帝"，有位美国哲学家则批评他是在为神学开后门。显然，只要谁体验到现代经验的深层，并且努力用与这种经验的关系看待宗教，他就必定会获得异端的称号。

现代经验——确实是一个非常模棱两可的术语，一个有待界说的术语——是这些哲学家之间的"黏合剂"。我们所提供的这个花名册虽不十分完整，倒也足以表明：存在主义不是一种一时流行的风尚，也不只是一种战后时期的哲学情绪，而是直接存在于现代历史主流中的人类思想的一项主要运动。过去一百多年，哲学发展已经显示出一种引人注目的内容拓展，一种趋于直接的与定性的、存在的与实际的事物的进步方向，用阿·诺·怀特海借用威廉·詹姆斯的话说，就是趋于"具体与适当"。哲学家们不能再像英国经验主义者洛克和休谟那样，试图用简单观念和基本感觉构建人类经验。人的精神生活不是这样一些心理原子的镶嵌图案，而哲学家墨守这种信念如此之久只是由于他们用他们自己的抽象概念取代了具体的经验。因此怀特海自己，虽然作为一个柏拉图主义者几乎不能同存在主义者相提并论，然而当他把哲学本身规定为"批评抽象概念"——为把精神气球拖回实际经验地面作不懈努力时，他也就分享了内在于现代哲学的这种一般的存在主义倾向。

在所有的非欧洲哲学家中，大概要数威廉·詹姆斯最称得上是存在主义者了。事实上，就现在的情况而言，我们会大为诧异：称詹姆斯为存在主义者可能比称他为实用主义者还要贴切些。今天依然坚持美国实用主义的哲学家也不得不认为他是这个运动的害群之马。当今时代的实用主义者承认詹姆斯的才华，却为他的走极端而犯难，也就是犯难于他的哲学思考的毫不掩饰的个人格调，他的在心理学与逻辑学似乎冲突抵触之处甘愿使心理学最终高于逻辑学的做法，以及他的相信宗教经验的天启性质的思想。在詹姆斯的著作中，有些部分本来简直可以由基尔凯戈尔写出来的，而且在《宗教经验种种》的结尾部分强调个人经验高于抽象概念，其语气之强烈一点也不弱于任何一个存在主义者。詹姆斯把理性主义骂得很凶，致使后来的实用主义者发现他们自己科学方法中的理性主义残余也成问题了。而且，把詹姆斯列为存在主义者还不只是个格调问题，还有原则上的问题：他宣扬世界包含着偶然性和非连续性，而且这个世界的经验中心无可化简的是多元的与个人的，反对有一个所谓能够包容到一个单一理性体系内的"铁板一块"的宇宙。

实用主义对于詹姆斯比对于查尔斯·桑德·皮尔士或约翰·杜威意蕴着某些更多的和不同的内容。尤其是詹姆斯与杜威的鲜明对照，使得在严格意义上的实用主义借以终结而存在主义由之开始的关节点，清楚明白地显示出来了。把杜威早期与晚期的著作加以比较，几乎也同样清楚地显示了同一个关节点。杜威坚持现代哲学家必须与整个古典思想传统决裂，这样，他就也是沿着现代哲学的一般存在主义方向运动的。他看到了哲学的"否定的"和破坏性的一面（存在主义为此曾经受到它的批评者的严厉谴责）：杜威告诉我们，每个思想家，当他一开始思想时，就把这个稳定不变的世界的某个部分置于危险境地了。在他的结构松散、基础不甚扎实的整个哲学背后，隐藏着一股亲切的鼓舞力量，这就是：相信在人类经验的所有部分中，一切事物都不是从天上掉下来的，而是从地里长出来的。思想本身只是完全生物学上的人为了应付环境而进行的踌躇不决、搜寻摸索的努力。人之作为束缚在地球上和时间中的生物的形象贯穿杜威的著作中，在一个意义上恰似它之贯穿于存在主义者的著作中一样。超出这个意义，他运行的方向便与存在主义正相反了。杜威从未表示过怀疑的，是他贴上"理智"标签的东西，这在他的最后几部著作里仅只意指科学方法。杜威虽然把人牢牢地置放于他的生物学与社会学的场景中，但是他从未超越这一场景，而达到恐惧与焦虑从中涌现出来的人的至深的中心点。对内在经验（真正内在的经验）的任何考察，在杜威看来，都会使哲学家沿着神学的方向前进而离开自然太远。在这儿，我们不得不提醒我们自己留意杜威着手工作时所处的美国褊狭的和过分神学化的氛围；而他为了确立世俗理智的效用也不得不奋力拼搏反对这种氛围。然而，既然杜威强调生物学和社会学来龙去脉的终极意义，连同他把人的思想解释成基本上是改变环境的一种努力，我们最终就看到了人的形象，即他实质上是有技术、有技巧的人，亦即有技术的动物。这样相信技术依然是美国一条至上的信仰。杜威生长在一个美国依然在艰苦拼搏致力于疆土开发的时期，因而他的作品洋溢着一种不可动摇的乐观情绪，以为我们的技术可以越来越多地控制自然。从根本上说，杜威与存在主义者的差别正是美国与欧洲的差别。哲学家并不能够认真地向自己提出他的文明未曾经历过的问题。

这就是为什么我们提出把我们话题的范围限制在欧洲，而把存在主义看做显然是这一时期欧洲的产物，实际上是把它看做本世纪欧洲哲学的产物。在存在主义这个术语最宽泛的意义上，整个现代思想所带有的强调存在的色彩无疑比现代早期哲学要鲜明些。简单说来，这是西方文明日渐世俗化的结果，在这个过程中，人无可避免地更加倾心于地球此岸世界的允诺，而不是依恋凌驾于自然之上的超验天国的目标。自始就唤起人们对"存在主义的"一词这种宽泛意义的关注固然十分重要，但是，要把这种意义详细贯彻到底，就将势必冲淡存在主义的特殊要旨。虽然，正是欧洲已处于危机之中，也正是欧洲思想家集中地表达了存在问题，而且事实上，也只有他们才敢于提出这些终极性问题。然而，就这种哲学的意义而言，则又是另外一回事，我们是不可以把它局限于它的发祥地的。它的意义既是划时代的，又是世界性的。

读者在了解了现代哲学内的这种较为宽泛的存在主义倾向之后，便很有理由发问：为什么存在主义最初竟然会被我国专业哲学家们视为一场离奇的和耸人听闻的"茶壶中的风波"呢？我们应当指出，在英美哲学中占支配地位的是一种迥然不同的思维模式，这种思维模式有若干不同的叫法，或是称作分析哲学、逻辑实证主义，或者有时就叫"科学哲学"。无疑，实证主义也有适当的理由要求成为这个时代的哲学：它把无疑是使我们的文明区别于所有其他文明的主要事实——科学，作为其主要事实；但是，它由此出发又继而把科学看做是人类生活的至上支配者，这却是科学从来不曾如此而且从心理角度看也永远不可能如此的。实证主义的人是一种稀奇古怪的生物，他住在一个由他发现的在科学上"有意义的"事物组成的光明之岛上；至于普通人天天生活并同他人交往的整个周围地带都被投诸外界的"无意义的"黑暗之中。实证主义简单地接受了现代人的支离破碎的存在，并且构建出一种哲学来强化它。反之，存在主义，不论成功与否，却是力图收集人类实在的所有要素以勾画出人的总体画面。实证主义的人与存在主义的人无疑是同一个时代之母的产儿，但是，有点类似于该隐与亚伯①，弟兄们由于性情不合而不可避免地分道扬镳了。当然，在当代还

———————————
① 该隐与亚伯，据《圣经》，该隐为亚当与夏娃之长子，曾杀害其弟亚伯。——译者

有一种理论比它们两个都更有力地要求成为哲学界的统治者，这就是马克思主义。马克思主义的人是一种工艺学意义上的生物、一种忙碌而机巧的动物，对历史具有世俗的宗教信仰，自以为他自己就是被拣选出来的历史的合作者。同实证主义一样，马克思主义没有一个用来描述人的个体性的独特事实的哲学范畴，从而在事物的自然过程中设法使人的这种个体性脱离存在而集体化（除非某个人获得权力，然而，这么一来，他个人的偏执症却使两亿生灵遭到浩劫）。从思想上说来，马克思主义与实证主义两者都是 19 世纪启蒙运动的遗迹。虽然，对于人类生活的阴暗面，甚至一些 19 世纪的思想家们早已有所领悟了，但是，这两派却至今都还不曾承认这种阴暗面。因此，马克思主义和实证主义的人的画面是单薄的，过于简单化了。存在主义哲学，作为对这样一种简单化的反叛，力图掌握整个人的形象，尽管为此它也就必须去揭露他的存在中的一切黑暗和可疑的东西。正是由于这一方面，它才堪称对我们自己时代经验的一种本真得多的表达。

为了证明这一点，我们现在就来着手考察产生这种哲学的我们这个时代的历史特征。

第 2 章　遭遇虚无

还不曾有过一个时代像我们这个时代如此地具有自我意识。至少，当今时代在其自我分析过程中产生出来的大量报刊杂志，已经塞满了我们的档案馆；而且，要不是其多数注定要销毁的话，那将是一个留给我们后代的沉重不堪的负担。这项工作依然在继续，实际上它也必定还要继续下去。因为定论尚未作出，而且，现代人似乎甚至比他最初开始怀疑他自己的身份时，更不了解他自己了。关于外在事实的文献，我们已经绰绰有余，那些迂腐的学者们永远也无法将它们拼凑成一个单一的整体，也足以使那些繁忙的通俗宣传家以心明眼亮的万事通神气滔滔不绝地讲上一辈子。但是，对于内在的事实，即对于那些在我们的命运力量最初宣示出来的中心所发生的事情，我们却依旧几乎全然无知；而且，当今世界大多数人也都下意识地参与了一项巨大的以逃避这些事实为目标的"阴谋活动"。因此,我们就有必要重新回到一个似乎已经陈腐的题目上。各种文明一如各个人一样,外在事实常常只是渐渐积聚起来的内在张力酿成的爆发。虽然没有一个有关人士把这种内在张力放在心上,但是,它的蛛丝马迹却随时可见。

1. 宗教的衰微

在西方,现代历史——所谓现代历史,我们是指从中世纪末叶起直到现在为止的这一漫长时期——的中心事实,毫无疑问是宗教的衰微。诚然,教会组织依然很有力量,世界上还是有许多人常去做礼拜。而且,在宗教人士看来,甚至宗教信仰的纯理智的可能性,今天也比自信的 19 世纪唯物主义萧瑟时期看上去大多了。几年前,就连"宗教复兴"的说法,也很时髦,而且一些畅销的爱国刊物,如《生活》杂志,还用许多篇幅来报道它。但是,这个说法,到了今天已几乎完全绝迹。这项运动,如果说还存在的话,也渐渐地平息下来了,而美国民众购买汽车和电视机却比以往任何时候都多。当《生活》杂志推进宗教复兴时,我们只是从这种刊物的性质苦涩地意识到:宗教也被看做是有利于民族的东西。在现代世界里,民族—国家,一个彻底世俗的机构,其地位比任何一个教会都高;对于这样一个更为广泛的历史事实，我们几乎再也找不到比这更为明显的例证了。

宗教在现代的衰微，简单说来，指的是：宗教不再是人的生活的无可争议的中心和支配者，而教会也不再是他生存的最后的和无可争议的家或收容所。虽然，随科学批评而来的丧失信仰是宗教衰微的主要历史原因，但是，上述变化最深刻的意义，却甚至主要地并不表现在纯粹理性的层次上，不表现在信仰的丧失上。宗教衰微是一个比意识观点改变要具体得多又复杂得多的事实，它渗透到人的整个心理生活的最深处。它实际上是人心理进化的一个主要阶段，一如尼采所预见的，19世纪哲学家中几乎只有他一个才能看到这一点。对于中世纪的人来说，宗教与其说是个神学体系，毋宁说是种坚实的心理基质，这基质环绕着个体从生到死的全部生活，以圣礼和仪式把一切普通的和特殊的事务都囊括起来，并使之神圣化。失去了基督教会，也就失去了从心理上维系直接经验正当性的一整套象征、形象、教义和仪式；迄今为止西方人的整个心理生活是一直安稳地包容在这套东西里面的。在失去宗教时，人也就同时失去了他同超越存在领域的具体联系；他也就可以自由地来同这个十分残忍的客体世界打交道。但是，他在这样一个世界里势必会感到无家可归，因为它不再能够满足他的精神需求。一个家乃是一个我们所接受的、通常包容着我们生命的框架。谁失去了心理容器，就等于被抛了出去，漂泊无依，成为一个浪迹天涯的漫游者。从今以后，为了追求自己的完整人性，人就不得不自个儿干他过去无意识地靠教会以其圣洁生活为媒介为他干过的事情。但是，既然文艺复兴时期的人，依旧对一个新的强有力的、统治整个世界的幻象迷恋不已，那么，很自然，人的无家可归感只有过一段时间才能为人所体验到。

任何一个信徒，不管他多么虔诚，即使他具有堪与但丁媲美的才华，今天也写不出一部《神曲》来。幻象与象征对我们不再具有它们对这位中世纪诗人所具有的那种直接而有力的现实性了。在《神曲》里，整个自然只不过是一块宗教用符号和形象点缀过的画布而已。西方人为了从自然的身上剥去这些投影，把它变成自然科学可以控制的中性对象的王国，已经花费了500多年的时间，也就是半个至福千年期的时间。这样，我们便几乎不能指望，宗教形象对我们还会有它曾对但丁有过的力量。这只不过是人类历史中的一个心理事实；这个心理事实，和我们现在（同但丁时代的人不一样）乘飞机旅行以及在计算机控制的工厂里工作等事实具有同样大的历史效应。而艺术史也反复地告诉我们：艺术摹拟只会产生"模仿文章"。艺术杰作是从人的灵魂里涌现出来的，而灵魂也像自然中的一切别的事物一样总在渐进演化，因此，它是绝不可能重复的。我们务必坚持这一点，这与那些热衷于中世纪精神的人的观点正相反对，他们把中世纪人的心理抑制说成是完整人性的情状，因而也是我们必须回归的情状。历史绝不会允许人在任何总体意义上开倒车。而且，我们的心理问题也不可能经由倒退到过去状态来解决；因为在那个时候，这些问题还不曾出现。另一方面，即使开明、进步的思想家们，如果看不出人类每向前迈出一大步，都要付出某种代价，承担某种损失，牺牲旧时的安全感，创造并增强新的紧张心理状态，他们也同样是盲目的。（我们应当把这牢记在心，以反对一些人对存在主义的批评。他们把它说成是一种不堪容忍的使人更紧张的哲学。实际上，存在主义并没有创造出那些紧张，它们早就在现代人的灵魂中发挥着作用；它只是试图给它们以哲学的表达，而不是假托它们不存在来逃避它们。）

若说从中世纪过渡到现代是用理性观点取代宗教观点，这远非真实。事实正好相反，整个中世纪哲学，如怀特海非常贴切地评论的，比之现代思想是一种"无限制的理性主义"。的确，13世纪的圣托马斯·阿奎那与19世纪末叶的康德之间的差别在下面一点上是决定性的：对阿奎那说来，整个自然界，尤其是把上帝看做第一因的自然界，是可以清楚明白地为人类理性所了解的；而对在启蒙世纪悲凉末叶从事哲学著述的康德来说，人类理性的范围却从根本上大大缩小了。（实际上，如我们以后将见到的，人类理性的意义本身在康德那里已经改变了。）但是，这位中世纪哲学家的"无限制的理性主义"，也和后世思想家们对人类理性毫无限制的运用截然不同，他们就像使用一种酸性溶剂一样，把它运用到人的或神的一切事情上。

中世纪哲学家们的这种理性主义终究要受到信仰和教义等种种神秘事物的限制。人类理性虽然完全理解不了这些神秘事物，但是，它们作为使人的精神的理性与情感、理性与非理性之间不断进行有机交流循环的符号，对我们人来说，却是极其真实和很有意义的。因此，中世纪哲学家们的这种理性主义不能容忍我们在现代理性主义者那里发现的瘦弱、苍白或可怖的人的形象。在这儿，哲学家们创造哲学的条件就像诗人创造诗歌的条件一样，再次地同他存在的更深层次相关，这层次比关于有或没有某种理性观点的纯粹意识层次更深些。我们不能指望今天再产生一个圣托马斯·阿奎那，正像不能指望再产生一个但丁一样。人的整个精神条件——思想毕竟只是他的一种表现——已经根本改观了。或许这就是今天的托马斯主义者总的来说不能让其同代人十分信服的原因。

在从中世纪进入现代世界的入口处有科学（后来变成了启蒙精神）、新教和资本主义。乍一看，新教精神与"新科学"精神似乎没有什么关联，因为在宗教事情上，新教惟一强调的是信仰的非理性证据，以对抗中世纪神学冠冕堂皇的理性结构；而且还有路德"理性娼妓"这句有名咒语。然而，在世俗事情上，尤其在其对自然的关系上，新教却非常适合于新科学。由于剥去了中世纪基督教大量的形象与符号，新教揭开了自然的面纱，原来它是个与精神相敌对的又是清教徒的热忱和勤劳所要征服的客体王国。因此，新教和科学一样，帮助推进了现代人的巨大筹划：剥去自然的精神意义，剥去人的精神投射到它上面的全部象征性形象。随着新教的兴起，现代把人剥得"赤身裸体"的长期奋斗开始了，这场奋斗到20世纪臻于高潮。诚然，就这一切而言，目标是进步的，而新教也确实成功地把宗教意识提高到个人的虔诚、良心的自我反思以及紧张的内在性这样一个更高的水准。为了能够直接面对他的上帝，面对他的信仰的严厉而又不可解释的要求，人被弄得一无所有了。如是，他也就被剥夺了一切宗教仪式和教义，它们原本是可以减少这种遭遇给他的心理平衡带来的危险的。新教提高了宗教意识，但它同时又把这种意识同我们整个人性的深层无意识生活割裂了开来。在这方面，它的历史推进同新科学和资本主义是并驾齐驱的；因为科学也正在使神话般和象征性的自然画面在它自己成功的理性解释面前消逝，而资本主义也正在开发整个世界，把它看做经营合理计划事业的场所。

信仰，对于新教来说，毕竟是非理性和超乎理解的宗教核心；路德和圣保罗深具同感，觉得人自己做不成任何事情，只有上帝作用于我们内心才能给人带来拯救。在这里，人类意识的自满自夸受到了彻底否定，而这有意识的心灵也只被看做是一种远为强大的无意识力量的工具和玩物。信仰是个深渊，吞食着人的理性的本性。新教的原罪学说，就其全部的严肃性而言，是这样一种补偿性承认，这就是它承认在意识层次之下，还有一些深渊，在那儿，严肃的灵魂要求自我审问——除非那些深渊笼罩在腐败堕落的外部黑暗中。然而，只要信仰坚定，人性中的非理性因素就能得到认可，并在人的总体机构中占据中心地位。但是，随着现代社会的向前推进，信仰在生活各部门都变得越来越世俗化。信仰因此也变得淡薄了，而新教徒也开始越发像一具憔悴的骷髅、一具吉亚柯梅蒂①式的雕像。一种世俗文明使人一丝不挂，这是人们在宗教改革破除旧风时始料未及的。他越是极力保持同上帝面对面的基本关系，这种关系就越发变得淡薄，直到最后，这种同上帝本人的关系就有变成一种同虚无的关系之虞。在这个意义上，生活在19世纪中叶的基尔凯戈尔可以说是早在三个世纪前就开始了的整个新教改革运动发展过程中的里程碑：他看到了信仰只是一场不可调和、孤注一掷的赌博，如果我们在新教的全部严格意义上接受了信仰的话，情况就必然如此。而且，他也不能像他的天主教对手帕斯卡尔那样说："麻醉你自己，领取圣水，接受圣礼，最后便万事大吉"，因为新教的人已经发誓抛弃圣礼和灵魂的自然象征，认为它们是恶魔的陷阱与虚饰。基尔凯戈尔的一些书，如《致死的疾病》与《恐惧概念》，依然使我们这代人感到惊恐不已，因而被看做一种真正忧郁气质的个人流露予以谅解，或是干脆置之不理。然而，它们却是对新教徒的灵魂在巨

---

① 吉亚柯梅蒂(1901—1966)，瑞士画家和雕刻家，擅长火柴棍式的雕刻，以骨架式风格表现对象。——译者

大"虚无"边缘必定经历的事物的忠实记录。新教徒是西方人命定同虚无遭遇的初始,这个遭遇姗姗来迟,或许只有现在,在20世纪才达到了高潮。

2. 社会的理性安排

很自然,这个问题在其开始时,人们一点也看不出来。在人类历史上,亦如在人的个体生活中一样,小的发端的意义只有在其完结时才最终为人所认识。就世俗伦理观而言,正如现代历史学家一再表明的那样,新教与资本主义的精神十分吻合。几个世纪以来,新教和资本主义携手并进,蹂躏并重建地球,征服新的大陆和领土;而且,总的说来,还似乎以胜利者的姿态证明这地球本身就是热忱和勤奋可望报偿的理想的幸福地。即使在19世纪中叶,当资本主义成功地营造了人类历史上最糟的贫民窟时,英国人麦考莱①还是能够沾沾自喜地说,新教国家最有生气和最繁荣昌盛,很可以把这个事实看做他们宗教优越的一个标志。伟大的德国社会学家马克斯·韦伯②为整

---

① 托马斯·麦考莱(1800—1859),英国历史学家、评论家、诗人及政治家,著名的《英国史》的作者。——译者
② 韦伯(1864—1920),德国社会学家、政治经济学家,曾著有《基督教新教伦理和资本主义精神》,阐述新教教义与资本主义的关系。——译者

个现代历史提供了一条主要线索，他把现代历史的中心过程说成是人类生活组织的不断理性化过程。也正是必须从这种观点出发，来理解资本主义的历史崛起：资本家由于具备创业和算计头脑而从封建社会脱颖而出；他们必须理性地组织生产，以便获得收益高于支出的有利可图的盈余。封建主义是具体的和有机的，在这种制度下，人总受到土地意象的支配；而资本主义在精神上却是抽象的和算计的，并且割断了人同土地的联系。在资本主义社会里，一切都是随这种为追求效益而合理组织经济企业的必要性而来的：工厂劳力的集体化以及随之而来的人的职能的细分；城市人口的剧增，连同由此成为必要的技术不可避免地越来越控制生活；以及用精心设计的五花八门的广告，群众的压力，甚至用有计划的社会学研究来合理地控制公众需求的企图。因此，经济企业合理化过程根本不知道有任何界限，并且笼罩了整个社会生活。资本主义在我们时代，在地球的广大地区，已经让位于一种由国家接管过来的完全集体化的形式，这个事实并没有改变有关的人的基本问题。这种集体化，如果再加上一个为野蛮警察组织所支持的国家神秘人物，就变得更其激烈了。集体化的人，不管他是共产主义者还是资本主义者，都依然只是人的一个抽象的片断。

当今时代的人以过去时代的人完全不及的抽象水准生活，我们对于这项事实已经习以为常，乃至忘却它，对它熟视无睹。现在在马路上随便找一个人，只要受过普通教育，都可以敏捷地解决基本算术问题；要是让中世纪的数学家——专家——来做的话，想必要花费几个小时。无疑，中世纪的人在写出计算结果时还会一起写出整个演算过程的精确证明；现代人对自己在干的事情说不出个所以然，这是无关紧要的，只要他能够顺当有效地运用那些抽象观念就行。今天，普通人都可以回答复杂的问题，填写税单，从事复杂的计算，中世纪的人从来没想到要做这些事情——而所有这一切都只是大众社会里一个负责公民正常的例行公事而已。机械技术向前迈进的每一步都是沿着抽象方向迈出的。这种驾轻就熟地生活在异常抽象水平上的能力，乃是现代人力量的源泉。凭着这种能力，他改变了这个星球，消除了空间距离，并使世界人口增加到三倍。但是，这种能力和人们的其他方面一样，也有其否定的方面，这就是现代人在陷入实际焦虑时，无根、惘然若失以及缺乏具体感受的空寂感，便一齐向他袭来。

现代社会的纯粹经济力量也同样对人具有两重意义。生产的合理安排使得前所未有的物质繁荣有了可能。不只是大众物质需求比以往任何时候都更能得到满足，技术也发达到足以产生新的需求，而且也同样能够予以满足。汽车、收音机，现在再加电视机都成了多数人的实际需要。所有这一切都使我们时代的生活非常外在化。生活的节奏加快了，但是对新奇事物也贪婪多了。通讯设备几乎可以同时把地球上某一地的新闻传到任何一个地方。人们阅读日报的三四个版面、收听广播新闻，或是夜间坐在电视机前收看明早的新闻。新闻事业成了这个时期的巨神，而这些神们又总是恶魔般冷酷无情地对待他们的仆人。新闻界既然正在成为一种精神的王国——正如基尔凯戈尔在一个世纪前以惊人洞察力所预言的——便能够使人们越来越多地靠二手信息处理生活。信息通常只是半真半假的报道，而且"广见博识"也替代了实在知识。更有甚者，通俗报刊的活动范围现在已经延伸到先前视为文化要塞——宗教、艺术和哲学的领域里了。每个人都装了一脑袋袖珍文摘四处乱逛。新闻事业越是有能力和现代化，它对民众心理——尤其是像在美国这样的国家——的威胁也就越大。把二手货和实在事物区别开来，这件事越来越困难，直到最后，大多数人都忘掉还有这么一种区别。技术成功本身为这个时期造就了一整套纯粹依靠外在事物的生活方式。至于那隐藏在这些外在事物背后的东西，即独特的和整体的人格本身，则衰退成了一片阴影或一具幽灵。

卡尔·雅斯贝斯在他的《现时代的人》一书中十分全面地诊断了现今社会里的一切使人丧失个性的力量，我们在这里几乎毋庸赘述了。雅斯贝斯看到了存在主义哲学的历史意义就在于它努力使个人觉悟到，即使面对着现代趋向标准化的群众社会大潮流，仍然有可能过上本真的生活。雅斯贝斯这本书写于1930年，即希特勒当权前三年，或者更确切地说，是在德国的魏玛共和国时期，知识界大放异彩而经济破产却更趋严重的战后年代末叶。因此，这本书自始至终都洋溢着现代生活大威胁和大期望的双重情绪。雅斯贝斯是这样一代欧洲人中的一员，对于第一次世界大战爆发时刚刚进入成年期的那一代欧洲人来说，这场战争是他们对整个欧洲及其文明看法变化的转折点。1914年8月是现代西方史上的一个关键日期，一旦过了这个日期，我们就直接面对了当代世界。我们已经讲过，现代人由于具有支配物质世界的力量感而从中世纪涌现出来，但是时至今日，他的这种力量感却转向了反面：人在他能够发动但控制不住的"旋风"面前萌生了一种虚弱感和被遗弃感。这种危险的感受持续不已，且日趋强烈，而我们这代人也认为它是对人类世俗力量爆炸性质的神奇的觉察——可惜的是，现在既然有了原子武器，我们也就必须照字面意义来领会"爆炸"这个字眼了。这种觉察，与文艺复兴和启蒙运动用以消除中世纪黑暗，并且非常自信地致力于征服自然的陶醉感和力量感，相去甚远；与早期新教坚信自己良心的真诚及其世俗伦理的绝对价值，相去甚远；也与资本主义宣布资产阶级文明的物质繁荣是它的正当理由和目的时所带有的胜利感，相去甚远。雅斯贝斯是个新教徒，但他却看不出新教教义对人类灵魂的紧张问题有什么终极的解决办法；他是个资产阶级分子，但是却经历了资产阶级生活的稳定结构和规范全都解体这样一个时期；他也是一位启蒙思想家、一位教授，他从事哲学思考是为了解释人的存在，但他却看出了这种解释只不过是一缕同周围黑暗势力相对抗的、闪烁不定的微光。

　　第一次世界大战是欧洲资产阶级文明终结的开端。当然，终结常常要花费很长时间才能完成，因而资本主义在西方国家里能够苟延残喘。然而，我们此处的观点不是与纯粹的社会经济组织相关，而是同这种文明本身全面具体的事实相关，与其明言和未明言的一切价值和态度相关。像马克思主义者那样，认为这场战争的爆发仅只表明资本主义的破产，表明资本主义只能通过危机和流血而继续发挥其功能，那就太肤浅了。1914年8月这个日子的意义要比这大得多，它表明人类的总崩溃；而最能表达这种崩溃的话正是小说家亨利·詹姆斯①令人毛骨悚然地惊呼出来的："现在必须把悲惨得难于言表的危险年月一直在造成和意指的一切全盘接受过来。"詹姆斯虽说是个美国人，对欧洲文明的雅致与魅力却有充分的体验；这几乎是他一切作品的主题，但由于这一时刻的突然爆发事件，他心中呈现出了一幅可怕的景象，看到整个欧洲文明的优美雅致竟不过是人类无底深渊表面华丽俗气的装潢。所谓1914年8月是个大崩溃，这是对整个欧洲人而言的，而不只是对财政金融家、军国主义者和政治家们的阴谋诡计而言的。一位历史学家曾经很

　　① 亨利·詹姆斯(1843—1916)，影响最大的美国小说家之一，意识流作家的先驱。曾移居巴黎、伦敦，并于1915年加入英国籍。主要作品有《黛西·密勒》、《贵妇的画像》等。——译者

贴切地把从 1870 年到 1914 年的这个时期说成是实利主义时代：欧洲的主要国家都已经作为民族统一起来了，到处一片繁荣昌盛，资产阶级心满意足地看到一个巨大物质进步和政治安定的时代出现了。1914 年 8 月粉碎了那个人类世界的基础。它揭示出社会表面的稳定、安全和物质进步，同人类的一切事物一样，都是立足于虚无上的。欧洲人面对着他自己像个陌生人似的。当他不再为一个稳定的社会与政治环境所包容和庇护时，他便发现他的"开明"的理性哲学不再能够保证他满意地回答"人是什么?"这个问题而使之得到慰藉。

因此，存在主义哲学(像许多现代艺术一样)是处于解体状态中的资产阶级社会的产物。马克思主义者对这个论点花了不少精力，却没有真正领会它；不过，这仍然是个事实。这种解体是桩事实，但是，它既不是由存在主义也不是由现代艺术制造出来的。"解体"也不等同于"衰落"。一个从头到脚都肢解了的社会，或者正在过渡到另外一种形态的社会，同一个沿着自己的轨道顺利运行的社会，蕴含着同样多的给人启示的可能性。个人从社会提供的避难所里被猛地抛了出来。他不再能够以旧有的伪装来遮掩他的裸体。他懂得了他过去视为当然的东西中，究竟有多少就其本性而言，是既非永恒也非必然的，是彻底暂时的和偶然的。他懂得了不管那个自我看起来是多么完全地包容在他的社会环境里，自我孤独也是人生无法约减的一面。到了最后，他还是看到了每个人在他自己的死亡面前都是孤独的和无遮无蔽的。不可否认，这些都是令人痛苦的真理；但是，最基本的东西总是从痛苦中学到的，因为除非有一股力量把它们强加给我们，我们的惰性和自鸣得意的贪图舒服便会阻止我们学到它们。看来，人类只有在经历了某种灾难之后，才肯去学习认识他自己；战争、经济危机以及政治动荡都使他认识到，他自以为安全可靠的那个人类世界，竟如此脆弱！他领悟的东西实际上始终在那里，隐藏在甚至最健全的社会的表层下面；它的真实性并不因为是其出于一个混乱而灾难的时代而稍有减少。但是，只要人不是被逼，不得不面对这样一条真理，他就决不会这样做的。

因此，随着现代社会的到来，人类——扼要地说——已经进入了他历史上的世俗阶段。他展望着他支配周围世界力量增长的美好前景，精神抖擞地进入了这个阶段。但是，在这个世界里，他的关于力量的梦想往往是实现不了的，他第一次发现他自己是无家可归的。科学从自然身上剥掉了人的形式，从而把一个以其浩瀚与力量对人类目的是中性的和异在的宇宙展现给人。在这个时期到来之前，宗教曾经是包容着整个人类生活的机构，提供给它一个意象和符号的系统，使它能表达自己达到精神整体的渴望。随着这种包容机构的丧失，人不仅成了一个被逐出家门的，而且也成了一个片断的存在。

在社会上，亦如在精神世界一样，世俗的目标最终升到了支配地位；经济的合理组织已经增加了人支配自然的力量；而且，从政治上看，社会也已变得更加合理、更加讲究功利、更加民主，并且也造成了物质的丰富与进步。启蒙时代的人曾预言，理性将无止境的胜利扩展到社会生活的各个领域。但是，在这里，理性已经受挫于它的对立面，受挫于层出不穷又预料不到的实际事物——战争、经济的危机与脱节、群众里的政治动乱。再者，在一个官僚化的、非个人的大众社会里，人的无家感和异化感更趋强烈。他已经开始感到，甚至在他自己的人类社会里，他自己也是局外人。他被三重地异化了：不仅对于上帝、对于自己是个陌生人，而且对于提供他物质必需品的庞大社会机构也是个陌生人。

但是，最糟糕又最终极的异化形式（事实上其他形式都导致它），乃是人同他自己的自我的异化。在一个仅仅要求人胜任他自己特殊社会职能的社会里，人就会变得和这种职能等同起来；而他的存在的其余部分充其量任其自然——通常被弃置到意识表层下面而被忘却。

3.　科学与有限性

以上所述，全属历史事实，已经成了存在主义哲学的主要题目。这种哲学体现了当今时代的自我质疑，企图使自己重新顺应自己的历史命运。事实上，存在主义的全部问题，都是从这种历史情势展开的。异化和疏远对人生基本的脆弱性与偶然性的感触；理性面对深层存在的无力；虚无的威胁，以及个人在这种威胁面前的孤独与无遮无蔽状态。凡此种种，我们几乎无法列出这些问题相互间的逻辑从属关系；每一个都参与所有其他的，而它们又全部环绕着一个共同的中心。只有一种气氛像一阵冷风弥漫着所有这些问题，这便是对人类有限性的透彻感受。人类在文艺复兴时代所看到的无限视界终于缩小了。说也奇怪，人类对他自己是彻头彻尾——也可以说是从里到外——有限的这样一种发现，却是在他的技术征服自然似乎不再有任何限制的时刻达到的。但是，关于人的真理是绝不可能在一种与其他性质相反的性质里找到的，而必定是同时在两种性质里找到的。因此，他的脆弱性仅是一块硬币的一面，他的力量是另一面。也许只有这种对限制、对限界的认识，才是防范力量过快衰减的惟一措施。

可是，也许可以争辩说，西方文明之所以独一无二，就在于它之拥有科学，而在科学方面，我们发现了永无止境、始终如一和持续不断的进步。研究工作在不停地进行，其成果丰硕又实在，而且，这些都一起被囊括进范围日趋广博的体系中。这么一来，无论就实际情况而言还是就可能性而言，似乎都没有视界萎缩的现象。这种看法在一定意义上是确实无疑的，然而，20世纪的科学还提供了答案，使理性主义的勃勃雄心显得似乎过分自负，并且这些答案本身就使人想到人必须重新界定他对理性的传统概念。事情也不能不是这样，因为科学家也是人，所以他们就会既帮着塑造集体的心理，又分有这种集体的心理。宗教、社会形式、科学以及艺术都是人借以存在的样式；我们越是认识人的这种现世存在，我们也就越是必须认识存在于这些现世存在借以表达的全部样式之内或之后的统一性。

　　科学——而且是在它自己的真正领域——也碰到了人的有限性这个事实。这发生在科学本身，而不是发生在关于科学的哲学思考中，这一点使得这种发现更加可信和意义重大。人类学，尤其是现代精神分析学已经告诉我们，人类理性乃是人这种动物长久的历史性建构，人的精神根须还伸展下去达到其原始的土壤。然而，对非理性事物的这些发现却在理性本身的活动范围之外；它们是我们在生活中运用理性的顽强障碍，也是坚定的理性主义者依旧希望通过更加明智地运用理性这种工具本身得以绕过的障碍。而更加决定性的局限，乃是那些在理性运用范围之内、在物理学和数学这些较为精密的科学中已经显露出来的局限。物理学和数学，在西方科学中最先进，在我们时代却出现了悖论，也就是说，它们已经发展到由于理性本身而滋生悖论的阶段。早在150多年前，哲学家康德就试图证明理性难免有局限；但是，西方人的心灵，是彻底实证主义的，只有当这样一个结论为科学所裁定时才可望被人们认真地接受。在本世纪，由于海森伯①在物理学上，哥德尔②在数学上的发现，科学终于赶上了康德。

海森伯的测不准定理表明我们认知和预测事物物理状况的能力有本质性的局限，还使我们隐隐约约地看到了一个可能归根到底是非理性的和混沌的自然——至少，我们关于自然的知识十分有限，我们不可能知道它的情况不是如此。这项发现标志着物理学家古老梦想的破灭，他们为纯粹理性偏见所激发，以为实在必定可以完全彻底地预测到。"拉普拉斯③精灵"的形象是这方面的一个很显著的象征：拉普拉斯说，让我们设想一个生物，他知道宇宙里每颗分子的位置与动量，以及支配这些分子运动的规律；这种生物还能够预测宇宙以后的一切状态。现在，物理学家不可能再依据这样一种潜隐神学的信仰从事研究活动，而必须只在经验范围内进行预测。

物理学的这种情况为玻尔④的并协原理弄得更加自相矛盾，根据这个原理，必须把电子看做既是波动的，又是微粒

① 海森伯(1901—1976)，德国物理学家、哲学家和社会活动家，提出著名的"测不准定理"，曾获 1932 年诺贝尔物理学奖。在哲学上反对维也纳学派的逻辑实证主义。——译者
② 哥德尔(1906—1978)，著名数学家和逻辑学家。提出了著名的哥德尔证明，对怀特海和罗素《数学原理》的观点作出了补充和矫正。——译者
③ 拉普拉斯(1749—1827)，法国数学家和天文学家。著有《宇宙体系论》，提出星云假说。——译者
④ 玻尔(1885—1962)，丹麦物理学家。1922 年诺贝尔物理学奖获得者。曾提出为科学家普遍接受(但爱因斯坦反对)的"并协原理"，主张和平利用原子能。——译者

的，随着它的关联域的不同而不同。应用这些矛盾的名称，在19世纪物理学家看来是根本不合逻辑的。事实上，一些物理学家已经提出了一种新的逻辑形式，据此，古典排中律（或者A或者非A）将会被抛弃。而且，在构建新的逻辑形式时，人们仅仅能够得出结论说，理性事物和非理性事物的性质是容许怀疑的。在实践上，并协原理给物理学观察设定了严格的界限，冯·泡利①写道，作为一个物理学家，"我可以选择去观察实验装置A而毁掉B，或者选择去观察B而毁掉A。我不能够选择不去毁掉它们中任何一个的做法。"在这儿，这种语言也完全适合于各个生活领域知识的悲剧性质：我们知道一个事物是以不知道某些别的事物为代价的，我们并不能够同时认知一切事物。在这里，值得注意的是，在精确实验能够达到的最高成就里，在自然科学中最严谨的学科里，我们的人类有限这个普通平凡的事实也出现了。

哥德尔的发现似乎具有更加深远的影响。在西方传统中，从毕达哥拉斯派和柏拉图起，数学作为理性所能把握的东西的楷模，它本身一直是理性主义的中心堡垒。现在，哥德尔的发现却表明，即使在最精确的科学中，在理性似乎万能的这一领域，人也不能逃避他的本质的有限性：他构建的每个数学体系

---

① 泡利(1900—1958)，奥地利出生的物理学家，因发现泡利不相容原理(1925)获1945年诺贝尔物理学奖。——译者

都注定是不完全的。哥德尔表明数学包含着不可解决的问题，因此决不能使之成为一个完全的体系。换言之，这意味着数学决不能转交给一台巨大的计算机；它将永远是未完成的，而这样一来，数学家——构建数学的人——就将永远有事干。人的因素超出机器：数学像人的任何生活一样永远是未完成的。

但是，既然数学永远不会是完成的，则人们就可以争辩说，哥德尔的发现正告诉我们数学知识是无限的。在一个意义上，事情确实如此；但是，在另一个意义上，它又对数学知识设定了更严厉的限制，因为数学家现在知道，形式地讲，他们是永远不可能到底的。事实上，也没有一个所谓的底，因为数学并没有任何独立于数学家所从事的人的活动的自身存在的现实性。而如果人类理性在数学上永远到不了底（完全的系统化）的话，则它在任何其他地方看来就都不可能到底。基尔凯戈尔早在一个世纪前就说过，对于人的存在来说，是没有体系可言的，他不同于黑格尔，黑格尔希望把实在一无遗漏地囊括在一个完全理性的体系中。今天，哥德尔告诉我们，这种体系对于数学是不可能的。在实践上，没有底这个事实意味着数学家永远不可能证明出数学的前后一贯性，除非他使用比他正在力图证明前后一贯的那个体系更加不可靠的手段。数学因此不能最终逃避附着于任何人的事业的那种不确定性。

由于数学家最近半个世纪已经提出了一些十分讨厌的悖论，上述情势就更是令人烦恼。数学就像一艘驶进大洋突然破裂出现漏缝(悖论)的轮船；漏缝虽然被暂时地塞住了，但我们的理性却永远不可能担保这艘轮船将永远不会出别的漏缝。在一向是最安全的理性学科中，居然有人的这种不安全，这标志着西方思想出现了新的转折。数学家海曼·魏尔[①]惊呼："我们一直在努力大闹天宫，而我们却只是成功地堆积了一座永远不能竣工的通天塔，"此时他情绪激昂地表达了人类自傲的破产。我们也可以确信，数学作为有限的人的一种活动或存在方式已经最终回复到了它的适当的地位。

这些不同发现的及时并作是令人惊奇的。海德格尔1927年发表了他的《存在与时间》，这部著作是对人的有限性的忧郁、严谨的沉思。同一年，海森伯把他的"测不准定理"献给了世界。1919年，数学家斯科尔姆发表了一条定理(现在有些数学家认为它几乎堪与哥德尔的媲美)：即使基本数系也不能无条件地公理化。1931年，哥德尔的划时代的发现问世了。当这些事件这样蜂拥而至，当它们在时间上发生得如此接近，又相互独立且在不同领域，我们就不禁会得出结论说，它们并非纯粹"无意义"的巧合，而是非常有意义的征兆。整个时代精神似乎趋于一个方向。

从这些散漫的历史线索中浮现出来的是人本身的一个形

[①] 魏尔(1885—1955)，美籍德国数学家，致力于联系纯数学与理论物理学，创立了第一个统一场论，把麦克斯韦的电磁场和引力场表现为时空的几何性质。——译者

象，他具有一个新的、轮廓明显的、更近乎裸体但又更加可疑的容貌。视界的缩小等于对他这个存在的剥蚀和裸露，现在，他不得不在他整个视界的中心点上面对自己了。现代文化的劳作，只要它是本真的，都是在进行这种剥蚀。回复到源头上去；用胡塞尔的话说，就是"回复到事物本身"；重新回到真实，抛弃现成的预想与空洞形式——这些就是这个历史阶段借以展现自身的一些口号。很自然，这种剥蚀必定看起来像是件破坏工作，像是"革命"，甚至像是"否定"：一个自认彻底成问题的人，必定也会发现他同整个历史的关系也大成问题；然而，在一定意义上，他又是这个历史的代表。

诸多历史力量的这种显而易见的"并发"，当我们审视现代艺术时，就变得甚至更为明显又更有意义。人随着宗教、社会和经济形式方面，而现在又随着现代科学方面的种种变迁而历史地经验到的东西，——所有这一切，都通过艺术以更鲜明更有人性的方式展现给了我们。艺术是一个时期的集体的"梦"；如果我们有眼力，我们便能从这梦幻里最清楚地追溯出这个时代的特征。因此，粗略地浏览一下现代艺术会有助于弄明白，我们在这一章所剖析的现今时代的精神特征不是空洞抽象的理论，而是一出活生生的人的戏剧，这是一出我们全都深深卷入的戏剧，而艺术家则由于其具有最犀利的眼力而把这出戏看得最为明白。

第3章　现代艺术的证言

　　既然我的梯子已去，

　　我就得躺在所有梯子开始的地方，

　　躺在那散发着恶臭的破烂的心灵店铺。

　　　　　　　　　　　　　　　——威·巴·叶芝①

　　任何人倘若想对现代艺术有一个整体的和统一的了解，就得忍受芒刺在背很不舒适的感觉。我们自己就是"当事人"，所以很难有几个世纪以后的历史学家们所持的那种超然态度。现代艺术甚至在它已经登场足足半个世纪而且有了诸如毕加索和乔伊思②这样一些已经近乎家喻户晓的名人之后，还是招惹了激烈了论战。腓力斯人般的庸人依然觉得它骇人听闻，丑陋不堪和愚蠢可笑；而且，总有些情况对庸人有利，也肯定对我们自己身上的庸人习气有利，要是没有这种习气，恐怕我们就难以把日常生活单调乏味的事情进行下去。实际上，从我们在这里所采取的观点看，庸人的态度，尤其是它的苦恼，可能也正像别的东西一样，在历史上也是有启发意义的。但是，也不只是腓力斯人般的庸人的这种情况；眼光敏感的观察家也还是大有人在——博物馆的管事们、鉴赏家以及史学家——他们在现代艺术中发现了对过去时代卓越艺术的灾难性叛离。在一个意义上，这场论战完全不得要领；事实上，这在很大程度上同对我们自己时代的最终历史估价密切相关，这是我们甚至始料未及的。从马奈③到马蒂斯④的这个世纪，在将来的艺术史上有可能被描绘成一个贫困、衰退的时代，其间的作品也无法与那些前辈大师的杰作相提并论；抑或它也可能被描绘成一个极有创造性的时代，唯有 15 世纪的文艺复兴方可与之媲美。我个人的看法则倾向于后面一种判断，但我无法对之作出证明；无论如何，这样一种推测不能进入我自己对这种艺术的体验之中。我们必须完全放弃替后人估价我们自己的尝试；将来的人们将

---

① 叶芝(1865—1939)，爱尔兰著名诗人、剧作家。他认为通过创造性的想象力可以升华个人经验，其作品有超乎现实主义的感情深度。——译者

② 詹姆斯·乔伊思(1882—1941)，著名爱尔兰小说家，善于运用"意识流"创作手法，代表作有《尤利西斯》等。——译者

③ 马奈(1832—1883)，19 世纪法国重要画家，胜利地完成了从库尔贝的现实主义到印象主义的过渡。——译者

④ 马蒂斯(1869—1954)，法国野兽主义绘画运动的领袖、油画家、雕刻家和版画家，20 世纪法国画派代表人物之一。——译者

无须我们的帮助形成他们自己的看法。我们这样自觉地称作"现代艺术"的，毕竟只是这个时代的艺术，是我们的艺术；今天并没有别的艺术。如果我们能另有一种艺术，或能有一种更好的艺术，我们现在就该会有了。既然如此，我们在这个时代毕竟有了一种艺术，这就够幸运了。庸人们非难艺术家太任性，仿佛整个现代艺术只不过是为了反对他，即观众，而精心策划的一个阴谋。艺术家几乎不能希望这号人理解下面一点，这就是：艺术并不是一个纯粹的有意识的意愿和有意识的设计问题，而艺术家即使改变他的观念（甚而接受庸人的观念）也不会成为生活在另一时间地点的另外一种人。说到底，惟一本真的艺术是那种具有无法规避力量的艺术。

然而，现代艺术所引起的论争、恼怒和迷惘确实给我们提供了一个把手，有了它，我们就可以卓有成效地抓住现代艺术。当某些东西触及我们内心的隐痛时便会引起我们的恼火（我们常常不顾一切地来掩盖它）；这种毛病如果出现，很少完全是惹人恼火的对象所致。现代艺术触到了普通居民身上的一个或几个痛处，虽然他对此竟完全无知无觉。他对现代艺术越是恼火，就越是暴露出他本人及其文明同艺术家拿给他看的作品之间有牵连这样一个事实。普通居民之所以反对现代艺术，是因为它的艰深与朦胧。难道普通居民视为当然的世界，以及他的文明赖以为基础的价值对于他或者它们本身真的那么清楚吗？有时艺术家描绘的形象非常明晰（一般而言，现代艺术比学院艺术要简单些），但是它同普通人却格格不入，因为艺术家私下把它的"意义"理解得"太好"了；此外，艺术家已经把"理解"限制到那些他可以把全部经验都填塞进去的惯常的思维框架里。普通人面对着现代艺术的形式错位，面对着它对事物的大胆扭曲或随意处置，感到不自在、恼怒乃至荒唐可笑。不错，画家为了构建起他自己的内在形象，而牺牲照相式的逼真，在脸上画三四只眼睛、好几个鼻子，或者扭曲和拉长身躯。可是，难道与严格刻板的模拟对象的相反态度已成功地消除了普通人的所有焦虑吗？难道事实上现代文明的这种不可遏止的外倾不是已经使它濒临深渊吗？最后，普通人（在这方面，还有艺术界博学、敏感的传统派）反对现代艺术的内容：它过于暴露和惨淡，过于否定或"虚无"，过于骇人或中伤；它和盘托出了令人不快的真理。但是，传统的理想在本世纪是否真的如此奏效，可以使我们忽略那些理想蓄意不理的有关人生令人不快的真理吗？审美学家颂扬前人艺术的伟大以此作为反对现代艺术的论据，可他是否意识到，他自己对（譬如说）沙特尔的圣母马利亚教堂①的落成的反应，同中世纪人的相比，该是何等的淡漠呀?！或者说，既然感伤说到底只是一种虚假的感情、一种不忠实于其对象的感情，不管是由于太强烈还是太麻

---

① 沙特尔为法国厄尔-卢瓦尔省省会，市内有圣母大教堂，其主体部分，在 13 世纪中叶约用了 30 年的时间才建成。——译者

木所致，都是如此，那么，他自己的唯美主义不管多么有教养，事实上不也是一种感伤的形式吗？

在《永别了，武器》的非常出名的一段话里，恩斯特·海明威写道：

> 我总是为神圣、光荣、牺牲这些字眼的滥用感到难堪。我们听到过这些，有时是站在雨里几乎什么也听不见，只传来大声嚷嚷的几个字；我们读到过它们，那是在贴出的一张叠一张的广告上读到的，到现在已过去很久了；但是，我还不曾看到过任何一件神圣的事，称为光荣的事一点也不光荣，而要是对那些牲畜的肉不作别用只是埋掉的话，则牺牲就犹如芝加哥屠宰场围栏里的牲畜。有许多字眼，你会觉得不堪入耳，这样，最后只有一些地名才有尊严。尊严的还有一些数字和日期，而这些连同地名就是你能够说出并且使之有些意义的一切。抽象的字眼如光荣、荣誉、勇气或神圣，比起具体的乡村名字、街道编号、江河名称、部队番号以及日期来，简直是一种亵渎。

对整整一代人来说，这是抗议第一次世界大战屠杀无辜的伟大声明。但是，它还有更加重大的历史意义：我们可以把它看做是现代文学和艺术的一个宣言、一篇檄文，号召人们与所有空洞无物的抽象概念决裂、摧毁那种感伤情绪。即使显露的真情实感看起来有点卑贱和贫乏，只是地名和日期，即使在把他自己剥得一丝不挂时，艺术家只剩下了虚无，也在所不惜。因此，现代艺术以承认精神的贫困开始，而有时也就以此而告终。这是它的伟大、它的胜利，但同时它也是扎进庸人痛处的针，因为庸人最不愿别人提醒他的，便是他的精神贫困。事实上，他最大的贫困便是不知道他是多么贫困，而且只要他在重复着过去时代的空洞理想或宗教辞藻，他自己就不过是一个传声筒而已。在精神问题上，贫与富有时比同卵双生还接近：一个以借来的羽毛为荣耀的人可能一贫如洗，而一部著作似乎"僵硬"和"阴森"，但只要它是真的，便能够讲它具有世界全部无尽的丰富性。海明威风格的成功，在于它能够突破抽象概念的局限，看到一个人实在地感觉到和感受到的真相。现代雕刻家不屑使用华丽的大理石，而用工业材料、钢丝或螺栓，甚至用废料如旧木板、烂绳子、废钉子等做原料，这时他比起米开朗琪罗①式的富丽堂皇来或许显得很贫困，但是，他也是在把我们带回我们四周无尽的粗野世界。现代艺术承认贫困有时采用激烈、放肆的格调，例如，达达主义者②就曾在蒙娜·丽莎脸上画了一小撮胡子。达达本身，和海明威一样，源出于

---

① 米开朗琪罗(1475—1564)，意大利文艺复兴盛期著名雕刻家、画家、建筑设计家，他将艺术的雕塑、绘画和建筑设计视为一体，其作品有《大卫》雕像、《创世记》天顶画等，气势极其雄伟、壮观。——译者
② 达达主义是 20 世纪初在西方一些城市兴起的一种反审美创造、追求偶然性的创作技巧的虚无主义艺术运动。——译者

反抗第一次世界大战，而且，尽管它很滑稽可笑，但是现在我们也必须把它看做是本世纪非理性事物的"正当"喷发。既然已经知觉到——而且是很正确地——西方文化同那以恐怖的大屠杀告终的文明密切相关，则我们便几乎不能指望第一次世界大战那代人把西方文化看做是神圣不可侵犯的。如果拒绝这种文化的乃至艺术本身的粉饰会使一个人因赤身裸体而显得稍许诚实一点的话，那么，我们还是拒绝的好。发现自身的精神贫困也就是获得一种积极的精神战利品。

现代艺术已经形成了一个强大的运动，它不断地破坏着形式，破坏着公认的传统形式。从积极方面讲，这向来是艺术可能性的无限扩张，以及对世界各地新形式的近乎贪婪的猎取。大约在 1900 年前后，法国画家开始对非洲雕刻发生兴趣。（19 世纪日本版画传入欧洲，就已给西方画家的情感带来了深刻的转机。）而这些借鉴仅只是个开端而已；现在，我们对画家和雕刻家汲取各种文化的东方和原始艺术形式，早已司空见惯了。安德烈·马尔罗①曾经说过，这个世纪的艺术将不是作为抽象艺术时期，而是作为这样一个时期载入史册：在这个时期里，过去一切艺术和来自世界各地的艺术都开始为画家和雕刻家所利用，并且通过他们而熔铸成我们现代情趣的一部分。当然，

---

① 马尔罗(1901—1976)，20 世纪法国著名小说家。1951 年出版《沉默的声音》，首创泛人道主义。——译者

我们不再能够像文艺复兴那样，把希腊罗马的西方艺术典范当作艺术的"惟一"传统加以复兴和发扬光大，甚至它也不再特别地和惟一地属于"我们"的了。这种典范事实上只是诸多传统中的一个；而且，实际上由于其严格坚持具象派（与抽象派对立）的形式，它毋宁是整个"人"的艺术长廊里的一个例外。对现代艺术家来说，对过去资源的这样一种延展，蕴含着对"人"这个词本身一种不同又更为广泛的理解：丰产女神苏美尔①的神像和希腊阿佛洛狄忒②神像一样，对我们来说，都是"人"。当一个时代的情感能够博采众家之长，使原始艺术外在的"非人"形式同希腊或文艺复兴古典的"人"的形象和谐共存时，显而易见，我们所谓古典人文主义的那样一种对人的态度（这就是灌注于西方艺术典范的那种精神的理智表现），也就告吹了。这是一个历史事实，其最直接的证据便是整个现代艺术本身。即使存在主义的哲学还不曾形成，我们也可以从现代艺术中获悉，一个新的激进的人的概念正在这个时期发挥着作用。

如果把部分西方艺术家打破传统的桎梏，只是解释成一种扩展，或一种帝国主义的精神掳掠行径，那就搞错了。这种改变不纯粹是艺术家所能彻底了解的形式多寡的一种外在的和量

---

① 苏美尔，古代幼发拉底河下游一地区，相当于今伊拉克南部，是已知最早的文明发祥地。苏美尔女神想必是苏美尔人的一个神祇。——译者
② 阿佛洛狄忒，古希腊性爱与美貌之女神，相当于罗马的维纳斯。——译者

的变化，它还是，而且更其深刻的是，艺术家据以运用这些形式的精神的一种内在的和质的变化。这种冲决传统的行为，事实上也标志着西方传统内部的一种瓦解。在这一点上，艺术保守派拒绝现代艺术，把它看做是传统的耻辱和对传统的叛离，不管其居心如何，都是看得准的。西方画家和雕刻家在本世纪已经超出了他们自己的传统，而用世界其余部分的——东方的、非洲的、美拉尼西亚①的——艺术滋养充实他们自己。这意味着我们曾经认作传统的东西，不再能够滋养它的最富创造性的成员了：这种传统的褊狭模式在内外双重压力下已经破裂了。如果有什么成就相当的艺术家，从他们的作品中反现代主义者能拿出同现代艺术家们的作品相颉颃的话，那么，我们要避免这种痛苦的结论，驳斥这群艺术家不负责任，巧妙地背叛传统，也许是可能的。但是，同样确定的是——而且这种消极的证据是有力的，甚至是更有力地站在现代人方面的——这个时期的学院艺术的确已经彻底死定了。它不能使人感奋，不能使人消沉，而且，它甚至也不能真正地给任何人以慰藉。它简直存在不下去了；它处于时代之外。

如果我们转向现代艺术的内在的和形式的特征，而不论及非洲的或原始的及东方的艺术对它的外来启示，我们也会发现

---

① 美拉尼西亚，由西太平洋诸群岛组成的一个地区。——译者

西方精神彻底转变的同样迹象。立体主义①是现代艺术的经典风格：也就是说，它由现代艺术精心制作出来，具有形式完美的风格；所有正当的现代抽象派艺术都导源于它。关于立体主义的缘起，有许多无稽之谈，把它同相对论物理学、精神分析学以及天知道多少别的复杂的风马牛不相及的东西拉扯到一起。事实是：创造立体主义的画家只是在创造绘画而非任何别的东西——他们当然不是在搞意识形态。立体主义从绘画的先前阶段，从印象派和塞尚②，经过一系列完全合乎逻辑的步骤演化出来的。而且，它还提出了一系列绘画问题，它们必须在绘画方式的范围内，由画家严格地以画家的身份工作（也就是说，根据视觉心象本身工作）来解决。

然而，一种绘画形式的伟大风格，如果不接近人类精神的深层，如果它的新颖不表达人类精神的新鲜变异，是决然创造不出来的。立体主义由于坚持画布的两维事实而使空间彻底展平了。如果我们考虑到：历史上虽曾有过这样一种发展，但却沿着相反的方向（那时，由哥特派③或原始派画家的"平板"逐渐进入早期文艺复兴绘画的立体、透视和三维风格），标志着人

---

① 立体主义是 1901—1914 年间由画家毕加索和布拉克在巴黎首创的极有影响的一种视觉艺术风格。——译者
② 保尔·塞尚(1839—1906)，法国画家，印象派之后的代表人物，被视为现代绘画之父。作品有《埃斯塔克海湾》等。——译者
③ 哥特派绘画是中世纪后期在欧洲兴起的一种强大的绘画潮流。它把忠于自然细节的写实主义同极其矫揉造作的富丽堂皇糅合在一起。——译者

在经过中世纪漫长的内省之后，正在转向外面，进入空间，则立体主义的空间平化，历史地看，就是一个不容忽视的事实。早在14世纪，即在他于随后的探险时代开始进入现实物理空间之前，就在他的绘画上进入了空间。因此，绘画预示了人类精神的新转向，它最终表现为对整个地球的征服。那么，我们是否有权说，我们自己世纪的绘画平面化，也预示了人类精神的内转，或者无论如何是离开了向来是西方人外倾的终极舞台的外在空间世界呢？与立体主义一起同对象分离的过程开始了，这已经成了现代艺术的表征。纵然立体主义是一种经典的和形式的风格，艺术家却可以坚持他自己的主体性，他可以自由地切割和歪曲物体（瓶子，水壶，吉他），为了图画，他可以随心所欲；现在，这样的图画对于我们来说，不再代表那些物体，而是于自然价值之外，还有它自己独立价值的视觉心象。这种主体性在现代艺术中普遍存在，是对现代社会生活巨大外在化的一种心理补偿，有时是对它的粗暴反抗。现代艺术家描绘的世界，同存在主义哲学家默思的世界一样，是一个人在其中是陌生人的世界。

如果人类生活不再自发地皈依上帝或超知觉世界——用叶芝的话说就是：如果我们攀向较高实在的梯子已经去掉，——这时，艺术家也必定面对着一个不可解释的平面世界。这一点甚至在现代艺术的形式结构中也自行显示出来了。既然这种精神运动不再向垂直方面进行，而只是水平地进行，则艺术中的高潮因素，一般地也就被夷平了。立体主义所达到的绘画空间的夷平并不是一个孤立的事实，不只是绘画才如此，而是在文学技巧中也有类似变化与之平行。但是，其间有个一般的夷平过程，我们可以指出它的三个主要方面：

（1）把所有的面都夷平到图画的面上。近的和远的都被推到了一起。这样，在现代文学的一些作品里，时间取代空间，被夷平到了一个面上。过去和现在被描述成在时间的一个单一的面上同时发生。詹姆斯·乔伊思的《尤利西斯》，托·斯·艾略特①的《荒原》，以及埃兹拉·庞德②的《诗章》都是例子；或许，这种手法运用得最有力量的，要算是福克纳③的早期小说《声音与疯狂》了。

（2）更加重要的或许是"高潮的夷平"，这发生在绘画和文学两个方面。在传统的西方绘画里有一个中心题材，位于或接近画面的中央；画面四周的空间则从属于它。在一幅肖像里，人物是放到靠近中央的，相比之下，背景就显得次要了，只是些尽可能和谐地同人物融为一体的东西。立体主义废除了这种图画高潮的观念：整幅图画空间变得同样重要。消极空间

---

① 艾略特(1888—1965)，英国诗人、剧作家、文学评论家、诗歌领域现代派运动的领袖。代表作有《四个四重奏》、《荒原》等。——译者
② 庞德(1885—1972)，美国诗人、评论家，结识并帮助艾略特、海明威、乔伊思等文坛巨子。——译者
③ 威廉·福克纳(1897—1962)，美国小说家，其作品有强烈的地方感、历史感和乡土社会感。——译者

（其中没有对象）和积极空间（物理对象的轮廓）一样重要。如果处理的是人物肖像，就可以把它"拆解开"，分配到画布的各个部位上。形式地讲，这种艺术的精神是反高潮的。

当我们转而注意到文学里也有同样的高潮或夷平时，其中涉及的更加宽泛的人的和哲学的问题就清楚得多了。古典的文学传统，起源于亚里士多德的《诗学》，它告诉我们，一出戏剧（因而任何一部别的文学作品）必须有个开端、中间和结尾。情节从某一点开始，发展至高潮，然后下降达到结局。人们可以用一个三角形来图解这类古典情节：三角形的顶点代表高潮，戏中的每个细节都同它有逻辑的必然的联系。作者自己也服从逻辑、必然性和或然性的要求。他的结构必须是一个合理的整体，其中每个部分都是从前面的部分合乎逻辑地发展出来的。如果我们的存在本身从来不完全跟这一样，也无关紧要；艺术是从生活中挑选出来的荟萃，也要求诗人能挑选。然而，值得注意的是：规范合理文学结构——开始、中间和结局，连同一个十分明显的高潮——的"法规"所起源的文化本来就相信宇宙是个有秩序的结构，一个合乎理性、可理解的整体。

如果我们试图把古典的亚里士多德的"法规"应用到像乔伊思的《尤利西斯》一类的现代作品上，会出现什么情况呢？《尤利西斯》长达734页，有力而阴郁，优美而悲惨，既有喜剧场面又悲怆哀婉；在这里，情节的展开始终是水平方向的，从来不曾升达到任何一个危机点，而且，在这儿，在高潮这词的传统意义上，我们连高潮之类的影子也看不到。如果乔伊思精神失常，我们还可以把所有这一切当做"杂乱无章"不予理睬；但是，他事实上是位能极好地驾驭他的题材的艺术家，这样，这种混乱和无秩序就不能不归咎于他的题材，归咎于生活本身。实际上，乔伊思所描写的正是我们所过生活的平庸和散乱，与他的小说相比，大多数别的小说才真正是虚构或"小说"。这个世界密实，不透明，不可理解；这就是现代艺术家始终由之出发的素材。戏剧或小说结构匀称的形式要求，是关于实在的完全合乎理性的先入之见的逻辑结果；当我们留意于"事物本身"，留意于事实，留意于我们实际生存方式中的存在时，我们就不会再坚持这些要求了。如果我们时代还如过去的西方人那样，坚持这样一种观念：整个实在是一个体系，其中每个细节都按神意合乎理性地从属于其他细节并且最终从属于这整体本身，则我们就可以要求艺术家使他的艺术形式摹拟这种实在观念，并且给我们提供出连贯性、逻辑性以及一个浑然一体的世界图式。但是，在今天，提出这样一个要求就太无礼了：这是对艺术家历史存在的歪曲。

即使现代作家要讲的主要是传统意义上的故事，他也可能不喜欢以传统的方式来讲它。在《声音与疯狂》里，福克纳有比乔伊思在《尤利西斯》中多得多的小说记事——家道中落，自杀，女孩私奔等等——但是他宁可不以结构匀称的小说形式来描述这些事件。这种抉择是明智的，因为这部小说的力量因此而无法估量地增加了。这世界粗野、无理和既定的性质，透过福克纳的独特技巧极其强烈地表现了出来，以致他实际地显示了而不只是说出了他的书名由之而来的那条引文的意义：

> "生活"就是一篇荒唐的故事，
>
> 由白痴讲述，熙攘而疯狂，
>
> 毫无意义。

莎士比亚把这几行放在一个结构匀称的、旨在抑恶扬善的悲剧里；但是，福克纳却给我们展示了一个一如莎士比亚说的世界：一个不透明的、密实的和非理性的世界；由于莎士比亚仍然十分接近中世纪基督教，这个世界在他那个时代不可能存在。在小说里，甚至当人的有目的活动是计划好了的、为实现计划采取的步骤是必要的时——例如昆廷·康普逊自杀当天那一节——实际发生的事也和通常伴随这种行为的传统秩序、逻辑以及事件发生的先后次序没有什么关系。他描述的这一天显现给我们的，不是"昆廷·康普逊自杀"的抽象概念，而是由于这位作者把他自己的和他的读者的眼光转向"事物本身"，显现给我们一个具体得多偶然得多的过程：一只麻雀在窗口喊喳叫唤，一只表坏了，主人公同一个私奔的小女孩陷入了十分荒唐的混战，有一场动拳头的打斗等等；而在所有这一切表面之下，但是却从未提及的，是一股缓慢而盲目地向前流动着的波涛，犹如一条地下河流似地流向大海，这股波涛就是人之走向他的死亡。这一节描写，以及这部书本身，是一个杰作，或许堪称迄今为止美国人写出来的最伟大的作品之一；而且，如果有谁想要体验一下对存在主义哲学家所思世界的具体感受的话，就该把这一节和这本书推荐给他。

在构成其生命最后一天的一连串胡乱、粗野的行为中，昆廷·康普逊打破了他的表的表面玻璃。他扭下了两根指针，此后，一整天，这只表虽然仍旧不停地大声滴答滴答作响，但是由于它的刻盘已无法辨认，而不再能指明时间。福克纳想必找不到一个更好的比喻来表达贯串全书的时间感了。正常可以计算的时间序列——一个瞬间接一个瞬间——已经打破，已经消失了；然而，由于这只表仍在沉重地继续走动，时间对昆廷·康普逊也就越发显得急迫和实在；他不能够逃避时间，他就在时间之中，这也就是属于他的命运、属于他的决定的时间；而且，这表既没有指针，便不能再确实告诉他我们普通日常生活消磨过去的分分秒秒的正常的可计算的时间进程。因此，时间对他不再是一个可以计算的序列，而是一个不可穷尽又无法逃避的存在。我们在这里——正如我们到后面将会看到的——已经十分接近海德格尔的思想。（福克纳确乎从未读过海德格尔的书，他甚至可能从未听说过他的名字。这就更好；因为艺术家、诗人的证言，当其不曾为任何理智上的先入之见所干扰时，就越发有效。）实在的时间，构成我们生活的戏剧性实体的时间，是一种比表、钟和日历更深层和根本的东西。时间是稠密的媒介，福克纳的人物在其中走动，仿佛拖着他们的双腿涉水似的：一如海德格尔常说的，它是他们的实体或存在。取消钟表时间并不意味着隐退到一个无时间的世界里；正相反：无时间的世界，永恒的世界已经从现代作家的视界里消逝了，一如它已经从萨特和海德格尔那样的现代存在主义者的视界里，从我们自己日常生活的视界里消逝了一样；而且，时间因此也就变成了一种更其无情、更其绝对的实在。"有时间性"是现代人的视界，一如"永恒"是中世纪人的视界一样。现代作家已经如此专注于时间的实在性，用一种全新的技术，从一种全新的观点来处理它；这就证明了：我们时代的哲学家们试图对时间作一种新的理解，是和同样一种隐蔽的历史关切相呼应的，而不是单凭头脑杜撰新奇概念。

读者应该很容易地看出来，关于艺术的这些详情，绝不是强拉硬扯，纳入一个模子里。它们也不是那些已经成为我们国家批评时尚的、增加给艺术作品的、"精心"诠释。正相反，我们所提及的那些特征是敞开的，可以把握的——可以这么说，它们就处在艺术作品本身的表层；而且，要想看到它们，只要我们认真对待艺术就行，而这意味着把艺术看做一种启示：看做它的时代和人的存在的启示，以及这两者一起，即人在其时代的存在的启示。

没有开始，没有中间，没有结局——这就是某些现代文学作品竞相追求的"无结构的结构";在绘画中也与此类似，也不明确地给前景、中景和背景划定界限。对于沉湎于西方古典传统的传统派来说，所有这一切都显得消极，都是纯粹破坏性的。但是，如果我们不老是褊狭地盯着西方传统(何况，不管怎么说，这种古典"法规"只是整个西方历史上曾经出现过的诸传统之一)，我们就会发现，这些对合逻辑的和合理性的形式的要求，并不适用于其他文化的艺术传统。例如，东方艺术，就远比西方古典艺术不拘形式，显得有机和自然。它有形式，却是一种有别于西方的形式。这是为什么？这个问题并不是一个无足轻重的问题。它可能像任何一个西方人现时提出的问题一样深刻，因为这种艺术上的差异并不是一个偶然事件，而是不同处世态度的不可避免的伴随物。

至于东方艺术形式(对于我们来说)的这种奇特观念，E·M·福斯特①曾在他的小说《印度之行》中作过一个绝妙的透露。一群英国人和印度人正混在一起喝茶，戈博尔教授，一位印度人，被邀唱歌，但是他却放过了这个机会；尔后，当大家都要离开了，这位印度人却十分出乎意料地说，"我现在可以唱了"。(这个出乎意料很有意义，因为这支歌不是安排在正式场合下唱的，而是像生活本身那样随便偶然地灌进他们耳朵

---

① 福斯特(1879—1970)，英国小说家、散文家，曾两次访问印度。作品主要有《霍华德别业》(1910)、《印度之行》(1924)等。——译者

的。）福斯特对这支歌的描述极其绝妙地证明了我们的论点，很值得我们整段地抄录下来：

> 他的细弱的嗓音扬起，一声接一声。似乎时而有节奏，时而又有西方旋律的幻觉。但是这听觉，经过不断的困扰，很快失去了方向，在噪音的迷宫中彷徨，既不感到刺耳不适，也没感到听懂了些什么。它是一只无名小鸟的歌。只有仆人们能理解这歌声。他们开始相互窃窃耳语。那个正在采菱的人裸着身子从水箱里走了出来，他高兴地咧开嘴笑，露出了红舌头。这声音持续了一会，就停了下来，一如它们开始时一样的偶然。

——显然，只唱到半小节处，就戛然停在次属音上。这支歌开始，持续，戛然而止；没有一点亚里士多德的开始、中间或结局的陈迹。让我们对戈博尔的这支歌同出自一个意大利歌剧的一支咏叹调的结构作一番比较。在这支咏叹调里，我们有一个开端，然后是经过某些可预见的阶段而发展到不可避免的高音的极点，最后又渐趋消退，达到结局，这么一来，整支曲子就显得天衣无缝似的：这里有亚里士多德合乎理性的音乐形式。但是，东方歌曲难入西方人的耳朵；它显得不可理解。其理由在于：西方人要求（或者让我们说，习惯于要求）一种可理解性，东方人是不予要求的。如果西方人发现东方音乐"无意义"，则东方人就可以很有理由回答：这也就是没有开端、中间、结局的运行不息的自然本身的那种无意义性。

因此，东方和西方艺术形式观念之间差异的真正原因，说到底是哲学观的差异：从希腊人以来，西方人就相信存在，一切存在，是可以理解的，相信任何事物都有它的理由（至少从亚里士多德经托马斯·阿奎那直至现代初期的主导传统都持这种论点），并且相信宇宙终究也是可以理解的。另一方面，东方人却认可他的存在处于一个对西方人的理性心灵来说是无意义的宇宙之内，并生活在这种无意义性之中。因此，对于东方人来说，似乎十分自然的艺术形式，应当和生活本身一样地无形式或有形式，一样地没有理性。西方艺术家现在发现，他自己承袭下来的古典形式不足以令人信服，甚至几乎让人无法容忍。这是由于他对世界的整个态度的深刻变化使然——即使艺术家本身尚不能够用概念把这种变化表达出来，它的真实性也不会因此而减少。世界这种终极的可理解性已不再为人所接受了。就我们所知，我们的存在不再对理性是透明的，可以理解的，纳入一个封闭、连贯的结构中。现代画家和作家的作品显现给我们的这个世界是不透明的，"稠密"的。他们的眼光所见首要地不是为理智的前提所感发；它是一种或许只有艺术才有的自发启示；不论我们是否愿意去了解我们自己所处的地位，艺术都把它指给了我们。如果我们真诚地体验两部在时间上相距甚远的艺术作品：但丁的《神曲》和福克纳的《声音与疯狂》，我们就会看到，西方人在这几个世纪间走过的旅程；这要比无论多少抽象论证都清楚些。而且，已经走过的道路是不可逆转的。

（3）现代艺术中我们所谓夷平过程的最后的也是最重要的方面是"价值的夷平"。要理解这一点，我们可以从绘画最简单的层次开始。在这里，它仅意味着把大小对象当作具有同等价值的东西来处理。塞尚画苹果像画山脉一样热情专注，而且每只苹果都像一座大山那样雄伟壮观。实际上，在塞尚的一些静物画里，如果有谁把整幅画都遮起来，只是露出一小片折叠的桌布，他就可以很有理由以为自己在看塞尚的《圣维克多山》画中的平地和群峰了。对于塞尚，绘画主宰着它自己的价值：绘画之外的大与小、高与低、崇高与平凡，如果在一幅特定的绘画中发挥着同样造型作用的话，就具有同等的重要性。

现在所有这一切都与西方文艺传统正相反。西方传统艺术界限分明地区别开崇高与平庸，并且要求最高级的艺术去处理最崇高的题材。西方人的精神总是讲等级制度的：宇宙被理解为存在的大链条，从最高到最低；而它同时又是一种价值等级，从最低到最高。传统总是指望画家去描绘取自基督教福音、伟大战役或要人名流的崇高场景。17世纪世态画的开端是走向我们今天所谓现代绘画的第一步，但是直到本世纪前，西方价值观的这种颠倒还没有真正完成。现在，等级制度的框架已经完全废弃了。继塞尚之后，立体主义者把普通对象，如桌子、瓶子、眼镜、吉他等，作为他们最不朽的绘画题材。现在，画家甚至完全没有对象也行：他画布上的彩色形状本身就是一种绝对的实在，或许比假想的场景、伟大的战役——曾是传统油画的合适题材——还更加实在。因此，我们最终达到了"原始艺术"（粗陋的、未加工的、粗野的艺术）。它不仅企图废除在崇高和平庸之间的严格区别，而且还要废除美与丑之间的严格区别。这种风格比较有趣的耕耘者之一画家迪比费①说：

> 认为有美的事物和丑的事物，一些人天生丽质，而另外一些人则不能要求得到它，这种观念除了习俗——古老的胡说——外确实别无基础，而且，我还要声明：这习俗是不健康的。……人们已经见到，我想要荡除一切别人要我们毋庸置疑地认为是雅而美的事物；但他们却忽略了我代之以另外一种更加浩瀚的美的工作，这种美涉及一切对象和存在物，不排除最受鄙视的事物。而且，正因为如此，就更其令人振奋。……我将会喜欢人们把我的工作看做一番事业，为受人鄙视的价值恢复声誉；而且，在任何情况下，都别弄错，这是一件值得热情讴歌的工作。……

---

① 迪比费(1901—　)，法国画家、雕刻家和版画家。第二次世界大战后巴黎派主要画家之一。以粗美术著称。——译者

我深信，任何一张桌子对我们每个人来讲都可以是一片风景，和整个安第斯山脉一样有写不尽的题材。……

一个简单持久的事实对人也会有高度的价值，这使我很震惊。例如，一个人窗外每天展现的悲惨街景，随着时光的推移竟能最终在他生活中产生重要作用。我常常想，一幅画能够企求的最高目标，就是在某个人的生活里发挥这样的功用。

这样一些观念似乎使西方传统派极为反感：它们暗中破坏了久已推崇的审美标准，鼓励了存在中最无秩序的因素，而且，还打击了艺术本身。然而，东方人却很容易领会它们。东方人从来不像西方人那样把对立的双方分置于各自的"防水船舱"里：在东方，它既在上面，也就在下面；小的等于大的，因为在无数宇宙的无限扩展中，每个个别宇宙就只不过如恒河两岸的一颗沙粒，因而每颗沙粒就等于一个宇宙。荷花在泥淖中开放；一般而言，东方人以其不分轩轾的态度，乐意接受存在的丑陋渣滓，一如接受它的美一样。这是西方人无论如何不会欣赏的。在此，我们所关心的问题，并不是西方现在是否正在趋近那些曾经属于东方的思想和感情形式。同哲学家相关的是这样一个事实，即在这里，在艺术中，我们发现有许多同西方传统，或至少同向来被认为是的西方传统决裂的迹象；哲学家自己如果想要重铸这种传统的意义的话，他们也就必须悉心研究这种决裂。

西方艺术中价值的萎缩或夷平并不一定表明伦理虚无主义。恰恰相反，艺术在使我们的视野转向存在被遗弃的因素时，它就可能引导我们更加完全却较不做作地赞颂世界。在文学上，决定性的例子又是乔伊思的《尤利西斯》。看出这部书在精神上不属于西方的，不是文学批评家，而是心理学家卡·古·荣格。他对这部书之东方风味坚信不疑，以致推荐它为白色人种迫切需要一读的《圣经》。因为《尤利西斯》打破了西方鉴赏的和西方美学的整个传统，让布卢姆一天当中的每件小东西——甚至他口袋里的东西，如一块肥皂——都能够在一定时刻显现出超乎一般经验的重要性，或者至少同那些人们通常赋予超验重要性的事物的价值相等。乔伊思似乎在说（如东方人所说），每颗沙粒都反映整个宇宙——然而，这位爱尔兰作家一点也不是个神秘主义者，他简单地把经验当作是如他小说里所描绘的那天发生的情形那样。任何这类同传统的决裂，都牵涉到一种严重的价值颠倒；这当然是危险的，因为艺术家要冒失去过去经验为他建立起来的保障的风险的。许多现代艺术都明显地碰到了这种危险，结果便在艺术和艺术家中产生了混乱；但是，这种危险正是人类精神向前迈出的任何一步都必须付出的代价。

至此，我们已经看到，现代艺术在形式和结构性质上，是一种破除的和大胆创新的艺术；它表达了一个时代，在这个时代里，西方文明公认的结构和规范处于崩解状态，或者至少受到怀疑。但是，现在，这种艺术的内容究竟如何？关于人，这种内容又告诉了我们一些什么？它以什么方式强迫哲学家去"重铸"他的关于人的传统概念？

　　每个时代都把它自己的人的形象投射进它的艺术中。整部艺术史都证实了这个命题，实际上这种历史本身也只是一连串的人的形象。一个希腊人像不完全是个石头造型，而是根据希腊人的生活而创造的人的形象。如果你一个特征一个特征地把一尊罗马贵族的半身雕像同中世纪圣徒的头像比较一下——就像安德烈·马尔罗在他的《沉默的声音》中以惊人敏锐的眼光所做过的那样——你就不能以形式上的术语说出他们之间的差异：这两尊头像相互对视又相互抵消；他们给了我们两个不同的人的命运和可能性的形象。罗马的头像显现给我们的是最高权力、力量和帝权的面貌，而基督徒的头像显现给我们的则是道成肉身的面貌以及上帝尘世化变形的谦卑。即使我们对于道家一无所知，我们还是可以从中国宋朝的绘画推测出道家对人和自然的感受。事情就是如此。无论何时，只要一种文明依据人的某种形象来生存，我们就能够在它的艺术里看到这种形象；有时候尽管这种形象没有以思想明确表达出来，它也还是有所呈现，艺术家就是这样执了哲学家的先鞭。至于原始的或前人类的艺术则是另外一码事。在那里，呈现给我们的是原始和抽象得多的形象，因而我们还看不出人的模样。在那些原始文化里，人文主义还不曾存在。人还过分接近于他的图腾动物。然而，即使在这种艺术里，如果我们愿意的话，也还是可以在人自己的个性特征还不曾显现出来的原始模型的形象里，根据原始人的生活看出人的形象，或者"非形象"。

那么，现代艺术又怎么样呢？我们在它里面可以找到的人的形象又如何呢？

颇为耐人寻味的是：现代艺术家已经发现原始艺术对他们有效，而且还发现自己同它的形式有一种奇妙的亲缘关系。诚然，当现代艺术家采用原始主题时，这些主题的意义对他和对原始人完全不同。我们不能把 30 个世纪的文明一笔抹杀。然而，原始艺术今天对我们具有超乎寻常、极端重大的吸引力，是意义不小的。西方人文主义传统已经跟跟跄跄，变得成问题了。我们不再确信我们知道人是什么，然而，我们却确实知道，在这个世纪里有什么盲目的力量能够干扰或破坏他所谓的人性。因此，我们响应前人类的人的原始模型的形象，它比我们现在所知道的人的特征，要抽象些，更不具人格些。

现代艺术中惟一不清楚的，是它的人的形象。我们能够从希腊艺术，从文艺复兴时期，或者从中世纪挑选一个人像，确定地说，"这就是希腊的、中世纪的或文艺复兴时期的人所设想的人的形象"。我以为，在现代艺术一片混乱的丛林中，我们找不出一个轮廓同样清楚的人的形象。而且，这倒不是由于我们太接近于现在这个时期，还不能退后拉开一段距离来进行挑选。更确切地说，是由于形象的变化太频繁、太相互矛盾，而合并不进任何单一的造型或形式中。人同一块石头或一棵树不一样，他没有固定不变的本质或本性，他是一个超越任何一个固定形象的生物。现代艺术之所以提供不出一个轮廓清楚的人的形象，难道我们不可以归诸它已经知道了（不管它是否已经把这种认知用概念表达了出来）这层道理吗？

无论如何，许多现代艺术向来关心的，都只是传统的人的形象的破坏。人是一无遮蔽的；不只如此，他还被剥去了皮，被碎尸万段，而他身体的各部分也被摔得到处都是，就像俄赛里斯①一样，甚至连重新凑拢这些四散部分也不允准，因而只好默然等待。我们的小说越来越关心无面目无名字的主角人物，他既是每一个人又不是每一个人。或许又是这个乔伊思开始了这种剖析，而且，他甚至还能够唤起人们对人类史前艺术的共鸣。在奥德修斯②遭遇到瞎眼巨人波吕斐摩斯的故事里，这位希腊英雄自称是非人，即无个人身份的人。在弗朗兹·卡夫卡③的小说中，主角是个代号，姓名的起首字母；诚然，一个代号迫

---

① 俄赛里斯，古埃及主神之一，其形象为一具干尸。——译者
② 奥德修斯，荷马史诗《奥德赛》的主人公，他曾弄瞎波塞冬的儿子波吕斐摩斯的独眼，攀在一只公羊的腹部得以逃脱他的洞窟。——译者
③ 卡夫卡(1883—1924)，奥地利幻想小说家。他的作品象征着 20 世纪的忧伤和渗透于西方社会的异化。代表作有《美国》(1912—1914)、《变形记》(1915)、《审判》(1914—1918)和《城堡》(1922)。——译者

不及待地要找出他自己的地位和责任——这些都不是先天提供给他的，而他到死还是没有找到它们。这个找不到自己意义的代号，他的存在是有限界的，这是因为他总是处于安全、稳定、有意义、注定的事物的边界之外。现代文学，用雅斯贝斯的话说，趋于变成一种"极端情势"的文学。它使我们看到，人已经山穷水尽，失去了日常生活中显得极坚实极现世的一切安慰，只要日常生活被无问题地接受，情况似乎就会如此。

很自然，这种无面目的主角到处都面临着虚无。如果我们由于机遇或命运而陷入极端情势——也就是说，远离了常态、常规、公论、传统和安全事物，我们便会受到虚无的威胁。所谓现实世界的坚实感在这种情势的压力下化为轻烟了。我们的存在显示出它本身要比我们所认为的"漏洞"多得多，实体性要少得多——它就像那些现代雕刻里浑身是洞孔和缝隙的神秘人像。事实上，虚无已经成了现代文学艺术重要的主题之一；它或是直截了当地说出来，或者只是通过描写人物在其中居住、活动并且拥有其存在的环境的作品流露出来。这使我们想起雕刻家吉亚柯梅蒂拉长变瘦的人物，他们像是遭到四周虚无的侵袭似的。作家海明威在《一处光明洁净的地方》这个故事里说，"有些人生活在它里面，却从不知道它"，这个故事用了六七页的篇幅描述了虚无的"显象"，这或许和现代艺术中任何一部作品一样有力。他接着写道："它完全是一个虚无，而人也是个虚无。"海明威的例子在这里是很有价值的，因为他不是一个由理性主题激发灵感的艺术家；恰恰相反，他是个致力于报道他在经验中实际看到的事物的记者和诗人，而他在这个故事里看到和报道给我们的，是那不时地浮现在人的眼前的虚无。①关于同一个主题，萨特的故事则叫我们大生疑惑：我们有理由认为，这位存在主义作家正在理智上用不正当手段作弊，依据先前所信奉的哲学观点来报道经验。但是，要是抛弃了海明威的虚无的显象，就可能会对我们自己的经验闭上眼睛。

值得再次强调的是，现代艺术呈现给我们的虚无的"显象"，确实表达了一种真实遭遇，是当代历史命运的一部分。富于创造性的艺术家并不是凭空造出这样一种"显象"的。一般说来，观众或读者也不会不响应它。乔伊思的一位爱尔兰籍门徒塞缪尔·贝克特②所著剧本《等待戈多》——虚无始终贯穿该剧本的字里行间——在欧洲各首都剧院连演16个月以上而场场客满。这时，我们只能得出结论说，有某种东西正在欧洲人的心灵里起着作用；它的传统对之完全无法防范，而且它也将不得不挺过去，直到辛酸的终点。无疑，贝克特戏剧的观众从舞台上认出了一些他们自己的体验，一种虽说不甚清楚但毕竟是他们自己空虚感的回声，这种空虚感如果用海德格尔的话

---

① 对这故事的主题还有一个更为详尽的表述，见本书第305—309页。
② 贝克特(1906—1989)，爱尔兰戏剧家、小说家，其作品旨在显现人类在荒诞宇宙中的尴尬处境。《等待戈多》是其代表作。——译者

说，就是他们的"等待上帝"。拒斥艺术家和观众的这些反应，不只是庸人的保守和自负，而且也是很危险的愚蠢，因为他因此就失去了找到他自己历史地位的机遇。

我们已经看到，一个时代可以把它自己显现在它的宗教里，它的社会形式里，但是，或许是最深刻、至少是最清楚地显现在它的艺术里。通过现代艺术，我们时代把它自己显现给它本身，或者至少显现给那些愿意平心静气、不带任何先见和盲目性透过艺术这面镜子看他们自己时代的人。在我们时代，存在主义哲学是作为我们时代的理智表达而出现的，而这种哲学还显示出它同现代艺术有许多接触点。我们越是密切地把这两者连在一起考察，存在主义哲学是我们时代真正理智表达的印象就越是强烈，正如现代艺术以形象和直观形式表达我们时代一样。

存在主义哲学和现代艺术不仅处理类似的主题，而且还都从危机感和同西方传统决裂出发。现代艺术已经抛弃了合理形式的传统假设。现代艺术家不是在希腊人传给西方人的意义上，把人看做理性的动物，而是看做某种别的东西。实在把它自己显现给艺术家的也不是"存在的伟大链条"，西方理性主义传统曾经声言，这个链条的最微小的环节以及它的总体都是可以理解的，而是难以"驾驭"得多：它不透明，稠密，具体并且最终是不可解说的。在理性的边界上，我们直面着无意义；今天的艺术家把我们日常生活中的荒谬、不可解说和无意义统统指给了我们。

这种同西方传统的决裂既使哲学又使艺术充满了一切都是可疑的、有问题的疑虑感。马克思·舍勒说过，我们时代首开先例：人相对他自己已经完全彻底成问题了。因此，这些困扰着现代艺术和存在主义哲学的主题，乃是他在他的世界里的异化与陌生；人的存在的矛盾、脆弱和偶然；以及时间对于那些已经丧失了对永恒世界安全寄托的人的中心的和压倒一切的实在性。

艺术带给这些主题的证言因其是自发的，就更有说服力；它不是出自观念，也不是出自任何理智纲领。最成功最有影响的现代艺术之所以感动我们，乃是因为我们从中看到了艺术家服从于他的视象（在艺术中永远必须如此）。而且，既然我们承认人的存在是彻头彻尾历史性的，我们就必须把现代艺术的这种视象当作一个信号，它告诉我们，对直到现在一直处于我们传统中心点的人的形象必须重新评估，重新铸造。

在正从我们时代艺术中涌现出来——不论是多么片断地——的人的新形象中，有一个令人痛苦的讽刺。来自别个星球的旁观者很可能大为惊讶，因为我们这个时代集中于外在生活上的巨大力量与我们的艺术力图公开揭露出来的内在贫困之间的悬殊太大了。毕竟，我们这个时代已经发现和利用了原子能，造得出比太阳飞得还快的"飞机"，而且还将在几年内（或许几个月内)拥有原子动力飞机,穿越外层空间一连几个星期而无须返回地球。人还有什么不能做到!他的能力现在比普罗米修斯或伊卡罗斯①或任何后来死于骄傲的勇敢无畏的神话英雄都要大。但是,如果一个来自火星的观察者,把他的注意力从这些能力的外在标志转向显现在我们小说、戏剧、绘画中的人的造型,这时,他就会发现一种浑身是罅隙和窟窿、无面目、受到怀疑和否定困扰的、完全有限的生物。

这种力量和贫困间的强烈对照虽说令人不安,但是其中也有一些使畏惧过大的物质力量的人们稍感安慰的东西,就如获悉独裁者是个酒鬼或者具有常人所有的弱点,似乎会使他稍许多一点人性似的。如果我们想要把我们世界的任何一部分从这种力量的蛮横行径中拯救出来,我们可能就不得不像现代艺术那样先去赞扬存在的某些“下流肮脏”的“渺小犄角”。然而,在另外一个层次上,这种强烈对照也令人恐怖,因为它描绘了一种隐藏在他自己的作品背后的人的危险的“滞后”。而且,在这种滞后中还有原子弹的恐惧,它悬在我们头上,犹如即将降下的夜幕。无疑,在这里,普通人也开始瞥见了艺术家和哲学家在我们的时代已经开始认真探究的虚无了。原子弹展现出人类存在的可怖的和总体上的偶然性。存在主义是原子时

---

① 伊卡罗斯,希腊神话中发明家代达洛斯的儿子,因插上蜡制翅膀飞近太阳而死。——译者

代的哲学。

通过考察我们的时代，我们已经看到到处都是与西方传统或是在西方传统内部决裂的迹象和兆头。而且，既然存在主义与这些预兆有关，并且实际上它本身就是其中之一，我们最好现在就转过头来回顾一下这个传统，看看存在主义是何等的源远流长。

第二编　西方传统中存在主义的源泉

第4章 希伯来文化与希腊文化

马修·阿诺德[①]的《文化与无政府状态》是一部讨论19世纪英国局势的书，即使今天也还有许多值得我们一说的东西。其中有一章很出名，与本书本章同名，阿诺德在其中写道：

> 作为一个国家，我们表现出依据我们自己所有的最好灵明行事的活力和毅力。但是，我们恐怕还不够审慎，还不足以注意到使我们的灵明不要成为一片漆黑。这只不过是一个古老故事的翻版而已；按照这个故事，我们的最强烈的和最值得赞美的特征是我们的活力而非智力。但是，我们还是可以给这观念加上更一般的形式，使它有更广泛的应用范围。我们可以把这种专注于实践的活力，这种义务、自制和工作的至上感，这种秉着我们自己的最好灵明

勇敢前进的热诚，看做一种力量。我们同时又可以把专注于观念(它们毕竟是正确实践的基础)的智力，随人的发展俱来的不断更新观念组合的热忱，以及完全认知和适应这些观念的不可遏止的冲动，看做另一种力量。而且，在一定意义上，我们可以把这样两种力量看做是竞争对手(它们之为对手，不是出于它们自己本性的必然，而是展示在人及其历史中的)，并且还是把世界帝国一分为二的竞争对手。要是拿人类把它们表现得最显著的两个民族来命名的话，我们便可以分别称它们为希伯来文化的力量和希腊文化的力量。希伯来文化和希腊文化，这两者之间的影响推动着我们的世界。在一个时期，感受到它们中的这一个吸引力大些，在另一个时期，又感到另一个的吸引力大些，虽说从来不曾，但却应当在它们之间保持适当和幸福的平衡。

在阿诺德看来，希伯来文化有时似乎太明显地表现出大不列颠维多利亚中期反国教诸教派人士僵硬守旧的面孔。自阿诺德时代以来，我们对希伯来精神又知道了许多，因而我们对它的描绘也将更加复杂了。不过，从阿诺德这段亲切简单的话开始是

---

① 阿诺德(1822—1888)，英国维多利亚时代优秀诗人、评论家。《文化与无政府状态》(1869)是其主要作品之一。——译者

很合适的，因为他十分正确地察觉到这两种文化类型的区别，又以如此明确的措辞提出了它们漫长的历史上的斗争。

阿诺德十分清楚地指出，这两种文化类型的区别根源于行与知之间的差异。希伯来关心实践，希腊人则关心知识。正确的行为是希伯来人终极关切的事，而正确的思想则是希腊人终极关切的事。尽义务，讲良心，是希伯来人生活的首要事情；而对于希腊人来说，首要的则是智力的自发和聪明的运用。因此，希伯来人高扬道德的优点以为生活的内容和意义；希腊人则使它们隶属于理智的优点。而且，阿诺德还正确地看到，"对于亚里士多德来说，道德的优点只是通向理智的入口或门廊，因此惟有后者才是真福。"到此为止，所有这一切都是十分简单和清楚的：在实践和理论之间，在道德的人与理论的人或理智的人之间，有天壤之别。可是，阿诺德随后又继续提出别的论点，这多少有点"节外生枝"：

> 要摆脱愚昧，要如事物所是来看它们，而所谓如它们所是来看它们就是要在它们的美中来看它们，这就是希腊人给人性提出的简单而诱人的理想。而且，正由于这种理想简单、诱人，希腊文化以及在希腊文化手下的人类生活，才带上了一种无形的悠闲、明晰和光辉。它们充满了我们所谓的甜美与光明。我们面前再无困难，我们思想里只有这种理想的美妙与合理性。

尽管阿诺德赞叹这种理想甜美和光明，可他还是感到这可能没有考虑到人类处境的困难方面，因而他接着引述了一段可能是也可能不是托马斯·卡莱尔①说的话：

> 有句话说，"苏格拉底在锡安山②极其悠闲自在"。希伯来文化——而且在这里是它惊人力量的源泉——一向严肃地凝神于一种敬畏感，认为在锡安山不可能悠闲自在，认为人类追求或获得圆满性时困难重重；而苏格拉底谈起来却满怀希望，几乎可以说是非常随便。摆脱愚昧，认识事物的真相，认识事物的美，这一切谈起来都挺不错；但是，倘若有某种东西阻挠和践踏我们的种种努力，我们又怎么做到这一步呢？
>
> 这个"某种东西"就是"罪"。

阿诺德在这里所察知的，乃是《圣经》信徒内心深处潜藏着的某种不安，而这在伟大希腊哲学家们所给出的人的概念里是找不到的。这种不安指向人的存在里比行和知、道德和理性之间的对照更为中心的另一个领域。的确，阿诺德试图通过引

---

① 卡莱尔(1795—1881)，苏格兰散文作家和历史学家。曾著有《法国革命》，《论英雄、英雄崇拜和历史上的英雄》等。——译者
② 原文为Zion，一译为天堂、乐园。锡安山为耶路撒冷之一山名，上面建有皇宫庙宇，为希伯来政教及国民生活之中心。常以之作为以色列、犹太或希伯来文化的代称。——译者

进罪的观念，把这种《圣经》信徒的不安同他的主要论题，即道德实践和理性文化之间的区别，联系起来。但是，人在《圣经》中（如在《诗篇》和《约伯记》①中）经验到的罪感，不可能仅限于个人存在中同其道德行为相关的假想的"分隔间"里。这种罪感弥漫人的整个存在：就他作为一个生物而裸立在上帝面前显得虚弱和有限而言，这实际上就是人的存在。这种认为人是有限的观念，使我们超越实践与理论、道德与知识的区别，进而达到所有这些区别的中心发源地。

当重新思考阿诺德对希伯来文化和希腊文化的区别时，我们必须从这个中心开始。从阿诺德时代以来，我们不仅对希伯来思想而且对希腊人也有了很多新的了解，从而我们将不得不改变他对后者无形的光明和自在的形象。阿诺德把希腊人描绘得容光焕发、和谐融洽，是他继承了18世纪古典主义传统所致。我们现在对希腊人所具有的悲观主义以及随之而来的对人生的否定知道得多得多了。我们还更多地知道了俄耳甫斯诸教派②，它们对人的罪恶和堕落状态有强烈意识，而且对柏拉图也产生了十分巨大的影响。当柏拉图说人体是坟墓，哲学思考就是学习死亡时，他并不只是在随便地玩弄一些无聊的修辞比喻。从他的俄耳甫斯教的和毕达哥拉斯派的源泉，我们能够看

---

① 约伯为希伯来之族长，《约伯记》为《旧约圣经》18卷。——译者
② 俄耳甫斯教，信仰半神半人的俄耳甫斯，其末世论强调躯体死后的因果报应和灵魂转世。——译者

出柏拉图整个哲学推动力源于一种热忱的寻求，想要从世界的罪恶和时间的诅咒中解救出来。尼采不到一个世纪前几乎是第一个看了出来：希腊人并不是凭空产生出他们的悲剧的。希腊悲剧是从对人生苦难和邪恶的敏锐意识中产生出来的。

然而，阿诺德在希伯来人和希腊人之间作出的区别基本上是正确的，这可由这两个民族对人类的不同贡献看得出来：希腊人给了我们科学和哲学，希伯来人则给了我们《旧约圣经》。不是任何一个别的民族，不是中华民族，也不是印度民族，产生出"理论"科学，而这种科学通过希腊人的发现或发明，已经成为我们区别西方文明与地球上其他文明的界石。同样地，西方宗教的独特性也是由于它的希伯来源泉，西方宗教史也因此而成了包含着各种各样命运和变异的希伯来精神的漫长故事。

1. 希伯来的信仰的人

然而，《旧约圣经》并不真的是希伯来文化的中心。在这个中心上的，是《旧约圣经》的基础和依据，如果没有它，即使在古犹太法利赛人①的传统中，《旧约圣经》也只会成为一

---

① 法利赛人，犹太教一派，主张严格遵守口传律法。也有人指责他们拘泥律法形式而忽视其精神。——译者

具空洞的躯壳。在这里，我们必须超越阿诺德的思想。诚然，《旧约圣经》的仪式和戒律的绝对约束性质，在犹太人遭受苦难的许多世纪期间，一直是凝聚犹太社会，并且使这个民族免于灭绝的力量。但是，如果我们追溯到希伯来文化的源头，追溯到《圣经》里显现出来的人，我们就会看到，在道德律令的基础里，隐藏着某种更原始更基本的东西。要想看到这一层，我们就必须重读《约伯记》，以一种使我们超越阿诺德进入我们自己时代的方式重读它，读的时候还要有一种历史感，要体味著书者的原始的或基本的存在模式。对于前人来说，《约伯记》故事的结局并不是像它对于后来我们这些读者那样，是不可避免的；对于我们来说，多少个世纪的熟悉和遗忘已经使人和上帝之间对抗的强烈程度大为减缓，而人与上帝之间的强烈对抗却正是故事的症结所在。对于前人来说，鉴于第一次超出他的宗教的例行戒律，在约伯最后达到直接面对他的造物主并要求正义时，就会有一种普罗米修斯式的激动。对于希腊人，可与此相比的步骤，是涌现出对诸神及其行事方式的批判的和哲学的反思，是第一次以理性意识为武器，来考察那时已成了传统和仪式的宗教。可是，希伯来人所采取的，却不是理性方式，而是由整个人，即约伯，满怀激情地同不可知的和压倒一切的上帝相对抗。而且，约伯最后的解决办法，也不是如一向在生活中一样，靠理性解决问题，而是改变和转变整个人。约伯和上帝之间的关系，用马丁·布贝尔①的话说，是一种一个"我"和一个"你"之间的关系。这样一种关系要求每一个人以他的全身心去对抗另一个。这种对抗也不是两个理性心灵各自要求一个使理性满足的解释。约伯和上帝之间的这种关系处于存在的而非理性的层次上。"理性怀疑"一词，在西方后期哲学传统的意义上，即使在约伯突然反叛之际，心里也不曾想到过。尽管约伯信仰上帝确曾采取过反叛、恼怒、沮丧、慌乱等五花八门的形式，但他对上帝的关系依然自始至终都是一种信仰的关系。约伯说，"虽然他杀害我，我还是要信任他"。然而，他又同样强调地补充了一句："但是我将在他面前坚持我自己的路"，这句话却往往没有引起人们的注意。约伯面对着在其面前自己只是个虚无的造物主，依然坚持他自己的身份（"他自己的路"）。约伯在他信仰的许多隐蔽处和转折中颇接近于那些原始民族，他们可能打破、谩骂和蔑视不再讨人喜欢的神像。同样地，《诗篇》第89篇里，大卫谴责耶和华，说他给他的人民倾注了许多苦难；而且不容置疑，在历史的这一阶段上，信仰极其真实，竟致允许人们责问上帝。这是个接近原始人的阶段，却又超越了它一大步：因为希伯来人已经加上了新的因素，即信仰，并且因此而把原始人对神的恼怒内在化了。当信仰完满时，它就

---

① 布贝尔(1878—1965)，德国犹太宗教哲学家。倡导宗教上的无政府主义。——译者

敢于表达它的恼怒，因为信仰是整个人对他的上帝的敞开，并且因此必定能够包容人的所有的存在样式。

信仰是信任，至少最初我们在日常生活中讲我们信任某某是这么回事。作为信任，它是一个个体同另一个个体之间的关系。信仰在它成为相信（相信一个教会的教规、教义和教理）之前，就已是信任了，后世的宗教史使信仰这词的基本意义模糊了。信仰作为一个人向另一个人敞开的信任，并不涉及有关信仰及理性地位一类哲学问题。这个问题只是到了后来才提了出来，那时信仰可谓变成了命题，以声明、教义、制度表达出来。信仰先是人的存在的具体样式，尔后才成为对一个命题的理智同意；恰如真理先是人的存在的具体样式尔后才成为命题。再者，这种信任包含着一个人的愤怒和沮丧，他的骨骼和内脏，简言之，他整个人。而且，还不允许灵魂同身体分离，理性对人的非理性的另一半分离。在《约伯记》和《诗篇》里，人是有血有肉的，而他之作为生物的存在则反复地描述成全然肉身的形象：

> 求你记念，制造我如抟泥一般，你还要使我归于尘土么？
> 你不是倒出我来好像奶，使我凝结如同奶饼么？
> 你以皮和肉为衣，给我穿上，用骨和筋把我全体联络。①

———————————

① 《新旧约全书·约伯记》10：9—11。——译者

而《诗篇》第 22 篇讲到遗弃感时，它用的不是高雅的内省语言，而是这肉体最强有力的呐喊：

> 我的上帝，我的上帝，为什么离弃我？……
>
> 但你是叫我出母腹的：我在母胎里，你就使我有依靠的心。
>
> 我自出母胎就被交在你手里，从我母亲生我你就是我的上帝。……
>
> 我如水被倒出来，我的骨头都脱了节。我心在我里面如蜡熔化。
>
> 我的精力枯干，如同瓦片。我的舌头贴在我牙床上。你将我安置在死地的尘土中。①

后来新教企图恢复人同上帝的面对面的对抗，却只造得出苍白的复制品：缺乏原始《圣经》信仰的简明、有力及完整。新教的人已经甩掉了身体的外壳。他成了个有精神和内在性的生物，却不再是我们在《圣经》里发现的有肚腹、有肌肉、有鲜血、有骨骼的人。新教的人从来不敢面对上帝，要求他说明他的道路。到了宗教改革时代，历史上的那个纪元早已成为过去了。

---

① 《新旧约全书·诗篇》22：1，9，10，14，15。——译者

《圣经》的人既是个有血有肉的人，就必定同大地密切相关。"求你记念，制造我如抟泥一般；你还要使我归于尘土么？"同尘土相连，也就是同死亡相连：他是个时间的生物，其存在是彻底暂时的。永恒（人的永恒）的观念，在《圣经》里不及人的有死形象有力和频繁。上帝就是恒久，虽然他面对面地与人相遇，却完全超出人的认知范围，是人不可比拟的。而人既然在他的造物主面前是虚无，也就像所有别的由尘土做成的存在物一样是短命的，他的暂时的实体也反复地被比作风和影。

> 人为妇人所生，日子短少，多有患难。
> 出来如花，又被割下；飞去如影，不能存留。①

希伯来文化没有包含什么永恒的本质王国，希腊哲学却通过柏拉图制造了这样一个王国，以便在思想上从时间的恶中解脱出来。这样一个永恒本质王国仅只对于"超然的睿智"才可能。这样的睿智，用柏拉图的话说，变成了"对所有时间和所有存在的旁观者"。这种理想把哲学家看做人的最高类型，即专擅理论的睿智，他能够从永恒的制高点上俯瞰所有的时间和存在；这同希伯来的虔信的人的概念完全相异，希伯来的虔信的

---

① 《新旧约全书·约伯记》14：1—2。——译者

人是热情献身于他自己有死的存在的。超然，在希伯来人看来，是一种不能许可的心灵状态，是一种罪恶而非美德。或者毋宁说它是《圣经》的人连想也想不到的东西，因为他还没有达到希腊人理性抽象的水平。他的存在与尘世结合得太紧了，有死的压迫人的形象的包袱太重了，乃至不允许他去经验哲学家的超然。作为理智实体的灵魂不死概念（甚至还可以对这种不死性作出理性证明）还不曾在《圣经》的人的心灵中初露曙光。如果他对逃避死亡有所希望，这也只是基于个人信任，以为他的造物主会再度使他从尘土复活。

凡此种种都使我们虽然继续保留了阿诺德对道德的人和理智的人作出的基本区别，却超出了他对两者的简单对照，并在事实上把这种对照深化了。总括起来，有如下几个方面：

（1）希伯来文化理想的人是有信仰的人；对希腊文化说来，至少就它在其两位最伟大的哲学家柏拉图和亚里士多德那里达到的终极的哲学表达而言，理想的人是理性的人，是作为对所有时间和存在的旁观者必定超越这些的哲学家。

（2）有信仰的人是个作为整体的具体的人。希伯来文化并不仰望普遍的和抽象的事物；它始终盯着具体的、特殊的、个体的人。而在另一个方面，希腊人则是历史上第一批思想家；他们发现了普遍事物，发现了抽象的和无时间性的本质、形式和理念。对这项发现（这无非标志着理性功能的最初出现和分化）的陶醉，使得柏拉图认为人只有活在永恒中才算活着。

（3）随之而来的是希腊人有种理想，把超然看做只有哲学家才能踏上的智慧之路。"理论"一词源于希腊动词，意即注视，看，而且也是戏院这个词的词根。在戏院里，我们是我们自己并未卷入的行为的旁观者。同样地，专擅理论的人，哲学家或纯粹科学家，也是以超然的态度看存在，一如我们坐在戏院里观看台上的场面一样。这样，用基尔凯戈尔的话说就是，他只是生存在存在的审美层次上。

希伯来文化的着重点是献身，是人对自己有死的存在（同时是肉和灵），对他的子孙后代、家族、种族和上帝的热情介入。对希伯来思想来说，一个人如果不关心这些介入，他就只会成为现实存在的人的苍白的幻影。

（4）永恒对希伯来人说来，是个相当模糊的概念，除非它体现在不可知的可怕的上帝这人身上。但希腊人却认为，永恒是人可望通过他的理性随时不断接近的某种东西。

（5）希腊人发明了逻辑。他的"人是理性动物"的定义照字面意义讲，便是人是逻辑的动物；如果进一步照字义讲，人便是一个有语言的动物，因为逻辑一词起源于动词 legein，其意思是说、讲、谈话。人是能够进行连贯的合乎逻辑的谈话的动物。

在希伯来人看来，理性的地位，毋宁用约伯朋友们的又蠢又狂的胡言乱语作为典型，他们的争论从未触及到问题的核心。理性和逻辑都是蠢人引以自豪的东西，并没有触及生活的终极问题。这些问题发生在语言无法企及的深处，即信仰的至深处。约伯在《约伯记》最后说："我从前风闻有你，现在亲眼看见你。"

（6）希腊人追求美和善，把它们看做同一件事物，至少总是重合的；事实上他给这两件事物一个单名："美好"（美的和好的）。马修·阿诺德曾提及的希伯来人的罪感，对人的存在的可恨的和桀骜不驯的方面太过敏感，因而不能容易地把善和美等同起来。《圣经》的人的有罪感，乃是由于他的不完满性而达到的对他的彻底有限性的意识。因此，他的善有时必须戴上丑的面具，恰如美对他可能是罪恶和腐败的闪闪发光的假面。

我们无须把这个单子再延长开列下去。重要的是澄清那成为这个单子的核心的直觉，因为它把这两种对人的观点中的每一种都告诉了我们。读者很可能已经猜测出，希伯来的人的特征正是存在主义哲学一直努力发掘并带给我们时代以反思意识的东西。我们的时代是这样一个时代，在这个时代里，作为一个历史发生的问题，希伯来宗教（即西方宗教）已不再对民众保有它的无条件的有效性了。

对这两种文化的粗略比较，或许有点太偏重希伯来文化这一边了。然而，这对于校正马修·阿诺德（他是一个至今依然流行的观点的代言人）所留下的印象，是十分必要的；依据这种印象，希伯来文化的主要内容是它趋向道德的活力和意志。我们必须坚持希伯来文化的理性内容：《圣经》的人虽然没有希腊人的理性知识，但是也有自己的知识。它不是那种人单靠理性就能获得的知识，或者说它根本无须凭借理性。毋宁说他获得知识是凭借肉体和血液，躯体和内脏，凭借信任、愤怒、慌乱、爱心和恐惧，凭借他对他的理性永远认知不了的"存在"的热情执着的信仰。这种知识，一个人只有在生活中才能获得，而不能凭靠推理，而且或许到了最后，他甚至还是说不清楚它是个什么。然而，它毕竟还是知识，而希伯来文化在它的源头上也有这种知识。的确，既然我们讨论希腊文化，多少是依据哲学家们所说的，尤其是哲学家柏拉图所说的，这就已经有几分在暗中布局舞弊了。希腊也产生出悲剧诗人埃斯库罗斯和索福克勒斯，而他们是有另外一套生活知识的。但是，正是希腊产生出了哲学、逻辑、科学，而且还产生了柏拉图，柏拉图这个人物把整个希腊文化的模棱两可概括成环绕着重大理性问题和人生的非理性问题打转。

2. 希腊理性

英裔美籍哲学家怀特海曾经说过，"两千五百年的西方哲学只不过是柏拉图哲学的一系列脚注而已。"如果不计较"脚注"这个词所含的轻蔑讽刺意味，我们便可以认为这种说法从字义上讲是贴切的。柏拉图以后，西方哲学的一切论题、问题，乃至许多术语，在很大程度上都萌发于他的作品里。所有后世的哲学家都表现了对柏拉图后裔般的依赖，即使亚里士多德这个在所有反柏拉图主义者中的伟大英雄也不例外。而且，虽然存在主义哲学努力同柏拉图传统彻底决裂，但似乎矛盾的是，柏拉图思想竟也有存在主义的一面。这正是柏拉图其人其哲学的丰富性和含混性。

柏拉图是由于改宗而开始其哲学生涯的。这确乎是一种存在主义的发端。传记作者告诉我们，他原本打算做个戏剧诗人，但是他年轻时同苏格拉底相遇以后，便烧掉了全部诗稿而献身于智慧的追求，而这也正是苏格拉底舍身追求的。此后，柏拉图在其有生之年，就一直同诗人们论战，而这首要地便是一场同他自己这个诗人的论战。在同苏格拉底命运攸关的会面之后，如我们到后面会看到的，柏拉图的事业一步步发展，其进程可以以"一个诗人之死"为标题。然而，尽管柏拉图那样谩骂这位诗人，但这位诗人却从来不曾在他的心中彻底死去；而且，到了最后，他还是写出了《蒂迈欧篇》。《蒂迈欧篇》虽说是以科学和形而上学的寓言方式述说出来的，但它毕竟是个巨大的创世神话。柏拉图的事业是理性战胜诗歌和神话的功能，或者说是为获取这种胜利而进行的斗争。更其值得注意的是，这事竟发生在一个极富有诗人才华的人身上。

但是，这不只是个人传记中极富戏剧性的一幕：由于它竟会发生在柏拉图这样一个伟人身上而成了西方历史中一个最有意义的事件。在柏拉图身上，理性意识本身已经分化了出来，成了一种独立的精神功能；这在人类历史上还是第一次。（或许苏格拉底先他达到了这一步，但是，我们对哲学家苏格拉底所知道的一切，都是通过柏拉图的作品得到的。）这种理性崛起的重大意义，只有通过把希腊与同样高等的印度和中国文明作对比才能够衡量出来。印度和中国在与希腊前苏格拉底时期相近的时代有过一个圣哲群星灿烂的局面。但是，无论在印度，还是在中国，理性都不曾完全同人的精神存在的其他部分，同他的感觉和直观分离出来，区别开来，也就是说，还不曾分化出来。东方人依然是直观的，非理性的。像佛陀和老子这样的大圣哲，虽然从神话虚构中"拔地而起"，但他们还是没有变成理性的使徒。理性完全从无意识的原始水准超拔出来，乃是希腊人的成就。而且由于有了这种分化，西方文明随后便具备了有别于东方文明的特征。科学本身，这种特别地属于西方的产品，只有通过理性的分化和高扬，才有可能成为至高无上的人的能力。

我们可以看到的发生在柏拉图作品里的这种理性崛起，是一个重大的历史事件，它跨越柏拉图本人的一生。我们可以测度出这种时间跨距，这就是在它的源头标画出两个比柏拉图更早的思想家：赫拉克利特和巴门尼德，他们的鼎盛期在公元前480年左右，而在它的终点标画出柏拉图的学生亚里士多德，他实际上把柏拉图在后期学院草拟出来的理性理想推向了极至。公元前399年苏格拉底被处以死刑，无非是因为犯了理性罪，即一种破坏部落神的理性行为，保守的雅典人就是这样认为的。这些年代可以标画为一条曲线上的各点，而这条曲线便是人在其历史上曾经标画出来的最有意义的曲线之一。从公元前480年赫拉克利特和巴门尼德时代起到公元前322年亚里士多德谢世，只不过一个半世纪多一点。而在这一个半世纪里，人作为理性的动物进入了历史。

巴门尼德和赫拉克利特都是幻想家和预言家。巴门尼德以诗体写作，而他的诗一开始就表白，它报道的是女神担保的景象：女神让这位诗人坐在她的驷马高车上，越过把日夜分开的大门。赫拉克利特的言论玄秘深奥，如神谕一般，而它们也意在要人家当成神谕，即对实在有如神见般的泄露。"我知道"，希腊词是 oida，它是动词"看"的完成时，因而意思是"我看到过"。一个认知的人就是一个看到过的人，一个见过一种"景象"的人。对古人来说，贤哲、聪明人，是神谕、梦幻和"内部结构"的解说者，是算命先生，巫师。而且他还是个诗人，在表述本族"大梦幻"时，也就讲出了它的隐秘的、最深邃又最广袤的智慧。在柏拉图和亚里士多德生活于其中的这一个半世纪的终了，这种理想的贤哲已转化成了纯粹理性的人，其最高化身当在理性哲学家和理论科学家中寻找。前苏格拉底思想家对自然有种深广的直观看法，到了亚里士多德，就已经被科学的严谨取代了。

今天，我们已经非常习惯于把我们的理性意识视为当然，在日常生活方面我们也潜心于它的作用，以致我们很难一下子想象出这一在希腊人中发生的历史事件意义有多么重大。尽管我们时代沉湎于进化观念，我们却还是不习惯于这样一种看法：意识本身也是一种已经进化了许多世纪的东西，而且，即使到了今天，它还是随着我们在向前演化。只是到了本世纪，我们借助现代心理学才懂得了一种抑制性意识可能会对生活产生多么大的危险，我们因此也更加敏锐地意识到：为详尽阐述意识需要写多少部历史，下多么大的功夫，有时候为了拓展意识使它越出习惯领域需要作出何等创造性的跃进。我们已见到过以写社会史或经济史的方式写出的哲学史，或者以各种社会学观点来解释的哲学史，但是，我们还得要充分地把握作为人类心灵进化组成部分的哲学史。不过，进化的概念在这里自然也不能以19世纪那种简单的线性思维方式（如黑格尔或斯宾塞的思维方式）来解释，而毋宁以它的充分具体性和含糊性（如同时既得又失，既进又退）来解释。

柏拉图对理性的颂扬，对于说明这最后一点，是再好不过了。希腊的发现代表人类向前迈出了巨大的和必要的一步，但同时又是一种损失，因为人的存在的原始整体性因此也就被分割了，或者至少被推进背景里去了。因此，让我们先来考察一下《斐德罗篇》中关于灵魂的著名神话：双轮马拉战车的驾驶者，理性，抓住白色骏马和黑色骏马的缰绳，白色骏马代表人的勇猛或情感的部分，对理性的命令较为驯服，黑色的骏马难以驾驭，代表着欲望或情欲，必须受驭手鞭打才肯循规蹈矩。马鞭和缰绳，只能传达出约束和强制的观念；惟有驭手戴着人面；至于人的其他部分，即非理性部分，则以动物形体出现。理性，作为人的神圣部分，是脱离他身上的动物性的，实际上属于另外一种本性。在这里我们同古时人类留传给我们的明与暗的一套象征符号相去甚远。这次是中国古人留传给我们的：著名的阴阳两种力量的太极图，其中明与暗分置于同一个圆圈内的两极，黑暗部分为一个光的斑点所穿透，而光明部分也为一个黑点所穿透，象征着每一方都必须有所借于另外一方，光明需求黑暗，反之亦然，以便使两者都成为完满的。在柏拉图的神话里，首先出现了理性和非理性之间的分裂，这种分裂长期以来一直是压在西方人身上的沉重负担，直到二元论在现代文化中以最强烈的形式为人们感受到。

对理性同样超人性或非人性的颂扬，也能在柏拉图的另一个神话，即《理想国》里著名的关于洞穴的隐喻中见到。这神话一开始就对人类实际状况作了非常可怖的描写：人坐在洞穴的暗处，上着镣铐，他们背向着光，只看得到投射到他们面前墙壁上的物体的阴影。有个囚犯获得了自由，转过身看到了他先前只能看见其阴影的物体，以及造成阴影的光本身。他甚至可以继续前进直到洞口，看到外面的太阳。

这个神话寓意人从黑暗进到光明，从无知达到有知，从遭受遗弃到获得拯救的进步。据说，柏拉图年轻时曾研究过赫拉克利特的一个门徒克拉底鲁的学说；赫拉克利特曾教导说，万物皆流，无论何处都逃脱不了死亡和变化。年轻的柏拉图，为这种见解所折磨，矢志不惜任何代价在永恒中寻得一个避难所，以逃避时间的不安全和蹂躏。这样，既然数学能够启开永恒真理的王国，也就对他产生了巨大的吸引力。人在这里，至少在纯粹的思想中，找到了逃避时间的方法。因此，永恒的形式或理念的理论对他也有巨大的情感力量，因为这些理念乃是一个人有可能接近的永恒领域。我们必须看到，柏拉图的理性主义，不是一种"冷静"的科学筹划，一如后来欧洲启蒙时代可能自我标榜的那样，而是一种热情的宗教学说，一种理论，使人有可能从他一开始就最惧怕的事情、从死亡和时间中获得解救。柏拉图对理性这样异乎寻常的强调本身就是一种宗教冲动。

光明和黑暗是人类普遍采用的关于获拯救和遭遗弃的象征。你可以在各种文化中，在印度教、佛教、道教以及基督教的思想中，找到它们。圣人或贤人总是开明人士，总是在光明中漫步的人。柏拉图的神话，如果只当作一个故事，可以用到任何一个宗教里。然而，柏拉图对它的运用却完全是他自己的，迥然不同于任何宗教对这些象征的运用。因为当他讲完了这个故事后，柏拉图继续把它解释成一个比喻：在这个神话里，从洞穴进步到光明的过程相应于国家护卫者接受教育实际所遵从的阶段，而这一教育的首要内容，从 20 岁到 35 岁年纪的人所受教育的惟一内容，就是数学和辩证法。在这点上，我们想象得到，伟大的东方贤人如佛陀或老子会以怀疑的眼光侧目相视：他们所追求的教化，是个体的拯救，想必无须经过这种严格的理性和逻辑训练。而且，如果有谁对职业数学家亲身观察一下，他就几乎不会支持说他们是人类须提供的最完好无瑕的心理标本这种看法。从柏拉图对数学的异常强调，我们看到了毕达哥拉斯学派的遗迹，数学在它那里享有一个神圣的、宗教式的地位。

在柏拉图对数学强调的背后，隐藏着他的理念论：宇宙里"真正实在"的事物，乃是共相或理念。个别事物是半实在半不实在的，所谓实在只是就它们分有永恒的共相而言的。共相因为是永恒的，所以是完全实在的；那转瞬即逝、变化万端的个别事物只有一种影像一类的实在性，因为它会消逝，所以就仿佛不曾有过似的。人这个共相比任何一个个体的人都更实在。这是柏拉图主义中最关键的一点，因为正是这一点传给了所有后世的哲学，而当代存在主义哲学对之进行反抗的，也正是这一点。19世纪的基尔凯戈尔和尼采最早起来颠倒柏拉图的这种价值尺度，并且正是以个体、单个的人为普遍规范的一个例外为理由来证明他之优先于共相的。

柏拉图认定真正的存在、"真正的实在"同理念是一码事，他的其他一切观点都是由此推演出来的。例如，艺术处理的既是感觉对象，即个别事物，则它所处理的也就只是阴影，因而它本身也就是一种非真理的形式。哲学和理论科学的价值之所以比艺术高，就是因为真理只在它们身上而不能在艺术里显现出来。真理的旧时的意义，还包含着诗人们的说法，但是，在这里，已经变成了一个纯粹理性概念。从心理学上讲，柏拉图理念论的意义就在于把强调的重点从感觉实在转到超感觉实在。或许简直可以说在那个时代只有这样才顺应了历史：为了使人作为理性动物进入历史，就必须使他相信他的推理对象即理念，比他自己个人或构成他的世界的个别事物更实在些。向理性主义迈进的这伟大一步，竟也需要它自己的神话，这或许始终就是人类进化的含糊性所在。

如我们所见到的，柏拉图的思想重视永恒甚于暂时，重视共相甚于个别，重视理性甚于人非理性的另一半，这意味着找到了"真正的实在"。在所有这些评价中，它都是深刻地反存在主义的，因为它是一种关于本质而非关于存在的哲学。然而，就其哲学思维活动基本上是个人拯救手段的概念而论，它又是存在主义的。柏拉图完全无意于把形而上学本身看做哲学的一个纯粹理论分支，专门研究作为存在的存在。他从头到尾是个雅典人，这意味着他对政治生活的兴趣最大，人的所有别的兴趣都从属于它。雅典人并没有产生出形而上学家。这些形而上学家来自希腊世界的其他部分，来自伊奥尼亚、米利都、西西里、南意大利。形而上学作为一门严格的和独立的学科，它的奠基人则是亚里士多德，一个马其顿的斯塔吉拉出生的人。但是，对柏拉图这个雅典人来说，所有形而上学思辨都只是人类热情寻求理想国家和理想生活方式的工具，简言之，是寻求人的救赎手段的工具。苏格拉底作为一个活生生的人的存在的形象支配着柏拉图所有早期的《对话》，因为对年轻的柏拉图来说，苏格拉底这人就是哲学的化身，就是一种具体的生活方式，一种个人召唤和寻求。也正是在这个意义上，基尔凯戈尔两千多年以后，复活了苏格拉底这个人物（这位身体力行自己的思想而不只是个学院教授的思想家），作为他存在主义思想的先驱。所有这一切都使柏拉图作品的内容更加丰富和含混。但是，随着柏拉图理性主义的发展和系统化，苏格拉底本人的形象便经历了一些彻底的变化。在早期所谓"苏格拉底的"对话里，苏格拉底的个性是以一种鲜明生动的笔触描绘出来的。然而，渐渐地，他只是成了一个名字，一个柏拉图日渐系统化观点的代言人。而且，对话也趋于独白，趋于成为正式的论文了。在《斐德罗篇》里，苏格拉底还是诗人们的朋友：他告诉我们，人类一切最伟大的天资都出自一种神启的疯狂，而为缪斯附身的诗人在人的价值的等级序列中也被列得靠近哲学家。然而，在《智者篇》这篇后期的对话中，诗人完全声名狼藉，勉强容忍与智者即诡辩家为伍，被贱视为非存在或非真理的交易商。苏格拉底本人的形象已经从一个有血有肉的人蜷缩成了一个抽象朦胧的推理者。在后期的对话中，他甚至靠边站了：在《智者篇》里，主要人物是埃利亚的陌生人；在《法律篇》里，主要人物是雅典的陌生人；而在《巴门尼德篇》里，巴门尼德这位年高德劭的人物竟对苏格拉底大讲起错综玄奥的辩证法来了。这可能部分是简单地由于记忆渐趋模糊使然。死于公元前399年的苏格拉底使年轻的柏拉图刻骨铭心，以致在此后的30年或40年间他都实际地支配着柏拉图的生活。但是，随着时间的流逝，即使这个栩栩如生的形象也不能不变得模糊不清了，因而作为无意识的补偿，柏拉图最后也就只得维护自己的主张，以与苏格拉底的相颉颃。那些不为人知的人物（埃利亚的陌生人和雅典的陌生人）直率地说，就是柏拉图本人的影子，他人格的这些部分已经不能借苏格拉底之口讲出来，因而最后就不得不让它们自己出来说话。由于他同苏格拉底的会面，柏拉图不再当诗人了，而且最后，在这条道路的终点，在他最少诗意的对话《法律篇》里，他又建议把那些在思想上反对国家正统宗教的人处以死刑，这正是雅典正统派处死苏格拉底的罪名，柏拉图本人也正是为了反抗此举才决然以做一名哲学家为自己的事业！但是，到了最后，他竟不知不觉地向曾经支配过他一生的人物形象报了仇。

自前苏格拉底开始这一大的历史周期，到了亚里士多德而告结；这时哲学已经成了一门纯粹理论的和客观的学科。哲学（我们今天把它看做一门学院中的学科）的各主要分支，已经准备好出场了。智慧已经同形而上学或"第一哲学"，一种超然的和理论的学科画等号了：存在主义的苏格拉底的幽灵最后寿终正寝了。(如果我们留意沃纳·耶格尔所确立的亚里士多德个人发展的经历，那么，这条历史大曲线的轨迹就更其明显了，按照耶格尔的说法，当亚里士多德本人还是个年轻人，还是个柏拉图主义者的时候，他把哲学设想成对从生死轮回中获救的个人热情的追求。)西方人所了解的各门科学的基础，已经奠定；而这之所以可能，只是因为理性已经从神话的、宗教的、诗歌的冲动中分离了出来，它前此本来一直同它们混在一起，还没有它自己的清晰可辨的身份。

西方人一直在希腊人的阴影下思想。诚然，后来的西方思想家也有反抗希腊智慧的，但是，即使在这里，他们也还是以希腊人为他们制定的术语来思考他们的反抗并得出结论的。因此，如果我们要想理解后人对它的反抗，尤其是现代存在主义哲学终于超越它去思想的努力，我们就必须在其全部的深度和广度上来了解希腊理性主义。希腊人的理性主义并不只是对理性的一个"过路招呼"①，像今日的演说家在学院听众面前随便扯上几句就可以打发掉的那样。希腊人，就他们的思想而言，是彻底、严格，并且大胆的，而且绝没有比他们把理性置于人的等级序列的顶端时更加如此的了。哪一个更伟大些，艺术家还是思想家？难道天才的作曲家莫扎特低于赫尔

---

① 原文为"passing salute"，也可意译为"随便的颂扬"。——译者

姆霍兹[①]这个解释了声音本性的理论物理学家吗？哪一种是更高层次的生活，是英语世界最伟大的诗人莎士比亚的，还是最伟大的英国科学家牛顿的？今天，我们回答这些问题时将会踌躇不决。而且，我们甚至还可能胆怯地把它们看做无意义的问题而拒绝回答。希腊人就不是这样。如果一个希腊青年觉得他自己既有诗的又有理论的禀赋，因而想要选择其中一个作为职业，那他就会想要知道哪一个是较好的生活，而柏拉图和亚里士多德就会毫不犹豫地回答说：理论生活高于艺术家的生活或政治实践家的生活，或者，就此而论，甚至还高于圣徒的生活（虽然他们当时还不知道这类存在）。在《尼各马可伦理学》里，亚里士多德给了我们一幅关于人的本性及其可能致力的许多不同种类的目标或善行的异常灵活、丰满的图画。但是，直到他宣布这一切可能的善行中哪一个是最好的，伦理问题似乎才有了答案；他在这部著作的第 10 卷，亦即最后一卷里，表达了他自己的偏好（当然被说成是客观真理）：纯粹理性生活，也就是哲学家或理论科学家的生活，才是最高级的生活。这里，我们必须仔细体会他自己的话：

> 看来这理性既然是至上的或较好的部分，它也就是每

---

① 赫尔姆霍兹(1821—1894)，著名的能量守恒定律的发现者。1863 年他曾发表《音乐理论的生理基础》，把基础生理学及解剖学研究和波动的数学与物理学分析结合起来。此外他对热力学、电学和光学等都有贡献。——译者

个人的真正自我。然而，如果他应当选择的不是他自己的
生活而是某个别人的，就会十分奇怪。……每个生物自然
地特有的东西对他便是最高级的最愉快的。这样，既然理
性在其最高的意义上说，乃是人的自我，则对人来说，最
高级最愉快的生活就是理性生活了。（《尼各马可伦理
学》，第 10 卷，第 7 章）

亚里士多德告诉我们，理性是我们人格中最高的部分：人真正
说来就是理性。因此，一个人的理性，就是他的真正自我，他个
人身份的中心。这是以最严格最强有力的措辞表达出来的理性主
义——一个人的理性自我是他的真正自我——这种理性主义迄今
一直支配着西方哲学家的观点。即使是中世纪的基督教，在吸收
亚里士多德学说时，也没有撤换掉这条亚里士多德原则：它只是
把信仰作为人格的超自然的中心，把理性作为它的自然的中心，
并在它们之间造成了一种不安稳的同盟；自然的人依然是亚里士
多德式的人，一个其真正自我就是他的理性自我的存在。

　　亚里士多德并不和柏拉图一样，有一个永恒本质的王国，
惟有它是"真正的实在"，来保证理性的至上性。然而，他也
为这种至上性找到了一个形而上学的根据，这就是整个存在的
可理解性都依据"第一因"。亚里士多德说，认知就是去认知
这原因，而人的理性是能够回溯到万物的"第一因"的知识
的，这也就是关于"宇宙的不动的推动者"即上帝的知识。只

要人的理性锲而不舍，致力于获得俯瞰整个宇宙从其至高处到其最低层的全景，到最后它便可以看出这个宇宙何以存在以及为何以现在这种方式存在的最终的充足理由；只要允许给理性这样一个目标，则艺术提供的全部奇观，实际生活中所有尘世胜利都将相形见绌。艺术或实际生活的价值，比起这种极其完美又囊括一切的理论洞见，在层次上必定要低些。理论理性，作为人的最高功能，同它对宇宙的洞见的可能的完满性之间的联系，是一种内在的和本质的联系：后者保证了前者的至上价值。因为既然万物的终极原因可以认知，有谁会不努力获得它呢？既然别的目标都有几分我们可怜孱弱的人类存在的有限性和不完满性，又有谁肯为它们分心呢？一位罗马诗人说过，"幸福的是能够知道万物原因的人"。因而，最幸福的就该是能够知道万物终极原因的人了。

然而，如果我们认为人的存在是彻底有限的，而且如果人的理性以及它所能产生的知识被认为和人的存在的其他部分一样有限，那么，对最高级的人是理论的人这样一种观点，我们又该怎么看呢？这样一来，人类知识体系之为封闭的和完成了的可能性，以及整个存在最后包容在一个见解里的可能性，便都无影无踪了。于是留给人类的，就是坚韧不拔地踏上永远不可能得出结论的无尽的知识之路。即使科学不停顿地继续研究上一千年，它也不可能给我们揭示出万物的终极理由。由于我们是有限的，我们就永远达不到知识的最高目标——上帝，而理性主义传统却一直把它颂扬成使所有别的目标都相形见绌的目标。在西方哲学史上，理性一直被传统地放在所有别的人类功能之上，现在，这种关于人类有限的概念却使理性的至上地位成问题了。诚然，理论知识实际上可以作为一种个人爱好予以追求，它的发现也可能会有些实际效用；但是，它之超越所有其他人类事业（如艺术和宗教）的价值，是不会因它自认为可以达到"绝对"而有所增益。例如，假设有一条路，人家告诉我们：我们当走这条路；我们如果问"为什么"，人家就会回答说，我们应当如此是因为走路本身就是愉快的或有用的（有益健康）；但是如果有人对我们说，在这条路的尽头有一件无价之宝，那么，走路的命令对我们就有不可抗拒的分量。然而，从现代人的视界里消失掉的，正是放在路的尽头的这件珍宝；理由很简单：因为路的尽头本身已经消失不见了。

因此，我们虽然身处我们的时代却必须像尼采首先做的那样，从一个不同的角度回到希腊人那些陈旧而显然幼稚的问题上：哪一个高级些，科学还是艺术？谁最高贵，理论的人还是实践的人？是圣徒？还是艺术家？信仰的人还是理性的人？古希腊的理论生活理想几千年来一直塑造着西方人的命运，如果人的心中不再出现古希腊"伟大的存在链条"的景观（即一个经理性安排好了的、从头到尾都是理性可以理解的宇宙），那么，哲学家们自己能够提出什么样的堪与古希腊那"伟大高尚"的理论生活理想相媲美的人生目标呢？

第 5 章　基督教源泉

1．信仰与理性

　　基督教虽然带有希腊和新柏拉图主义影响的浓厚色彩，但它还是属于人性的希伯来这一面而非希腊那一面，这是因为基督教首先把它自己置放在信仰的基础上，认为信仰的人高于理性的人。于基督教伊始，圣保罗再三告诉我们，他所宣讲的信仰在希腊人看来是愚蠢，因为他们要求的是"智慧"；当然，"智慧"这词在希腊人说来，意味着理性哲学而非宗教信仰。但是，基督教崛起于一个通过希腊人早已知道了理性的世界，这个历史事实使得基督教的信仰有别于希伯来的《旧约》信仰。古代《圣经》的人虽说知道作为个人经验问题的信仰之不确定性和动摇性，但是他还不知道信仰同理性的全面冲突，这是因为理性本身只是到了后来，才随希腊人一起进入历史的存在。基督教信仰因此比《旧约》信仰更加强烈同时也更加矛盾：它不仅超乎理性，而且如有必要就起而"反对"理性。圣保罗所说的信仰同理性之间的关系这个问题，不只是以后几个世纪基督教哲学家的根基问题，它还是后来基督教文明的根基本身。

在我们的现代文明里，这个问题依然存在，虽然，很自然，它是以完全不同于圣保罗时代的外观显现给我们的。因为什么是信仰？几个世纪以来哲学家们一直在试图分析或描述它，但是他们的全部谈论都不能在别人心灵上，把这个事实本身再造出来。信仰就是信仰，它充满生机又不可描述。拥有它的人知道它是什么；而那真诚地和痛苦地知道自己不拥有它的人，对它是什么可能也略知一些，因为缺乏信仰的心会感到自己干燥枯萎。不能把信仰描述给彻底理性的心灵，就像不能把色彩的观念传达给一个盲人一样。幸运的是，当我们在别人身上（例如在圣保罗身上，信仰已经支配了他整个人格）看到它的时候，我们还能够认得出来。因此，充满生机又不可描述的信仰，带有几分生活本身的神秘。信仰和理性的对立，乃是有生命力的东西和合理性的东西之间的对立；而且，以这样一些措辞表达出来的这种对立，是今天的一个关键性问题。问题是，人的人格的中心应当放在何处才对：圣保罗把这个中心放在信仰里，亚里士多德则放在理性里。这两个概念，有天壤之别，显示了基督教对人的理解在其源头上同希腊哲学大相径庭，尽管很久以后的思想家们可能曾试图来横跨这一鸿沟。

从理性的观点看，任何信仰，包括对理性本身的信仰，都是悖论，因为信仰与理性是人的心灵的根本不同的功能。但是，基督教的特殊内容增强了它的悖论性质：神之子成了人，死了，又死里复生了。在这个问题上，圣保罗知道他的对手不仅有希腊哲学家，而且还有虔诚的希伯来人。他告诉我们，对于希腊人，基督教是愚蠢，对于犹太人，基督教是丑闻。如果说希腊人要求智慧，则另一方面，犹太人就要求神迹，也就是要求一个确定的奇迹性事件，来证明这个拿撒勒人耶稣确实就是那个上帝曾允诺派来的弥赛亚。保罗心灵里地位最重要的信条，不是道成肉身（也就是说，无限的上帝成了有限的人，这在后来的基尔凯戈尔看来，完全是基督教的悖论和丑闻），而是耶稣复活。（事实上，说圣保罗对道成肉身有一个明确的学说，是大可怀疑的。）他的信仰的中心事实是：耶稣实际上确是死而复生了，这样，死亡本身也就被征服了，而这正是人到最后最热烈渴望的。死亡问题，位于宗教意识的中心（乌纳穆诺当他为这种观点辩解时，实际上是在仿效圣保罗），而且，它也位于哲学意识的中心，但是，这种意识本身远没有体会到这一点。柏拉图相信永恒理念，是因为他怕死。（这并非个人攻击，因为不怕死的人就不是真正活着。）既然灵魂分享永恒的理念，它也就能够成为永恒的，所以柏拉图自己这人也就可以幸免于死。但是，保罗的本能更机灵：他知道，不管是柏拉图的还是任何别的种类的理性都不能使我们确信不死；只有奇迹才做得到这一点；而且，还得是最令人震惊的一个奇迹，才能成为希腊和犹太宗教怀疑论者一个很难逾越的障碍。今天我们会说，像复活一类的奇迹完全同自然秩序相抵触，而道成肉身则甚至同逻辑相抵触，但是，我们这样讲是从基尔凯戈尔的有利地位回顾历史。对于早期基督教来说，事情并非如此，在那里，信仰比较素朴和原始，比较接近问题的核心。

而且，在保罗身后一个多世纪，在教父德尔图良（150—225）那里，情况也还不是这样。德尔图良这人常被列为基尔凯戈尔的一位存在主义先驱。和基尔凯戈尔一样，德尔图良是一位非凡的有识人士和有影响的作家，把他的全部精神力量和修辞技巧用来反对理智本身。而且和基尔凯戈尔一样，他也坚持基督教信仰的绝对悖论的性质；但是，请注意，在他的《论基督肉体复活》常为人援引的句子里，他完全把强调的重点放在这个中心悖论上：

> 神之子被钉死在十字架上，我对此不以为耻，因为人们必定以此为耻。而且神之子死了，这是要务必相信的，因为它是荒谬的。他还被埋葬了，之后却又复活了，这个事实是确定无疑的，因为这是不可能的。

在这里，同基尔凯戈尔的类似消失了，所有活在全然不同时代的人物之间的类似也都必定如此：在基尔凯戈尔之前没有基尔凯戈尔，在尼采之前没有尼采，而且一般说来，没有人能够先于他本人而有，这只是因为在历史上没有一件个别而伟大的事物能够在其存在条件尚不具备时出现。德尔图良是个处于基督教发轫伊始的基督教作家，那个时候，这信仰还是有进取心的、拓展的、持征服姿态的。基尔凯戈尔则接近它的末期，这时它在溃退，齐腰淹没在一泻万里的世俗文明的浪涛里。

在反理性主义、在德尔图良的作品里表现出来的信仰和理性之间的激烈冲突，到了我们可能会想到像圣奥古斯丁这样一个人物的时代，便缓和下来了。奥古斯丁也常常被说成是存在主义的先驱，而且他也确实是一个比德尔图良影响更大的先驱。圣奥古斯丁的存在主义在于他之作为一个宗教心理学家的力量，这在他的《忏悔录》里表现得最鲜明最引人注目。奥古斯丁对于自我，对于它的内在焦虑，对于它的震颤和脆弱，对于它渴望超越它本身以得到爱，有一种近乎痴迷的感受。而且，在《忏悔录》里，他给我们展现了一种主观经验。这样的经验甚至连希腊最伟大的文学作品都没有也不可能给我们展现出来，因为这种经验内在化是通过基督教实现出来的，早期希腊人是不曾听说过的。柏拉图和亚里士多德问：人是什么？圣奥古斯丁（在《忏悔录》里）则问：我是谁？这样一种转向是决定性的。第一个问题预先假定了一个客观世界，一个固定不变的自然的和动物界的秩序,人也包括在其中。而且,当人在这种秩序里的确切位置已经找到的时候,就给人添加上了特有的理性这一用以区别于他物的特征。另一方面,奥古斯丁的问题发自提问者本人内心一种完全不同的、更加含糊又更有生机的中心: 发自强烈个人的遗弃感和失落感,而非发自一种超然态度;凭借这种态度,理想俯瞰对象世界,以便把它的载体即人,动物般地放在这个世界里。所以,奥古斯丁的问题蕴含着这样一种观点,即人不能够靠把他放进自然秩序里来下定义,因为人作为那自问"我是谁?"的存在,已经突破了动物世界的樊篱。这样,奥古斯丁就打开了敞向一种全新的人的观念的大门,这种观念与古希腊思想中曾经流行的看法完全不同。

他打开了门,但是他并没有实际地走进去。因为就圣奥古斯丁的另一面而言,他是个新柏拉图派的奥古斯丁。作为一个正式神学家,他关心的是对上帝待人方式的辩护,尤其是对上帝宇宙的辩护;而且当他因此被要求就宇宙着眼来思想,而非就个人着眼来思想时,他就发现柏拉图《蒂迈欧篇》和新柏拉图主义者普罗提诺的形而上学现成地合乎他的目的。这种二元并列,一方面产生了作为存在主义的宗教经验抒情诗人的奥古斯丁,另一方面又产生了作为正式神学家(用希腊形而上学概念进行思考)的奥古斯丁;这种二元并列是一种蛰伏在随后几个世纪的全部中世纪哲学下面的二元并列。但是只有到了现代,当一向维系着冲突因素不致爆发的教会钳制组织不再能够适合这一目的时，它才迸发而成为痛苦的意识。

　　奥古斯丁身上的这种对立或二元并列可以以一个关键论点为例加以阐明：这就是恶的问题。在《忏悔录》里，他一页接一页地以一种令人惊叹不已的笔力，给我们揭示出了恶的存在，以及我们存在中的否定性。但是，作为一位正式神学家，他在他的《手册》（一种神学手册）里，又不得不使这否定性从那存在中消失或者升高到某种更大的和谐中去。他还告诉我们，所有的恶都是存在的缺乏，因此都是非存在的一种形式。而且既然否定性并非和肯定性一样是实在的，我们就多少得到了安慰。圣奥古斯丁在这里致力于神正论，一种对神的宇宙之善的辩护。在奥古斯丁之后，一直到莱布尼茨和黑格尔，神正论都是所有基督教形而上学家的中心筹划。莱布尼茨的宇宙乐观主义在伏尔泰《老实人》里的邦葛罗斯博士身上，黑格尔的宇宙乐观主义在基尔凯戈尔的存在主义反抗中，都落得了一个滑稽可笑的下场。黑格尔是这条路线的终结，因为一旦存在主义的反抗精神注入了现代世界，我们就不得不站到伊凡·卡拉玛佐夫一边。他说，他"必须谢绝这张入场券"——一张获准进入这样一个宇宙的门票，在这个宇宙里，形形色色的恶作为善的必要的先决条件而不能不存在。同样地，我们今天也不得不站到奥古斯丁的《忏悔录》一边来反对他的《手册》，因为我们看出了，神正论原本是一出极端理性主义的悲喜剧。神正论是这样一种尝试，它把上帝当作形而上学的对象，然后论证性地推理上帝及其宇宙，以达到这两者的完美性都呈现出一种理性的确定性这样的结局。在这背后隐藏着人的一种需要，这就是人在一个感到无家可归的世界里，需要寻求安全。但是，理性提供不出这种安全，要是它能够的话，信仰就既非必要也不会如此困难了。在理性派和生命派之间的古老斗争里，对神正论的现代反抗（或者，换言之，对其不可能性的现代认识）是站在生命派一边的，因为只有它紧紧地抓住了我们存在中那些驱除不了的因素，这些因素奥古斯丁在其《忏悔录》里有所描述，不过，在那时他作为一个形而上学家，是试图在思想上消除它们的。

圣奥古斯丁认为信仰和理性，亦即生命的和理性的，终将和谐地汇聚在一起。而且在这点上，他也为后来中世纪千余年树立了基督教的思维模式。这种模式或公式在奥古斯丁之后成了"信仰寻求理解"：这就是说，把信仰当作一种根据，个体存在中一个被给予的事实，然后试图尽可能理性地把它本身详尽地阐述出来。在一个新柏拉图主义的宇宙里，信仰寻求它自己的理解是容易的，因为宇宙本身，虽然哲学家们自己并不知道，却依据于信仰：既然给予一个宇宙，上帝早就像一轮红日照穿了它，则我们就能到处找到信仰教条的类比物和模拟物。如果我们不能证明"三位一体"这个信条，至少我们可以在自然和人身上到处都指得出"三位一体"的类似物来。尽管这个信条的内在本性对理性来说依然是个谜，但是，这样一来，却使得它看起来较为可信。这样一种教条绝对地同理性相矛盾，这是中世纪哲学家从来不曾知觉或承认的。与德尔图良相反，信仰已经处于理性之外，却绝不是反理性，也不是不管理性。从整体上说，在整个中世纪，理性的地位——这本身就可能似乎是个悖论——一直是不容攻击的。

教会在组织机构上和教义上的统一也有助于此。既然教会已宣布了它对一条又一条教义的信仰，中世纪哲学家就可以被允准自由地如其所愿成为理性的，因为他的非理性部分已经包含并表达在教会的组织机构里，并且因此能够自己照顾自己了。世俗历史学家常常指出，中世纪教会把一种可恨的限制加到中世纪思想家们的自由理性上。这从现代世俗心灵（顺便说一说，在那样一个古老时期，是没有任何与这种心灵相似的东西的）的观点来看，毫无疑问是真的；但是，这根本不是中世纪思想家们自己对他们所信教条的感受方式。他们体验到这些教条乃是有生命力的心灵流体，理性本身在其中运行和发生作用，并且因此是理性的秘密源泉和支承。要留待后来的新教哲学家，像康德，才体验到理性和教条之间的这种致命的但却是必要的分裂，而且以这样一种方式以致康德能够指出，关于上帝存在的传统证明实际是建立在一种无意识的信仰基础上的。中世纪思想家平常视为理性的东西其实是信仰。而且，这类错误之所以发生，究其原因并不是由于那些思想家缺乏逻辑的敏锐，而是由于他们的理性本身扎根于他们的历史存在——简言之，"信仰时代"的存在。

诚然，在中世纪的和谐里，也不时地有相互倾轧的隆隆声响。人的生命方面与理性方面之间的紧张状态包含着一种极其微妙的平衡，甚至在人完全包容在一个普遍教会里的情况下，它也还是能够相互分裂以致酿成公开的冲突。人的本能如此牢固地扎根于尘世，乃至每当逻辑方法威胁到它们时，它们就能机敏地觉察到它。所以，在 11 世纪，纯朴优美的罗马式艺术时代，那时亚里士多德的逻辑学著作正刚刚开始在西方传播，我们发现，在"神学家"和"辩证法家"之间正酝酿着一场激烈的论战。神学家是信仰的代言人，"辩证法家"则是逻辑的代言人。这又是理性与信仰之间的古老冲突，但这一次却格外尖锐，因为朴实无华的时代已经感受到理性的到来本身就是一个威胁。这场论战中最为显著的人物是彼得·达米安（1007—1072）[①]，他是神学家一方最有力的代言人，他攻击推崇语法和逻辑（今天我们会称之为语义学）是恶魔的诱惑。达米安说，恶魔其实是第一个语法学家，以"你将如诸神一般"的允诺诱惑伊甸园里的亚当，并且就这样教他去用复数形式使"上帝"这个词降格。根据这位神学家的观点，逻辑学丝毫无助于我们认识上帝，因为上帝就其本性来说是无法理解，无所不能的，所以他超越逻辑的基本规律，超越矛盾律。上帝甚至能够取消过

---

① 达米安，意大利人，天主教枢机主教和教义师。鼓吹自愿清贫。——译者

去，使已经发生的事不曾发生。逻辑学是人造的工具，上帝是不能够根据它的规定来测度的。这里我们和后来帕斯卡尔的抗议也相去不远，他说："不是哲学家们的上帝，而是亚伯拉罕、以撒和雅各的上帝。"

然而，尽管论战炮声隆隆，启蒙运动却仍在继续；以亚里士多德著作的形式体现出来的希腊理性在西方声誉日隆。12、13世纪的哲学家们作出了惊人的努力，才促成了信仰和理性之间最后的中世纪契约。13世纪和14世纪初叶综合的时刻来到了，它产生了或许堪称人类锻造出的最美的文明，但是和一切死亡之美一样，它也是一种带有时间性和不稳定性的创造物。哲学家们必须为填补裂缝作出如此惊人的努力；从这个事实中我们便可看出，生命和理性之间的平衡该是多么微妙脆弱，而且，它们之间的和谐也不可能是说要就有的。中世纪的和谐是以昂贵的代价换来的：圣托马斯·阿奎那（1225？—1274？）的思想，是这种综合的终极成果，他认为人，用伯纳德·格罗修森的形象比喻说，实际上是个半人半马的怪物，一种在自然和神学层次之间分割开的生物。就自然层次而言，托马斯的人是亚里士多德式的，是一种以理性为中心、以理性灵魂为实体形式的生物。亚里士多德《伦理学》里有一段话，断然说理性是我们的真正的和实在的自我，是我们个人身份的中心；但身为基督徒的圣托马斯在评论这段话时，不仅不动声色，反而还以一种坦然同意这些说法的态度来解说它。这也许可以用当老师的在教学上总是把他自己与他的教科书等同起来加以谅解。然而，在《神学大全》里，他反复地说这种思辨的或理论的理性是人的最高功能，所有别的功能都隶属于它。诚然，这种理性动物在自然层次上是隶属于超自然的；但还是通过理性的洞见——最后的洞见，属于上帝的本质——激活并纯化意志。这实际上是一种综合，但是我们已经离开《圣经》的人或早期基督徒的经验向前走得多么远呀，他们的信仰是被看做某种穿透一个人精神的"内脏"和"腹腔"的东西的！

而且，尽管有了这种综合，尽管有了这样一个事实：哲学家们到了这个时期已经接受信仰与理性一致这个假定，然而，生命和理性之间的关系这个古老问题仍然没有消失。它只不过是转入地下，然后又突然从别处冒出头来：这次是在意志主义同理性主义之间的论战中冒出来。圣托马斯之后，邓斯·司各脱(1265？—1308)及其信徒倡导一种同托马斯派正相反对的学说，即意志高于理性的学说。在毫无节制的理性主义时代(指在哲学中，这就是说：至于那个时代的实际具体生活，则远非如此)，这样一种学说虽说是一种微弱的回声，却能使人想起圣保罗呐喊的原始基督教的呼声，那时，圣保罗说他来到世上，不是要把智慧带给哲学家，而是要把拯救的意志带给全人类。司各脱是个方济各会僧侣因而也是个奥古斯丁主义者，他也记得圣奥古斯丁《忏悔录》中的存在主义呼声。

圣托马斯这位理性主义者竭力论证人身上的理性优先于意

志，因为既然我们只能欲求我们所认知的东西，理性就必定决定意志。司各脱这位意志主义者却回答道，意志决定理性转向的理念，因此说到底，它也决定理性最终认知的东西。照这样提出问题，这个问题就像鸡和蛋孰先孰后一样不得解决。而且实际上，这个理性或意志何者第一位的问题，是哲学中一个最古老又最令人伤脑筋的问题，是隐藏在苏格拉底不断追问背后的问题；苏格拉底总是问：是否真的美德即知识？从而，意志的所有邪恶都只是无知的形式吗？或许这个问题必须换个方式提出来：不是用意志先于理性还是理性先于意志这样的措辞（因为这些功能毕竟只是整体的人的抽象片断），而毋宁用思想者先于他的思想这样的措辞，所谓思想者是指正在从事思想的具体的和整体的人本身。至少意志主义似乎意识到，正是这心脏把血液推送到脑子里，因而它自己的心脏毋宁处于正确的位置。形形色色的意志主义在哲学史上不管曾经多么过分，多么极端，意志主义总是，至少有意，致力于超越思想而达到正在思想着思想的思想者的具体存在，这毕竟还是个事实。

2. 存在对本质

当代托马斯主义者不会接受在邓斯·司各脱和圣托马斯之间的这种比较，因为他们现在正逐渐发现圣托马斯是个真正的和本真的存在主义者。当存在主义最初出现在法国舞台上时，雅克·马利坦对它的谴责十分尖刻且带有愠色，但是到了后来却又宣称，存在主义所包含的全部内容，圣托马斯早在 13 世纪就都讲过了。仿效是吹捧的最真诚的形式！

事实上，阿奎那和司各脱之间的争端，由另外一个深刻的和专门的问题而复杂化了，这就是"本质与存在之间的关系"问题。为了把这个问题比较清楚明白地表达出来，我们就不得不对后面将要更加充分讨论的问题先稍讲一点。

一件事物的本质就是这事物是"什么"；存在毋宁是指"那"件纯粹的事实——有这事物。因此，当我说"我是个人"时，这个"我是"表示我存在这件事实，而"人"这个谓词则表示我是"什么种类"的存在，也就是一个"人"。

现代存在主义，尤其是萨特的作品，已经就"存在先于本质"这个题目作了不少文章。就人而言，它的意义是不难把握的。人存在并且使他自己成为他所是。他个体的本质或本性出自他的存在；在这个意义上说存在先于本质是十分贴切的。人并没有一个固定不变的本质，可以现成地交给他。毋宁说，他从他的自由以及他置身的历史条件造出他自己的本质。正如奥尔特加-加塞特所说，人没有任何本质，只有一个历史。这是人不同于物的主要方面，物确实具有固定的本性或本质，它们一劳永逸地永远"是其所是"。不管形形色色的存在主义者提出这个论点的方式如何不同，他们却全都同意这在他们对人的分析中是个基本观点。萨特声言，请注意，这个观点只适用于人这种情况；在他看来它只对于人才有意义。在这一般事物里，如在石头、树或桌子里，存在是否先于本质，或者反过来本质是否先于存在，看来这几乎是个无关紧要的问题。因为一件事物在任一瞬间都始终确切地"是其所是"，而且当存在与本质完全吻合时提出这个问题，也就没有太多的意义。

然而，在哲学史上，这个问题不仅对人而且对一切事物也都提了出来。这个问题又分解成两个分离开而又相关的问题：(1) 是存在先于本质，还是相反？(2) 在实际现存事物中，这两者之间有真正的区别吗？换言之，它们只是心灵对同一现存事物采取的不同观点吗？

读者可能会诧异，像这样一些听起来十分抽象的问题，到底有没有真正现实的意义。但是，如果这些问题的专门性是从一个实际上有关生死的问题，如那短语所说，扩展到思想所及的最大范围而产生出来的话，则单单这种专门性并不必定使一个问题成为与生活不相干的。这两个问题触及了哲学最根本的问题，而且事实上西方哲学的整个历史都是围绕着对它们已作出的各种回答旋转的。一个人如何对这些问题作答决定着一个人对他自己的生命以及自然生命的看法。稍事回顾一下西方哲学之父柏拉图，就可以看出对这些问题的回答，会对人产生什么样的后果。

本质，柏拉图称之为理念。这些理念，如我们在前面一章所见，对他讲来是"真正实在的"，比那些个别事物更实在；那些个别事物是由于分有理念才获得其个体存在的。圆，也就是几何学家对它进行推理的那个圆，是自然中所有个别的圆的共同本质，而且要是没有这个圆，个别的圆就不能存在。它比可以在黑板上画出的用作例证的圆更加实在。现在，与数学推理相关的圆，是一个他永远不可能在黑板上画出的圆；它之不能被画出来，是因为它从来不曾进入存在；它在时间之外因而是永恒的。它也因此从来不曾进入现实的物理空间。在它是无时间的同样意义上，它也是无空间的。在柏拉图看来，所有的理念因此也就构成了一个超越时间、变化和存在的绝对实在王国；而存在只不过是本质的影子般的摹本。如果一个理念进入了存在，那就是它由于堕落（一种原罪）而离开了存在的某个较高层次的王国。时间本身，即那个虽看不见却折磨着我们自己个体存在的媒介，仅仅成了永恒的一种影子般的意象。

我们无须多少想象力就可以看出，一个人如果持这样一种哲学立场，他对生命的态度就会完全彻底地着上柏拉图偏见的色彩。柏拉图的全部著作，他的整个哲学，其实都是由本质先于存在这个根本信念的种种后果推演出来的，这条信念适用于人类经验的各个领域，适用于政治、伦理、美学，甚至适用于对肉体生命定罪。不管我们认为它如何，许多世纪以来柏拉图主义一直对人的想象力和生活有强大的影响；鉴于那种影响不可思议的富有成果，我们不能够说，存在对本质的问题是个无聊的问题，或者说它同生活问题相去甚远。

柏拉图的学说是对我们现在所谓"本质主义"哲学的古典的和真正原型的表达，本质主义是主张本质在实在性上先于存在的。相比之下，"存在主义"是主张存在先于本质的哲学。西方哲学史就是本质主义和存在主义之间的一场漫长的冲突，这有时是清楚的，但更经常的是隐蔽的和含蓄的。而且，情况似乎是这样：从这个历史以柏拉图发端的那个阶段起，本质主义就总是占上风。这可能不完全出于柏拉图的咄咄逼人的影响，或许也该归因于哲学本身的性质，归因于人的理性的潜在倾向。这个问题，我们后面还要讲到。

既然上述区别或许稍为清楚了点，那就让我们现在回到历史上的这一点，即我们原先丢下的圣托马斯·阿奎那和邓斯·司各脱之间的问题。

就存在与本质的关系看，圣托马斯似乎是个存在主义者。他主张存在先于本质，因为构成事物存在主要成分的，是它存在这一行为。再者，他说，在一切创造出来的事物（除上帝外，一切事物归根到底都是从上帝获得存在的）中，事物的存在和它的本质之间有一种实在的差异。我不是我的本质，因为我若是我的本质的话（即如果本质和存在在我身上是同一的话），则就会是存在就是我的本质，那我就会永远不死了。因此，对一切偶然的存在物（凡存在物都是有生有灭的）来说，存在永远不能同本质合一。在偶然事物的实存里，存在与本质之间，似乎可以说有条裂缝。

另一方面，邓斯·司各脱坚持本质先于存在。无论如何，在上帝属性的顺序问题上，他是把上帝的本质放在第一位，以为基本的属性，而上帝的存在则是在本质之后的。诚然，司各脱派也可以争辩说，既然上帝的存在绝对地是一，又是不可分割的，同我们在自然事物中所发现的复多性与自我分割性恰成鲜明对照，则不管我们把属性的优先地位指定给本质还是指定给存在都没有很大差别，因为应用到上帝身上时这两个词都指同一件东西，即上帝自身。神的属性的顺序，因此似乎只是个文字安排问题。但是，这种安排确实显示了安排者内心的哲学倾向。而且，即使这个例证中的两个属性指示的是事物里的同一实体，那根据最严格的哲学原则把本质放在第一位的人，他所以这样做，是因为他认为本质比存在更为基本。在这方面，司各脱的哲学无疑比圣托马斯的更是本质主义的。

至于我们的第二个问题，即在实际现存事物里，存在与本质是否真有区别，邓斯·司各脱同托马斯的立场也不相同。司各脱说，一件事物的本质与存在之间，并不是像托马斯所坚持的那样，有真正的区别。这两者只不过是心灵把握现存事物的不同方式而已。

本质与存在的同一性问题，是个在经院哲学史中最盘根错节的问题；两派（耶稣会与多明我会）天主教哲学家至今还在激烈地争辩它。司各脱之后，在 16 世纪，伟大的西班牙神学家弗朗西斯科·苏亚雷斯①（实际上是中世纪经院哲学的最后代言人）在这个问题上持司各脱的立场。苏亚雷斯成了耶稣会教士的伟大哲学教师，而且他实际上还是个他们所期待的托马斯学说的杰出的解释者。因此，就有苏亚雷斯派和托马斯派（多明我派）之间甚至一直延续至今的旷日持久的辩论，这场论战之所以关系重大，就在于正在讨论的问题意想不到地向整个现代思想投射了一束照明的亮光。

这种亮光多半来自研究中世纪哲学的著名学者埃蒂纳·吉尔松②所著《存在与某些哲学家》这部著名的，甚至是伟大的著作。不管我们是否同意他的看法，认为条条存在主义道路通罗马，或者更确切地说，是通向13世纪圣托马斯讲授他的存在优先学说的地方巴黎，吉尔松都对司各脱对后世哲学的影响方式作了出色的分析；他指出，司各脱影响了17世纪伟大哲学家笛卡尔、斯宾诺莎和莱布尼茨，又通过他们一直渗透到最近三个世纪的思想中心。笛卡尔、斯宾诺莎和莱布尼茨全是具有自己明说的数学癖好的哲学家，因此很可能他们会觉得主张本质高于存在的哲学很合口味。数学家迷恋于本质的无时间的自我认同，因此总是自发地倾向于这种或那种形式的柏拉图主义。再者，17世纪以及随后的几个世纪都关心数学和精确物理学异

---

① 苏亚雷斯(1548—1617)，西班牙出生的天主教耶稣会神学家和哲学家，国际法奠基人之一。主要哲学著作有《形而上学论文集》等。——译者
② 吉尔松(1884—1978)，法国天主教哲学家、中世纪哲学史学家。——译者

乎寻常的扩展，而且这两门学科由于它们使对自然的惊人征服成为可能而赢得了超越其他一切理性事业的声誉；因此，从那个世纪开始，这种看重本质的偏见一直至高无上，并且事实上，直到19世纪基尔凯戈尔出现，都几乎未曾受到过挑战。根据我们的想象，一件事物的根总是比我们所见的地表上面的植物更深地扎进"土壤"中。一旦通过这件事例终于知道了：现代思想的一个关系重大的方向竟在13、14世纪神学家们的争论中已有了它的根，我们难免会为之震惊的。

前面我们提到的现代天主教哲学家对圣托马斯已经做了许多文章，认为他代表了基督教存在主义应当采取的原始的和真正的形式，并装出一副样子，使某些托马斯主义者对现代存在主义采取了一种像对待不肖子孙似的、颇有点罗马教皇般的屈尊俯就的态度。然而，圣托马斯的存在主义是极可争辩的。一个教会的"孝子"米格尔·乌纳穆诺(他的证言应当和中世纪学者的证言一样地有分量，因为他既是个学者又是位诗人)，就拒绝接受《神学大全》中表达出来的圣托马斯精神，认为它完全是墨守法规的。乌纳穆诺说，《神学大全》为一桩案子辩护；它支持教会作为一种体制，一如罗马法的古老法典支持一个帝国一样。而且，在这方面，我们还必须记住，中世纪教会究竟承袭了多少古罗马帝国的精神。现在流行的托马斯存在主义，有许多实际上看来就像是一个在作案后为之进行特殊辩护的案例。例如，一本像吉尔松那样的书，受基尔凯戈尔的影响(尽管是在对一个花岗岩般死硬的托马斯主义的心灵中发生作用）极其强烈，乃至可以很有把握地说，如果基尔凯戈尔不曾活过，这本书就势必写不出来。实际上，如果没有基尔凯戈尔，吉尔松就不可能在圣托马斯那里找到他设法挖掘出来的东西，事实上是，在基尔凯戈尔的影响为人感受到之前，许多别的托马斯主义者从圣托马斯那里找到的，是些截然不同的东西。而且，再进一步说，吉尔松找到的也很不充分。真理的历史性是无法逃避的，不管哲学问题可能会如何地绵延不绝，对于任何认为现代问题的答案应当到 13 世纪去找的主张，我们都有理由事先就持怀疑态度。即使承认圣托马斯的论点，承认存在的优先地位，承认存在与本质之间的实在区别，我们也还是远远不能解答那些困扰着现代思想家的问题，正是那些问题使得像海德格尔和萨特那样的现代思想家重新开放了整个存在主体。

　　事实是托马斯的本质与存在之间的区别，当我们试图来理解我们自己作为人的存在时，就把我们带进了非常严重的窘境。在其《论存在与本质》这篇专题论文里，圣托马斯举出"人是理性的动物"这个传统定义，作为本质的例证。这个本质是整个种属的共同特征。由此便出现了一个问题，也就是著名的共相问题：这个本质作为种属时既然只有一个，如何能以复数存在于这种属的诸多个体成员中呢？这个本质到了每个个体就被特殊化了：我的"理性动物性"是我的，它显然是我自己的，因而不同于我的朋友彼得的，就如我的血肉是我的而非他的一样。事实上，根据圣托马斯的观点，使普遍的本质个体化的，正是我个体的质料，我的血和肉。阿奎那称之为"有特殊记号的质料"；而且，他还把它描述成以一定大小存在的质料，也就是说，它充塞我现在正占据着的空间，并且排拒任何别的坚实的物体；不让它们充塞这一个空间的，正是我的这种特殊的质料。然而，困难也就在这里，因为它使我们回到了前面已提到过的那个古典观念，把人看做是一种半人半马的怪物，从而他的存在就被无可挽回地分裂成两个部分了。现在，他被分隔成两个部分，一个部分是本质，另一个部分是个体化质料，后者使他的身体处于独特的时空中。内在于个体质料中的特性或性质，托马斯称之为"偶性"，这是因为它们不是本质的一个必要部分。但是，我们可以问：就一个个体的人来说，究竟何为偶性，何为本质呢？如果有人说：在我们自己的自我从生到死的单一内在的经历中，有一个间隔，一些事件或性格被当作非本质的偶性倾倒进它里面去，而在另一个间隔里，则装着被认为是其他一些属于本质的性格和事件，这样一种说法能算清楚明白吗？或者，更加确切地说，此时此地的性质，也就是那使本质个体化的质料赋予我的时空性质，对于我作为一个人的存在，是非本质的偶性吗？

如果我像胡塞尔说的那样，把一无偏见的目光转向"事物本身"，转向我自己的个体存在，一生一世都一直在实际地照看它和关切它，把现在任何形而上学的先入之见都统统悬置起来，我能够说我存在于此时此地而非彼时彼地这个事实是我的存在的一个偶性吗？我是一个出生和生活在20世纪的美国人。从人的本质个别地存在于我身上然而却实际地区别于我的存在的观点出发，这样一些事实实际上都是偶性。但是，它们已经形成了"我的"生活的负担和使命，而且，我的生活的经纬中没有任何一个部分它们不曾参与。或者，让我们举出萨特曾经既适当又不适当地大肆运用过的那个例证，即人的性别的事实。个人的性别是他存在的本质的一部分，还是只不过是个偶性？内省起来，我们无法想象我自己有什么本质，会像一块放在一套中国盒子中心的黄金一样，不受我有生以来属于某个性别的成员而非另一个性别的成员这个事实影响。这个论证也适用人的存在的所有实际条件，即萨特所谓人的"事实性"：如果我们有我们的事实性，则我们就"是"它，而它也就构成了我们存在的全部本质。这些实际条件，尤其是我们生活于其中的历史时代，给我们存在的每个部分都着上了色彩。存在与本质，至少当我们就其在人的实际生活中来看待它们时，是相互渗透的。

因此，司各脱派存在与本质同一的观点，对我们经验的实际事实，似乎更为公允。但是，在另一方面，托马斯派的论证也非常有力地反对了这种观点，最后使存在本身成为一种相对于本质的"偶性"。此外，有了这种观点，我们要解释人的存在的极端偶然性就很困难了，因为如果现实存在的人，他的本质和存在是同一的话，他的存在为什么就不应当因此成为必然的以致他永远活着不死呢？

但是，如果这两种中世纪的观点都行不通，如果既没有本质与存在的同一，也没有它们之间的实在区别，那又会怎样呢？

事实是，这两种观点之所以都行不通，乃是因为他们讨论的这些概念太抽象太图式化了。中世纪本质与存在的概念没有公允地对待现代经验的充分具体性，尤其是没有公允地对待我们对人本身的经验。需要对它们来一番全面彻底的修正。这就是海德格尔宣布有必要重新审视这些存在问题的原因，他也因此而成了第一个试图对这传统本身来一番彻底重新再思考的哲学家。传统只有通过这样一番更新才能够保持活力，只对这些一直沿袭至今的公式机械地或无益地鹦鹉学舌是无济于事的。但是，所谓更新意味着实际地去更新，因此便是一种完全彻底的冒险事业。所以，虽然现代存在主义在它运行于现代思想主流这个程度上不可避免地要回到传统问题，但它却达到了必然使某些传统主义者感到震惊的结论；这是不足为奇的。哎呀！时间是属于我们的本质的。我们对这个事实的简单承认（这是无历史意识的中世纪人绝对承认不了的），是如此根本，乃至它开掘了一条横在我们与中古历史之间的一条鸿沟。尽管我们意识到那过去时代的哲学也曾经很了不起，但是过去的解决决不会完全是我们的解决。

3. 帕斯卡尔的事例

我们今天知道的存在主义，不管有多少个先行者或先驱，也不可能在它存在的条件具备之前出现。哲学家孕育着观念。所以，如果有什么东西使它们固定到存在上，则它也不会是哲学本身而是某种来自哲学以外的东西，或是宗教，或是个人的戏剧性事件、焦虑，或是哲学家自己生命的反叛。所以，把希腊理性主义古典圣殿炸得粉碎的，乃是希伯来文化或基督教。甚至在现代存在主义的可能性创造出来之前，就必须先创造它的世界，而这只有通过科学，突然把人从中世纪投射出来，才有可能。所以，当我们谈到帕斯卡尔（1623—1662，他本人是位伟大的科学家）的时候，我们就不再是在讨论一位像圣奥古斯丁那样的存在主义先驱。帕斯卡尔是一个存在主义者。

没有什么再比把帕斯卡尔和圣奥古斯丁毫无区别地混为一谈，都作为伟大的宗教心理学家，更让人糊涂了。诚然，他们两个都关心宗教的人的内心生活，他的焦虑与不安。但是，圣奥古斯丁所居住的世界是一个新柏拉图主义的宇宙，一座闪闪发光的水晶宫，其至高点上装有超本质的善，像灯塔般地向外光芒四射，当照射下去穿过这完美结构的其余部分时，其光辉渐渐弱了下来。帕斯卡尔的世界是孤寂凄凉和枯燥乏味的现代科学世界，在那儿，到了夜间，这位哲人听到的不是闪闪发光的天体的乐曲，而只是空间的深不可测万籁俱寂的空虚。帕斯卡尔说，"这些无限空间的沉寂使我感到恐惧"，这道出了人心对17世纪科学为人组装起来的宇宙的反应。在这个可怖、空虚的空间世界里，人是无家可归的。因此，他渐次形成了他自己的形象，这和居住在希腊人的或新柏拉图主义的宇宙中并且相信他自己如在家里般自在的人的形象是不同的。在帕斯卡尔的世界里，信仰本身成了一种更加孤注一掷的赌博，一种更加大胆的跳跃。

这样，信仰与理性之间的斗争就必然在人的存在内部引起更为深刻的心理失调。尽管中世纪期间神学家们对信仰和理性问题有过许多争论，但是，那一时代的人还从来不曾经历过这种人本身内部的分裂。在《神曲》里，但丁由象征人类理性的维吉尔带着，穿过地狱的各层，攀爬炼狱的斜坡。但是，当开始游历天堂（这是惟有获得上帝恩典的选民方可居住的境界）时，维吉尔不见了，而由象征神明启示的贝雅特丽奇取而代之担任向导。简言之，理性把我们引导到信仰，而信仰在理性止步的地方取而代之；这就是但丁井然有序、水晶宫般的宇宙里，人的幸福而和谐的命运。但是，帕斯卡尔的宇宙并没有许多同上帝相似和可类比的东西，中世纪的哲学家们曾经把他们的信仰挂在这些东西上，就像挂在许多钉子上似的。在帕斯卡尔的宇宙里，一个人必须更加拼命地追寻，以期发现把心灵引向信仰的路标。而且，耐人寻味的是，帕斯卡尔是在人本身极其悲惨的处境中找到这样一种路标的。同别的动物乃至自然本身相比，人这种生物到处都显露出伟大和力量的明显标志，而它同时却又这样的虚弱和悲惨，怎么会这样呢？帕斯卡尔说，我们只能够得出结论，说人毋宁像一个破产的或被剥夺了继承权的贵族，从那本来属于他的王国里被逐了出去。因此，他把被剥夺了继承权的人的形象当作他的基本前提。

所以，帕斯卡尔的心理学与圣奥古斯丁的不同。帕斯卡尔关于人类状况的看法属于历史上最"消极否定"的。萨特的读者一直抗议他的心理学太病态，或太"肮脏"，因而可能只代表当代巴黎颓废学派，幸好他们还可以考察一下帕斯卡尔：他们将会发现，他对我们普通人命运的看法，每一点都和萨特一样尖酸刻薄，又一样冷静客观。帕斯卡尔说："我们是终有一死的，也很虚弱，我们的自然灾祸真是太大了，我们切近地想想，没有一件事情可以安慰我们。"人们靠"习惯"和"旁骛"这两帖特效"止痛剂"，来逃避对这个问题的切近考察。人或是追逐跳动着的皮球，或是唆使猎狗追逐逃窜的猎物，或是他利用迷宫般的社会诡计和娱乐活动来追踪这"球"和"逃窜的猎物"，不管怎么做，只要他设法自我逃避就行。或者，这位好公民已悉心安于"习惯"，为家室所累，工作很稳定，不必看他打发日子的性质，也不必看每天如何埋葬掉遗忘的希望或梦想，第二天早上醒来又如何重复过去那种日渐萎缩呆滞的生活。"习惯"和"旁骛"这两者，只要它们在起作用，就会使人看不到"他的虚无，他的孤独，他的机能不全，他的软弱无能，以及他的空虚"。宗教是这种令人绝望的病症的惟一可能的疗方；这种病症不是别的，就是我们普通的总有一死的存在本身。

当古典哲学家们讨论人性（例如亚里士多德在其《伦理学》里，圣托马斯在其《神学大全》第 2 部分关于人的论述里）时，他们的说法，今天在我们看来，带有教科书的味道。这些思想家们在讨论的生物也可能是人，但是一点也不像我们。然而，在帕斯卡尔关于人类处境的看法中，我们太痛苦地认出了我们自己。作为一位心理学家，他是个当代人。

或许，正由于帕斯卡尔本人不是什么哲学家，他的心理学比起那些哲学家来就要出色些。他留给我们短短一句话，足以表明他对哲学本身的价值最终评价：他告诉我们，哲学是"不值得一个钟头操心的"。如果考虑到帕斯卡尔的心理气质，以及他作为一个人的最深层的兴趣，他的这个评价是完全合乎情理的。如果我们以几分像悖论的方式来说的话，那就是他太聪明了，因而成不了一个专业哲学家。要他接受缓慢而吃力的任何学院哲学训练，会可怕地束缚他的惊人的智力；而且，无论如何，为要获知他作为一个人最终需要知道的东西，他也根本无须接受这样一种训练。在这个方面，他同基尔凯戈尔和尼采很相似，这两位哲学家都超出了哲学而能够从外面来看哲学，就他们两个的情况来说，是从宗教和艺术的观点来看哲学，而就帕斯卡尔来说，则是从科学的观点来看哲学。基尔凯戈尔和尼采都受到过专门的哲学基础训练，然而帕斯卡尔所受的教育却是科学的和人文的。他读过一些古典哲学家的著作，例如斯多葛派的，但是他显然只是为了找出他们对人类状况的看法，并不遵循他们的形而上学，他对后者是兴致索然的。他青年时代的强烈兴趣在科学方面；而且，他也是迄今有过的最早熟的科学天才之一，不到 21 岁，他就在数学上有了十分重大的发现。

其父死后，还很年轻的帕斯卡尔继承了一笔相当可观的遗产，因而能够在世界上稍露头角。我们知道，他无论如何至少一度保有过六匹马拉的马车，这足够使他成为一位绅士和头面人物了。为要理解帕斯卡尔的心灵，我们就必须想象他步入路易十四统治时期的巴黎社交界的情景；那时，对人的观察和研究是像圣西门与拉罗什富科①那样一类入世而敏锐的心灵为之耗尽热情的；而且，帕斯卡尔自己也会看出，这里有一种资料，同他在数学和物理学研究中所处理的，属于不同的种类。也不只是资料不同，要理解它，还需要一种完全不同的智力。帕斯卡尔与斯宾诺莎不同，他太聪明了而不能不承认搞几何学完全不同于搞对人的研究。

---

① 拉罗什富科(1613—1680)，17 世纪法国伦理作家。——译者

从这层认识中产生了他的数学心灵与直觉心灵——几何学精神和敏感性精神——之间的著名区别。说整个柏格森的哲学实质上早已包容在帕斯卡尔用来阐述这种基本区别的几页纸上，也不算言过其词。法国文化在这些问题上有一种令人惊奇的保存意识。它是各种文化中最近亲繁殖的，然而又属最丰富之列，因为它不仅保存了它自己"厨房"里所有的东西，还对它们作了精心加工。（这也是法国烹调的精神，他们不扔掉任何东西，只是用它做成备料——烹调的基本材料，埃斯科菲耶[①]告诉我们——不然，就扔进一个锅里煨汤，那是可以把不论多少东西不定多久煨炖下去的。）由于法国文化始终注视着帕斯卡尔所作的区别，所以它就从来没有完全屈服于笛卡尔清楚明白的观念。现在，数学心灵，如帕斯卡尔所描述的，恰恰是以它的全神贯注于清楚明白的观念来定义的；从这些观念可以演绎出无数逻辑结论。但是，直觉心灵处理的材料却如此具体如此复杂，是不能还原成能够以一些简单公理形式陈述出来的清楚明白的观念的。在人类的情境里，水通常是浑浊的，天也总有点雾蒙蒙的；而直觉的人，不管他是政治家、朝臣，或是情人，在这种情境里不论知觉到何物，都不会是由于明确定义了的逻辑观念。恰恰相反：这些观念很可能会挡住他的视线。那

[①] 埃斯科菲耶(1846—1935)，法国烹饪大师，有"厨师之王和王者之厨"之
称。——译者

么，为了达到这种区别，帕斯卡尔实际上已经看到的是：人本身是个具有矛盾和两重心理的生物，纯粹逻辑是永远理解不了的。这是哲学家们当时还没有理解的东西。

帕斯卡尔既已为直觉划定了一个范围，以与逻辑范围相颉颃，他自然也就为人类理性设定了界限。或许无论何处他都没有比在他对理性价值的评估中更精明地运用他自己的"敏感性精神"（直觉心灵）。而且，或许也没有一个作家比他更能公平地权衡理性正反两个方面的要求：身为一个数学天才，他深知理性的全部力量和荣耀，但是他也看到了它相应的虚弱和局限。海德格尔经过博学而勤奋的解释，才表明康德的人的理性局限性学说，实际上是立足于我们人的存在的有限性的；但是，早在3个世纪之前，帕斯卡尔就清楚地看到了，我们理性的虚弱乃是我们整个人类处境虚弱的一部分。首先，理性达不到宗教经验的核心。既然帕斯卡尔很少运用形式哲学，他对形式神学或理性神学用得也就更少了，因为理性神学的至上任务是为上帝存在编造理性证明。帕斯卡尔认为，这些证明是离题的：今天它们看来对我们有效，可是明天就不然了；而且，如果我们把救赎推延到这些证明都令人满意之时的话，则我们将会永远踌躇不前。帕斯卡尔说，今天有些极有才智的人觉得上帝存在的证据完全可信，而另一些同样有才智的人却觉得它们或是被人误解了，或是难作定论的。而且，各方都怀疑对方是自欺欺人。但事实却是，这些证明只可以说服那些想被说服的人，而说不服那些不想被说服的人，因而实际上也就根本不是什么证明。至少，上帝作为一个精确论证的"对象"，即使假定这样一种论证唾手可得，也同宗教的现存需要毫无关系。他已经变成了一个中性的实存，就如数学家对之进行推理的抽象的圆或三角形一样。正是在这里，帕斯卡尔发出了他著名的高声呐喊，"不是哲学家们的上帝，而是亚伯拉罕、以撒和雅各的上帝"。

他本人有过一种宗教经验，同他认为一次疾病奇迹般地痊愈有关；而且这次圣恩的影响极其强烈，乃至他身不由己地对这经验作了笔记，并且把它缝进了衣服里，仿佛是他的一个秘密，必须尽可能把它紧紧珍藏，永志不忘。不管我们对这些经验的可靠性有些什么想法，对帕斯卡尔来说，这种来自天国的闪电无须任何证明：它是属于生命本身的而非理性神学的层次。他的生命从此以后便围绕着那次单一的粉碎性的经验而旋转，因而他便把余生献给了宗教，尤其是尝试着对基督作出一种伟大的阐释和辩护，但他从未完成这项事业，这样，我们便只有那些辉煌的残篇：《思想录》。另一个同样强烈的体验，这次毋宁是否定的而非肯定的，对他的思想也同样是决定性的。一天，他正沿着塞纳河驱车前行时，他的马车突然转向，离开道路，车门蓦地开了，帕斯卡尔被一下子掀了下去，几乎摔死在河堤上。这次切身事故的任意性和突然性对他成了另一道启示的闪光。从此以后，他把虚无看做是一种可能性，这种可能性，可以这么说，潜伏在我们的脚下，是我们随时都可能跌进去的一条鸿沟和深渊。没有一个作家比帕斯卡尔更有力地表达出这种处于人类存在核心的基本偶然性，一种随时都可能把我们意想不到地猛掷进非存在中的偶然性。死亡并非按约定正点降临。虚无观念直到这时在西方哲学中都还根本没有起过什么作用。在希腊哲学刚刚发轫时，巴门尼德就告诫人们不要遵循非存在之道，他说，这是因为非存在甚至不能够被思维。在经院哲学时代，虚无已经成了一个纯粹概念性的实存，一个处于思想所及的最边远区域的空洞抽象的观念。但是，对帕斯卡尔来说，它不再是一个抽象概念而是一种实际经验。在他存在的某个时刻，虚无突然地并且猛烈地出现在他面前。此后，帕斯卡尔到处寻找这种人类存在偶然性的明证——克娄巴特拉鼻子的长度改变了马克·安东尼和罗马帝国的命运，克伦威尔肾里的一粒结石结束了他的军事独裁。在海德格尔和萨特引进他们的佶屈聱牙的术语以定义人的偶然性的所有范畴之前很久，帕斯卡尔就已经看到，出生本身对于个人来说，就是最初的偶然性，因为它意味着在"这个"时间里，"这个"地方，由"这一"对双亲，在"这个"国家出生；所有这一切都是蛮横给予的事实，他的生命必须试图以它们为根据。

在帕斯卡尔看来，虚无似乎可以说是向上下两个方面敞开。他生活在显微镜和望远镜时代，那时，亚里士多德和中世纪思想家的密封、有序、有限的宇宙正沿着两个方向扩展，既趋于无穷小又趋于无穷大。我们可以（用显微镜）向下观察物质和空间，发现处于越来越低层次上的小得不可置信的生命组织；而且在这些之外，总还有些东西小得使我们无法了解。或者我们（用望远镜）向外观察空间，发现那以其浩瀚无涯而使我们成了小矮人的宇宙。因此人在宇宙中占据了像帕斯卡尔所见的处于无限大和无限小之间的中间位置：对于"虚无"来说，他是个"大全"，而对于"大全"来说，他又是个虚无。人的这种中间位置是帕斯卡尔留给我们的关于人类处境的终极的和主导的事实；而且，它也极明白地告诉我们，对人类理性的范围和能力，我们到底能指望些什么。它同时也是人类存在有限性的逼真形象，就好像是两个方面都被虚无蚕食了似的。人就是他的有限性。如果我们再把时间无限绵延的想法加到这种主要是空间和物质的形象上去，我们就得到了帕斯卡尔对人类存在本性的最终判断：

> 我一想到我的生命短暂绵延，前前后后都淹没在永恒中，我所充塞的，甚至我看得到的空间也极其渺小，淹没在我一无所知、也不知道我的无限浩瀚空间；这使我很恐怖，并且对在这儿而非在那儿，为什么是现在而非那时，也惊讶不已。

当读这段话时，我们就不再处于德尔图良或圣奥古斯丁那个基督教扩张征服的狂热世界；也不再处于那个彼得·达米安或圣贝尔纳德①的创作最朴实优美的基督教艺术的罗马世界；也不再处于邓斯·司各脱同圣托马斯进行辩论的世界，在这个世界里，基督教信仰势力如此强大，竟能促成同亚里士多德哲学奇迹般的"婚姻"。不！帕斯卡尔所描绘的，就是我们的世界，就是现代世界；当读他的书时，我们就步入了那个世界，就像那是我们的家，这正因为我们和他一样在那儿都是无家的。

帕斯卡尔死于1662年。紧跟着到来的世纪，即启蒙世纪极其光辉耀人，竟使他这个榜样似乎不那么必要因而也就为人忘却了。启蒙运动的光明于是便成了它自己的黑暗。这个非凡时代的成就是不容低估的。在那个世纪，数学和物理学所取得的成就扩大了；牛顿的宇宙成了它们联合的战利品；而且，数学分析由于其了不起的丰硕成果和独创性，似乎可以为全部自然问题提供出答案。理性在数学和物理学方面所赢得的巨大胜利，暗示着它不可避免地要扩大到人类经验所有其他领域，以驱散古代迷信的阴云：它扩大到法律、社会风俗、政治和历史等领域。"进步"的观念不仅被宣布为一个事实，而且也被宣布为一条历史规律。人性的完美是通过理性的普遍应用实现出来的。哲学家孔狄亚克勾勒出了一幅宇宙历史的草图，其主导线索是人从黑暗走向光明的进步，这是一种在过去已经坚定地

① 圣贝尔纳德(？—1081？)，意大利奥斯塔教区代理主教。——译者

向前迈进而将来也会这样无限持续下去的进步。哲学家变成了批评家，抨击他们周围社会的中世纪野蛮习俗。这个世纪在法国革命高潮中一个奇异的插曲里找到了它的象征和总结，那时，一位非常著名的女演员扮演的理性女神登上了圣母院大教堂里的神座。我们的理性圣女坐在天国母后圣殿里，这讽刺的一击可能会使任何一个对女神的人格和历史略知一二的人预感到，不仅法国而且整个欧洲文明都隐现出一种"山雨欲来风满楼"的局势。

但是，在牛顿和理性女神的宇宙里，也有一些不幸的灵魂，因此，我们现在必须倾听他们的哀怨。我们可望听到的，首先是那些诗人的声音。在哲学家能够思想存在之前，诗人是它的见证人。而且，在这种情况下，这些特殊诗人力图显现的，正是今天历史地属于我们的存在处境。他们正以诗歌的语言拨弄着我们自己时代的先兆之弦。

第6章 逃离拉普特飞岛

　　凡是读过斯威夫特①《格利佛游记》的人，大概都不会忘掉游历拉普特飞岛那段插曲，这在那本伟大却又怪诞不经的书中，算得上最怪诞的情节了。拉普特是个飘浮在空中的岛。它为一块巨大磁石所驱动，沿着磁力线航行；这很容易使我们后世人心里想到某种类似雷达装置的东西。斯威夫特时代的工艺还没有先进到想象得出使这个策柏林飞艇②似小岛上的居民完全隔绝他们同地球的联系：推动航行的磁力线依旧是地球上的磁力线，因而在那个程度上，拉普特人依然是与大地紧紧结合着的。不过，在格利佛漫长多样的旅程里所见到的生物中，他们还是最接近于空中生物的，因而他们的性格也就最可能具有那种空中楼阁式的性质。

　　构成他们本性中这种空幻性质的东西何在，这无须多久我们就会查明。当蒙受海难的格利佛被搭救到这岛上时，他发现这些居民是他所见的相貌最怪的生物。他们并不注目于他们面前的人或物；而是一只眼朝上，仿佛是在永远瞻望着星辰，而另一只眼则向内，好像在进行空洞茫然的内省。他们的服装饰有日月星辰及诸多乐器的图案。我们可以推想，这些空中人准是献身数学和数学天文学的，因为这些研究最抽象，离普通尘世的需要最远。但是，为什么他们又热衷于艺术中最直接表达情绪的音乐呢？无疑，音乐的情绪方面并不是斯威夫特心里所想到的，在他看来，拉普特人的音乐所具有的意义，一如它在毕达哥拉斯或柏拉图传统中所拥有的意义，被认为是一种纯粹的数学研究，是应用算术的一个分支。拉普特飞岛因此可以叫做正统柏拉图信徒的王国，而斯威夫特的想象力也旨在使当地人民的居住场所与他们的柏拉图精神正相般配：一个飘浮在空中的岛。斯威夫特行文粗犷豪放的气质，甚至从他把这个地方命名为拉普特也可以看出，这很容易使人想起路德同样粗犷的呼喊："这理性娼妓"，也许斯威夫特就是从这儿得到灵感的。

由于拉普特人控制着底下大地表面的空气，便可以使他们

---

① 斯威夫特(1667—1745)，英国讽刺大师。其代表作《格利佛游记》1762 年在伦敦出版。全书共 4 卷，其中第 3 卷写格利佛来到一个叫拉普特的飞岛上，岛上的居民富于幻想，不务实际。——译者
② 策柏林(1838—1917)，德国将军，曾制一种飞艇。——译者

的近邻即普通世人臣属他们。然而，这些臣民似乎比他们的统治者还幸福得多。事实上，拉普特人尽管有力量，却也很悲苦。这些专用大脑的人在谈话时无法像普通人那样相互交流。当他们交往时，他们就不得不由一个童仆陪伴着，这童仆手执一根手杖，其一端装着一个塞有卵石或干豆粒的囊袋；当他的主人在同另一个拉普特人交谈时，童仆就依情况而定，或用手杖敲他主人的嘴巴，或者敲其耳朵，手杖就咯咯作响，向主人发出信号：在他和另一个拉普特人谈话时什么时候他应当讲话，什么时候他应当倾听。不然，这心不在焉的唯理智者就会不知不觉地陷入对别的问题的沉思而完全忘却站在他面前的人。在拉普特飞岛用餐时，格利佛发现端上来的食物全都切成各种各样几何形状。当一个裁缝师开始来替格利佛量体准备缝制衣服时，他用六分仪、象限仪以及别的科学仪器来测量。然后却带回来一套很不合身的衣服。几何学显然不能提供很精确的测量有机人体的工具。如果有一条普通卷尺，造得灵活变通，很适合测量身体外形，要好用得多。在访问他们的科学院时，格利佛发现拉普特人忙于各种各样异想天开的和粗率的研究计划。实际上，这些研究今天在我们看来，可能不算怎么富于幻想；它们确实具有与当代科学发明相类似之处。很清楚，我们比斯威夫特的想象力使他想出的拉普特人的那些办法要先进得多了。

我们无须进一步讨论斯威夫特嘲笑那些抽象心灵的细节。

事实上，格利佛在拉普特人中间逗留时所发生的许许多多的事，没有一件在一个人的记忆里比起这些人本身的怪诞容貌来不黯然失色的。然而，有件小事却有助于我们用一种恰当的人学观点把握这整个插曲。拉普特人的妻子们同他们的作为柏拉图信徒的丈夫们在一起过活并不十分幸福。就在格利佛抵达这个王国前不久，朝廷里出过一起丑闻，这就是首相的妻子尽管受到千方百计的管束，却还是私奔到下面的大陆上，与一个经常酗酒并且打她的老男仆搅在一起。身为自然生物的女人喜欢激情而不喜欢纯粹理性，即使这激情伴有酗酒和殴打。因为打至少是对她个体存在的承认。

在《格利佛游记》的这一部分，斯威夫特似乎一点也不打算扮演预言家的角色。他的秉性太爽直，太实证，而且也太热心实在具体而不愿过多地为披上预言的外衣伤神。到了那个时代，整个社会恶贯满盈——也还有许多够他受的事，要容忍英国政治的愚蠢低能，容忍爱尔兰生活的乏味沉闷，照他自己的说法，他被送到那里就像耗子在洞里一样去等死。然而，《格利佛游记》（此书 1726 年出版）里面的这个插曲，可以看做是后来 150 年西欧文化史（或者至少是其中很重要的一段）的预言。这种预言家的能力是与他的性格相称的，斯威夫特的证言也由于来自他这样一种人就更有分量。如果斯威夫特有任何浪漫主义偏激的和异国的情调，我们就可以把他的预言式的讽刺解释成不幸超前诞生的浪漫气质产生的怪物。但是，斯威夫特是个伟大的散文作家，因为他只写散文而不写任何别的体裁：他的散文也许算得上英国文学中简洁、明快甚至坦诚的散文的最好典范；而斯威夫特其人的气质与他的作品的气质也很相称。他在什么地方都不曾对生活取非理性的态度。他一再弘扬理性的优点，不过他心里想的却总是入世的和实践的理性。他对比较抽象的理性运用没有兴趣，就此而言也没有能力：《格利佛游记》里的拉普特飞岛的插曲差不多可以看做是斯威夫特对三一学院主考人的最后报复，那些人曾因他的逻辑学功课学得不够好而给他不及格的分数。拉普特的形象既然出自这样一种散文式的、非浪漫主义的气质，就很可能是我们能够找到的最有力的预言了。这个预言所代表的人物和运动有时会在首相妻子的绝望窘境中找到他们自己，如果扑进一个酗酒的男仆的怀里是逃离枯燥乏味理性王国惟一方式的话，那他们会随时准备这样做。当一个人在追求酒神戴奥尼修斯式的生活时，我们毕竟不能够总是要求他为高雅趣味捆住手脚，不越雷池一步。

那么，斯威夫特所预言的人物和运动又是谁呢？

1. 浪漫主义作家

斯威夫特的作品问世后不久，浪漫主义运动的第一批嫩芽就在英国破土而出了；整个来说，它归根到底是逃离拉普特飞岛的一次尝试。然而，无论我们想怎样界定浪漫主义，说它是个人对古典主义普遍法则的抗议也罢，说它是感情对理性的抗议，或者是代表自然对工业社会侵犯的抗议也罢，但有一点是明白无误的，这就是它至少是在致力于存在的充实和自然，而这在现代世界却有渐被忘却之虞。浪漫运动并不限于一个国家，而是像一股巨大的突然迸发出来的能量和热情传遍整个欧洲，传到英国，法国，德国，意大利。它在各国的民族表达风格虽然稍有差异，但却始终保持着同样的内在特征。在其英国代表人物中，布莱克①、华兹华斯②和柯勒律治③这三个诗人的形象值得我们稍事留意。

　　布莱克很容易被人看做是个"反抗"工业革命的诗人。车轮、锻炉、熔炉、烟柱、恶魔似的工厂，对这些东西的形象描绘散见于他的诗歌的字里行间。但是，他又是个很有理智气质的诗人，托·斯·艾略特早年写了篇神气十足的文章，使我们当时很多文人误认为布莱克缺乏思想，情况并非如此。布莱克不只批评工业社会本身，而且还批评酿成工业主义的那种特殊的心理态度：

---

① 布莱克(1757—1827)，英国诗人，水彩画家，其作品新颖，简练，感情率直，富有力度。——译者
② 华兹华斯(1770—1850)，18、19世纪之交英国浪漫主义运动最伟大和最有影响的诗人。——译者
③ 柯勒律治(1772—1834)，19世纪初期英国最有影响的英国诗人。曾同华兹华斯合作出版《抒情歌谣集》，开创英国文学史上浪漫主义新时期。——译者

德谟克利特的原子

牛顿的光粒子

都是红海岸上的沙粒

以色列的帐篷在那儿闪闪发光。

在布莱克看来，工厂和熔炉是恶，因为它们是那意味着人类死
亡的抽象和机械心灵的外在表现。罗伯特·格雷夫斯[1]曾经指
出，布莱克在他的预言式的书里，正在试图复兴一种古老的诗
歌传统，其渊源一直回到前基督教不列颠时期。虽然情况很可
能是如此，但是我认为我们不应忽略下面这件事实，这就是布
莱克是把这些书称作"预言性"的，而预言则同将来相关；而
且，布莱克，作为一个真正的预言家，他所关心的必定是人类
可能变成什么这样一类预见。在他的作品里，《天堂和地狱的
婚姻》在这里具有特别的意义；因为它在很多方面都执尼采之
先鞭，正如它也在许多方面执我们时代的心理学家荣格之先鞭
一样。他有句格言："赶着你的犁在尸骨上耕耘"，一个一味
品味古代英国"苍绿宜人田园"的人，是决然写不出来的。布
莱克认为，如果人类使他的地狱同他的天堂结婚，使他的恶同
他的善结婚，他就将变成一个地球上前所未有的生物。尼采悖
论式地表达了同样的洞见："人类必须变得更善些和更

---

① 格雷夫斯(1895—1985)，英国诗人，小说家，评论家。——译者

恶些。"

说到布莱克，这一点在这里从一开始就值得强调，因为浪漫主义的确在许多方面都表现出复兴或回到过去时代的迹象，回到哥特时代或荷马时代的希腊，或回到任何一个富有魅力、可望超出现代俗气的过去时代；如果单就某些方面看，这样来定义这个运动也是未尝不可的。但是，从根本上看，尽管浪漫主义者有时也不自觉，把他们向前推的，却是对将来的展望，对人类可能性的展望，而不是对过去的回顾，是人类可能变成什么的景象，而不是他现实地是什么或他曾经是什么的景象。这样，传统在浪漫主义作家们之间就获得了生命力，使这位诗人成为一个真正的预言家。

华兹华斯是个极受人尊重的人物（我们几乎可以把他看成一个脚穿高筒靴的慈祥宽厚的英国牧师），这有助于我们避免错误：从寻求异国情调中，从寻求情节渲染、耸人听闻、浓厚传奇中来把握浪漫主义运动的内在意义。除德国诗人荷尔德林[①]外，华兹华斯很可能是浪漫主义运动中最富于哲理性的诗人；不无遗憾的是，英国哲学家中竟没有一个对他的诗作过像海德格尔对荷尔德林作过的那样一类评论。怀特海，他自己的哲学大大受惠于华兹华斯对自然的感受，对他的作品偶尔也道

[①] 荷尔德林(1770—1843)，德国著名抒情诗人，把古典希腊诗文形式移植到德语中。——译者

出少许精彩的"旁白"，但也不过如此而已。华兹华斯之为一个哲理诗人，并不是因为他知道一点柏拉图主义，也知道一点德国先验论，那是他从柯勒律治那里捡来的，随后又把这些星星点点的哲学格言式地写进他的最有名的诗篇中。他的最后的哲学深度，也不在于他相当精当地批评了理智，说它割断了我们对大自然的直接感受：

> 我们爱管闲事的理智
>
> 把万物的美好形式弄成奇形怪状：
>
> 我们进行……剖析而犯了谋杀罪。

华兹华斯最富哲理的地方，不在于他言简意赅或爱写格言诗，也不在于他引申出某条明确的教训。一种更深邃的哲理存在于他的某些诗歌里，在这些诗歌里，他能够以近乎奇迹般的手法把人放进大自然里，去显示他的存在是一种在世界之中的存在。因此，他的名诗《决断与自主》一开头就是下列壮丽的诗行：

> 彻夜狂风呼号，
>
> 大雨滂沱，水流成河。

诗人漫步荒野，碰到一位老者正在池塘边采集水蛭，听了他的遭遇，有感于老者的榜样，作出了斯多葛式的结论，认为必须鼓起勇气正视生活。但是，钉在心里的却是将水蛭采集者和石块、树以及荒野一齐放入大自然里这样一种奇妙的写法。怀特海称这种性质为"事物的集合性"，而且他还声言，自己是通过研究像华兹华斯这样的自然诗人才获得这种洞见的。但是怀特海的说法尚不充分：并不是说，人在本质上同自然场景中别的事物必然联在一起，毋宁说，在他成为一个东西之前，他就是在世界之中的存在了；他的存在在它成为一个东西的存在物之前，就已是一个在世界之中的存在了。

华兹华斯本人从未以概念的方式把这个意思表达出来；或许他还没有达到以概念的方式把握它的水平，也许存在的这种意义本来就不可能以概念的方式把握得很好。但是，存在的这种意义在他那儿是有的，表现在他的诗篇里。而且实际上正是这种意义，赋予他所有别的诗篇以积极的意义；在那些诗篇里，他坦率地劝诫人们，断言都市人（所谓都市人他的意思就是指现代人）既然割断了自己同大自然的联系，也就割断了自己同他自己存在之根的联系。

柯勒律治虽然在哲学方面比华兹华斯学问渊博得多，然而在这一特殊方面，他的作品的哲学意义却不及华兹华斯。在其最成功亦最负盛名的诗篇（如《古舟子咏》、《忽必烈汗》、《克里斯特贝尔》）里，他主要表现的是浪漫主义运动"传奇"的一面，运用想象自由在新古典主义严格的范畴以外寻找它的素材。但是，在一首诗而且是一首很伟大的诗《沮丧，一首抒情诗》里，柯勒律治表达了一些非常现代的思想，尽管这首诗是先于存在主义者写出来的，我们还是可以把它称作存在主义的诗篇。这首抒情诗是悲叹他的诗才的日渐衰竭；他的诗才之所以干涸，是因为柯勒律治在大自然里再也找不到乐趣。这些才能和同大自然交流沟通的能力完全是一码事。使柯勒律治对这个问题描述得如此感人的，乃是他本人分有这种感受。华兹华斯抗议人同自然的隔绝，悲叹的是他的正在经受这种切割的同胞，而不是他自己，因为他自己同大自然交流沟通的能力似乎完整无缺地幸存下来了。但是，柯勒律治由于自觉其本人就是不幸(被隔绝、很孤独、很可怜、被遗弃)中的一个，所以他第一个从内心考察了这种现代情绪。人类这样隔绝自然，对他会有什么样的后果呢？在这里，柯勒律治以全然存在主义的方式，遭遇到了焦虑本身。他遏止不住这种焦虑，也不能使它附着于任何确定的事物、事件或人身上；它启示的是空无或非存在。

一种没有剧痛的悲伤，黑暗和沉闷，
一种窒息、呆滞、麻木的悲伤，
它找不到任何自然的出口，找不到一点宽慰，
无论以话语，还是以叹息、眼泪——

可怜柯勒律治满脑子装的德国唯心主义，对这种经验却无话可说，它甚至提供不出对它进行哲学理解所必需的术语。那时基尔凯戈尔还不曾把对恐惧的分析引进哲学。然而，诗人柯勒律治却先于哲学家柯勒律治看到和认识到了。

在这个方面柯勒律治的忧郁心境恰恰就是浮士德在歌德剧本开始时的心境。这两个人都处于或濒于崩溃状态，万念俱灰，麻木不仁，一切东西包括曾对他们施行过"暴政"的爱管闲事的理智都化作尘土灰烬。柯勒律治已经断送在德国形而上学的手里：

> 凭借深奥莫测的研究
> 从我自己的本性中窃走了整个自然人；

浮士德妄想精通人类的一切学问，歌德则在从对理智着魔状态中解脱出来的最后声明里，摒弃了这个想法："理论全是灰色的，生活之树是常青的。"柯勒律治的诗的个人性质极为强烈，因而我们不能够把这种同歌德的相似视为文学上的仿效：这毋宁是由于一种经验使然，这种经验对于那个时期的人已经变得极其重要，即使到了今天也依然如此。歌德在他人到中年之际（他寿命很长），坚持把他自己同浪漫主义运动分开。如果说他的这一举动，是对早期作品如《少年维特之烦恼》的伤感姿态而发，自然不无道理；但是，《浮士德》的主题，在歌德很年轻、正是最浪漫的时候就抓住了他，而这个主题此后又是使他终生为之忙个不停的。既然他的最伟大的作品讨论的是浪漫主义的中心问题，所以任何有关浪漫主义运动的描述都不能不说到它；而且实际上，歌德在这部诗里对这个问题的最后处理，正是他年轻时代全部浪漫主义经验发展的顶峰。

在这个问题上，我们必须特别地注意《浮士德》，因为它处理的正是后来尼采在他自己的生活里也在他的哲学里全力以赴的问题：人如何从现代的绝望中诞生出来，成为一种比历史上所曾知道的都更完全更有活力的存在？歌德从未使用过尼采的"超人"这个字眼，但是在《浮士德》第二部（恰在作者死前完成的）里，我们碰到的正是歌德自己的"高级人"的概念，这其实也就是"超人"的概念，这一点是无可怀疑的，因为在其老年，浮士德几乎超越了他的人性。在剧本开端，生活之泉在浮士德心头已趋枯竭，决心自杀；然而当他把盛着毒药的酒杯举到唇边时，他却由于听到街上传来一曲颂扬基督复活的复活节圣歌而停了下来。在这生死攸关之际，介入其中的正是基督教的回忆：浮士德—歌德依然死守着人类的群体存在，对他来说，复活的象征便势必是耶稣基督。既然他不去自杀，那么浮士德何以再生呢？这时，墨菲斯托菲里斯出现了。浮士德同这恶魔签约，从一个骨瘦如柴的老学者变成了一个容光焕发的美貌少年。这同布莱克所宣扬的解决人类活力问题的办法一样：地狱与天堂联姻，和自己的恶魔签约；或者用尼采的话说，就是为了达到超越善恶的那一点，使自己的善同恶结合，因为这是它们两者的源泉——渴望着生与长的自我。

原本的浮士德是一个中世纪的老学者，改行研究魔法和妖术。而据马洛①《浮士德博士》的说法，浮士德成了一个着了魔的魔术师，一心追求高于教皇和皇帝的权力。歌德使浮士德的追求内在化，实际上把浮士德变成了一个他自己时代的人物，然而原来的魔法和炼金术的弦外之音依然环绕着这个角色作响。歌德本人一度曾读过许多关于炼金术的书，而且当初浮士德这个历史人物之所以使他着迷，部分是由于他身上放出的魔法的黑色晕圈，即渴求超越普通人性的象征。现在，用魔法和炼金术来表征我们对自由的渴望，倒也十分贴切。在生活中，自由意志问题并不是以哲学家们的冷冰冰的和枯燥乏味的抽象概念呈现出来的。要使自己获得自由，要砸断禁锢着自己的环境(无论内在的或外在的)锁链，就必须体验一下使万物随意改变的魔力。魔术师这个人物似乎可以说是人类自由的原始形象。学者们告诉我们，在一些中国古籍里，我们通常译作"men of virtue"("君子"，一译为"有德行的人们")的这些表意文字的，如果译成"men of magic"("具有魔法的人")，反倒更贴切些；而且实际上既然这种圣贤，即君子既能够律己，也就

---

① 马洛(1564—1593)，英国诗人和戏剧家，曾创作悲剧《浮士德博士》。——译者

能够律人，他们便势必给古代人类以魔术师一类的印象。无论如何，魔法和炼金术出现在浪漫主义运动的整个过程里，始终被看做渴求更高更充分存在层次的深刻的原型象征。即使歌德到了老年，成了超然冷静、古典式的奥林匹亚诸神般的伟人时，还是在《浮士德》第二部中引进了一个炼金术情节，其中有一个小人，侏儒（他或许是将来的人？）在一个蒸馏器里被炮制了出来。

后期法国浪漫主义，由于其转向象征主义，诗人们对魔法和炼金术的这种精神追求变得更加显著了。波德莱尔①这位在这个运动的这个阶段上最有名的人物，差不多在一切方面都是我们所谓"现代诗歌"的首创者或先驱。他是第一个城市诗人，因为在他之前只有乡村诗人。作为城市诗人，他表达了一种新的、更趋极端的人的异化思想。华兹华斯是个乡下人，他虽然观察并谴责城市，却又始终从外面来写它，波德莱尔却置身城市之内，置身于相互异化又没有颜面的稠密人群里，他在这些城里人的街道上完全是个陌生人。浪漫主义的忧郁和伤感，如我们在柯勒律治的身上所见到的，无非是人类发现他自己疏离了存在。在波德莱尔这里，忧郁变成了怨恨，有了反抗的因素。这不仅是对资产阶级社会的"唯物主义"作出的社会

---

① 波德莱尔（1821—1867），法国现代派诗人。作品有诗集《恶之华》等。——译者

反抗，而且也是对现代实证主义和科学主义所造世界作出的一种形而上学的反抗。诗人在这样一个世界里找不到实在，他必须到某种别的隐蔽的存在领域寻求它。于是就产生了波德莱尔的"呼应"学说，据此诗人必须在自然中找出神秘晦涩的形象，颇有几分像古代占星术士或占卜者那样。这样，诗就不再只是一种写作诗句的艺术，它同时还是一种达到更真实更实在的存在领域的魔术工具。诗成了宗教的替代品。

自然，由于后面这种态度，波德莱尔及其追随者曾经受到一些法国天主教批评家的严厉指责。这些批评家断言，如果人类依归留在他的历史容器即基督教信仰内的话，诗就永远展现不出这些超乎寻常的热望，就此而言，他们确乎是正确的。但是也不该因此而去自命不凡地教训这些诗人，仿佛他们是犯了过失从家里跑掉的孩子似的。其实根本就没有诗人们要呆的家。19 世纪把他们抛进的人类处境，并不是他们自己创造出来的。他们只是把它当作自己的定命来体验它，至于其他人，由于不够敏感，还不知道世上已经发生了什么事。我们在这里所讨论的，不只是一种美学上的颠倒，而是一种真正的人的反抗；这在诗人兰波①身上是无可争辩的，事实上，他的反抗极其真诚，这位诗人竟为此付出了他的生命。认为浪漫派诗人是过度的和自我沉溺的唯美主义者，是一个错误。对他们来说，

---

① 兰波(1854—1891)，法国诗人。——译者

审美态度的价值总是形而上学的，并且总是同整个人类处境相关联的。

从华兹华斯的恬静到宣告"暗杀者纪元"降临的兰波的狂暴，似乎是很长的一段。然而他们的承继关系却是直接的；只要有些情况发生变化或变得更加严重，就会产生出后期浪漫派，以取代早期浪漫派。人类其他部分同大自然的联系可能被切割了，但是华兹华斯，如我们所见，依旧确信至少他自己有股超然力量因而能够接触到自然。实际上他确实曾经有过那种超然力量，虽然这种占有可能只是稍纵即逝的，可是华兹华斯太过自负，他从来不曾看到自己在什么时候失去过它。因此，他从来也不曾分享过他的浪漫派同道的绝望。可是，一旦诗人失去了超然力量，或者失去了他以为他本人从来不曾失去过它的那样一种确信，就会发现他本人也分有人类其他部分的孤独无望的被遗弃的命运。他的绝望最后也只得变成拼命，并把它本身同一种狂暴的权力意志结合起来，所谓权力意志，就是一种如有必要便以最极端的方式夺回失去的存在领域，现代人就是从这里被逐出来的；于是，我们就有了兰波这个人物。兰波始终忠实于他的见解：结果他放弃了诗歌，离开了欧洲（他认为这是注定要衰败的文明），跑到阿比西尼亚摆弄枪杆去了。他认为诗是对一种未知真理的启示，他对诗的这种要求显然太过于苛刻了。到最后他竟厌恶地把写诗说成是"我的一件蠢事"。至少它已变得同他的最终筹划即锻造自我毫不相干了。

对于一个试图超越人性的人来说，单有诗是不够的：它将只会导致文人们宗派主义的口角或教授们枯燥无味的训诂，而诗人也会再度落入一种平庸机械文明的罗网。兰波像一枚火箭，突然在法国诗坛上空炸开，然后又为弹道的巨大力量推送到它的"外层空间"。但是，在这辉煌的飞行过程中，他却把浪漫主义所有潜在的问题统统推到了前台。

例如，兰波对西方文明(白种人的文明)的无条件决裂是这种文明"内部"破裂的征兆。兰波因此属于最早宣布原始主义为其艺术和生活目标之一的富有创造性的艺术家之列。从高更①到 D·H·劳伦斯②，原始风格一直是现代艺术的丰富多样的源泉，因此学院派或理性派把它作为一种纯粹"颓废"的征兆加以摒弃是很不明智的。至少人们可以问，是不是变得颓废的是这文明本身，而不是那些虽生活在这种文明之中却奋力重新发现人类生命源泉的富有创造性的个人。就兰波来说，原始风格远不是精神的一种伤感的装潢，也不是对南太平洋以及穿着布裙的马来少女的不正当渴望；毋宁说它是一种热情真诚的努力，想要回到存在和见识的原始的，即最初的源泉。当然，我们承认兰波所作努力的正当和必要，但也无须因此而苟同他所使用的特殊手段。兰波最后还是向行动意志这个魔怪投降

---

① 高更(1848—1903)，法国后印象派著名画家，象征主义运动领导人。——译者
② 劳伦斯(1885—1930)，英国小说家，代表作有《虹》等。——译者

了，由此也就证明了他自己是西方文明的真正后裔。他似乎并没有发现有任何别的道路可循。然而，在沿着这条道路走下去时，他把爆炸性地内聚于浪漫主义自身的能量和行动的巨大潜能展示出来了。浪漫主义的忧郁不只是个精神消沉或精神不快的问题；它也不是少数个人中的个人神经症、无能或疾病的迸发；毋宁说它把现代人已经深陷其中的人类处境，即对存在本身的疏远，展示给了现代人。然而，一旦失落了同自然界的联系，人就头晕目眩又心醉神迷般地瞥见人的诸多可能性，瞥见人会变成什么模样；相形之下，魔术师和巫师们的古老神话显得就太苍白了。兰波就是这些可能性的诗人，一如尼采是它们的思想家。

2. 俄国人：陀思妥耶夫斯基和托尔斯泰

从巴黎到莫斯科或圣彼得堡有一段漫长的旅程。而从后期法国浪漫主义和象征主义到伟大俄国作家的现实主义小说，路程似乎更长。这实际上是文学风气的全面改换。俄国作家中最有价值的，是他们对生活的直接把握，对文学形式与象征的技巧和做作极端鄙视，这些形式和象征的技巧之类，在法国诗人中，已经成为他们耗尽精力专心从事的事情了。托尔斯泰在他的《什么是艺术?》里，用了几页篇幅愤怒谴责波德莱尔及其信徒，说他们是消沉颓废和矫揉造作的作家。然而，尽管他们对文学本性的态度有这种差别，我们还是可以在俄国作家里发现他们对现代人有同样的见识。就与存在主义相关的而言，我们现在甚至站在一片更加肥沃的土地上。

19世纪的俄国状况将作家推入了一个他们被迫去面对人生终极问题的境地。因此，不管它的文学格调是多么现实主义的，俄国小说骨子里是彻底形而上学的和哲学的。东西方之间的对照那时和现在一样明显，但这一点却使19世纪的作家们结出了丰饶得多的果实。俄国正以极其危险的高速吸收着西方文化，这种过于努力吸收的结果，在它的整个社会里，造成了一种极端紧张和极端矛盾的局势。这个国家极其落后，这一点固然会使有教养的俄国人心中郁积一种深刻的自卑感，但同时也会使他们面对西欧及其全部文雅精美事物滋生一种过分自负的优越感。西方虽然代表了启蒙，可是俄国却有广袤的空间，泥淖，目不识丁的农夫，以及古老的教会，至少她依旧同古老的母亲大地保持着联系。而俄国的斯拉夫派①，坚信他们的民族有充当救世主的使命，能够如他们今天所做的那样唾弃西方的没落。"知识分子"一词源于俄国，铸造出这词可以为下面这个事实作证，即知识分子不管他们原初的社会或经济地位如

---

① 斯拉夫派，俄国19世纪推崇斯拉夫文化习俗，也主张社会改良的知识分子派别。——译者

何，都感到他们自己属于俄国的一个特殊文化团体，因为就其真正本性而言，他们是和社会其他成员相异的。在莫斯科和彼得堡文化圈子放射出来的一小片亮光的外面，俄国乃是一片住着原始农民和不学无术绅士的无边荒原。知识分子之所以强烈意识到他们自己属于一个阶层，乃是因为在他们的国家里，这颗头颅同社会躯体移离得太远了。1917 年共产主义的出现属于俄国发展的一般程序，这种发展是以 18 世纪彼得大帝将西方方式猛烈强加于俄国开始的。社会和政治改革由上面强制推行下去，用新的方式对旧的方式施加压力，势必要造成严重的社会混乱与紧张。19 世纪的俄国作家有机会（他们现在不再有了）扭转这种人类动荡，如果形成不了一种社会批评，至少也可形成一种精神上的启示。

由于他们身处西方文化之外，一方面可以贪婪地吸收它，以之作为他们自己文学行业必不可少的工具，另一方面又不能不与之保持距离，以便维护他们自己的身份，这样，俄国作家便站在一个独特的和特别有利的位置，从这个位置上，他们能够看到西方人的眼睛看不到的这种文化的另一面。他们自己作为知识分子的存在同俄国巨大、畸形、落后的社会躯体其他部分的存在之间，有着尖锐的矛盾；也正是由于这一点，他们才能够把这种矛盾看做是整个启蒙运动文化的一个中心矛盾。作为一个阶层，知识分子遭受苦难的程度，完全以他们同人类其他部分隔绝的程度而定。但是，知识分子是理性的化身，而理性本身要是脱离了普通人类的具体生活，就势必要腐败。如果头颅离开躯体太远，这颗头就会干枯，不然就会发疯。整个欧洲启蒙运动，在这些作家的眼里，正面对着这种威胁。如果把托尔斯泰与陀思妥耶夫斯基的这种感受只看做是俄国民族主义的表现，或者把它看做是俄国自卑感本身转化成优越感，都是不对的。毋宁说，是俄国的状况把这些人放到了这样一个位置，从这里他们能够见到一种威胁确实在那儿存在着。

一个正处在动荡混乱或革命过程中的社会，势必要给个人带来苦难，但是这种受苦本身却能够使一个人更靠近他自己的存在。习惯和常规是罩在我们存在头上的巨大帷幕。只要它们安稳地处于适当的地位，我们就无须考虑生活的意义。它的意义似乎充分地体现在日常习惯的胜利中。然而，当社会结构崩解时，人便被猛地推到了外面，离开了他曾经主动接受的习惯和规范。在那外面，他的追问开始了。俄国人被推进到西方启蒙运动的"寒冷空气"中，又由于这个运动提出了理性、进步和自由主义等诸多理想，他便发现他的古老宗教成了亟待解决的热点问题。上帝，自由和不死虽然没有成为专业哲学家却成了每个人讨论的课题。我们获悉俄国青年当时是如何通宵达旦地争论这些问题。这样的天真和热情在西方行将消失殆尽，在那里，同样的争辩早在一个世纪以前就发生过了。正是因为俄国在这方面是个落后的国家（因为它还没有任何发达的、专业的或学院式的哲学传统），所以在这些问题和这些问题应当引起的个人情绪之间，就没有任何绝缘的隔板。然而，没有一个哲学传统并不必然地意味着没有一种哲学的启示：俄国人虽然没有哲学家，但他们却确实有陀思妥耶夫斯基和托尔斯泰；而且这种取代或许并不完全是一种损失。当下一个世纪，专业哲学家海德格尔开始重新考察死亡意义时，他是以托尔斯泰写的一篇小说《伊凡·伊里奇之死》为起始点的；而且还有像别尔佳耶夫和谢斯托夫那样的思想家们写成的全部几大卷，都是关于陀思妥耶夫斯基存在主义式的创见这个问题的。

陀思妥耶夫斯基从西伯利亚监禁回来后写的第一部小说，是《死屋手记》。既然这部书是在他生活中的决定性事件（他几乎被行刑队处以死刑，以及他在西伯利亚的苦役监禁）发生之后写成的，就可以把它看成真正的陀思妥耶夫斯基的开始。这本书第二部分的叙述，虽是小说的主体部分却完全无关紧要。但是，第一部分即对西伯利亚囚徒生活的描写，在领会陀思妥耶夫斯基对人性最深层的见解方面，却是至关紧要的。像他被囚禁在西伯利亚监狱这样一种体验，处于整个欧洲文化人道主义传统之外，倒可望产生出那个传统不曾产生的关于人的知识。古典主义者，或理性主义者，虽说曾用亚里士多德的人是理性动物的定义武装过，但是在看到这样一场人性的混乱纷扰之后，也没有一个能够依然保持他的原有信念。陀思妥耶夫斯基在曾与他生活在一起的罪犯们身上看到的，正是他最后终于在人性的中心点上所看到的：矛盾，爱恨交加，非理性。这些罪犯除野蛮残忍外还有一种孩子般的稚气和天真，完全无异于小孩子的无知的杀人。他认识的那些人不能归属于一个犯罪类型，并因此而从人这种种族的其余部分中孤立出来。这些罪犯并不是一些"类型"，他们完全是个体存在：凶暴，精力旺盛，是由父母双亲生养出来的有强大生命力的后代。在他们身上，陀思妥耶夫斯基直面了人性中恶魔般的一面：或许人不是理性的而是一个恶魔似的动物。一个不再看见人的恶魔一面的理性主义者是理解不了人类的；他甚至连我们的流行小报也读不通。

在《死屋手记》里，哲学的主题依然没有道破；它只是暗含在这位小说家所处理的人的材料里。然而，在《罪与罚》里，陀思妥耶夫斯基已经着手于那类他显然专擅的主题小说了。主人公拉斯科里尼科夫，是一个孤独的知识分子，既疏离了人类的集合群体，同时又疏离了他自己的存在。饥饿而孤独，他从他自己的理性内部先于尼采编织了一套尼采的超人理论；这超人以他自己非凡的胆识和力量超然于所有普通道德规范之上。然后，为了检验他的理论，他杀死了一个放高利贷的老太婆。但是，这个罪犯担当不起他的罪过：拉斯科里尼科夫的理论并没有考虑到他自己的自我，由自己罪过而生的内疚竟使他精神崩溃。恰恰是积压在这个知识分子心头的感情——一般人对夺取生命的恐怖——迸发出来并且进行了报复。驱使拉斯科里尼科夫犯罪的真正动因同他为自己编造的"申辩"毫无关系：他是这样推理的，"我很穷，这个放高利贷的老太婆是个百无一用的虱子；杀了她，抢了她，就可以解除我母亲为供养我读书而招致的可怕重负"。但是其实正如他最后对索尼亚姑娘所供认的，他杀人是为了证明他自己并不和普通人一样，只是个虱子。权力意志，这种恶魔似的权力意志，因此在尼采使它成为自己的主题之前，就被陀思妥耶夫斯基发现了。但是，与尼采不同，陀思妥耶夫斯基并没有忘记这种驱策力的完全辩证的或二重性的本性：权力意志既有力量又很虚弱，它愈是同人格的其他部分隔离开来，孤立出来，它就会由于其虚弱而变得愈发不顾一切。因此，拉斯科里尼科夫杀人是由于不安全感和虚弱所致而非力量过剩使然：他杀人是因为他对他是个无足轻重的小人物怕得要死。而他实际上又正是这样一个小人物，因为他的心已经完全失去了同他其他部分的接触，乃至严格地说，他已不再是一个自我了。

理性的这些破坏性甚至犯罪的可能性，乃是陀思妥耶夫斯基万变不离其宗的哲学主题。在《卡拉马佐夫兄弟》里，所诉诸的伊凡·卡拉马佐夫由于理性固执的骄傲而走上了反抗上帝的道路；他最后由于医学上含糊的"脑膜炎"而崩溃，这真是戏剧性地恰到好处——经由犯罪器官杀死受害者的公正报应。在《群魔》里，一群从事政治活动的知识分子被说成是恶魔缠身，准备为进步、理性和社会主义的抽象理想去搞阴谋，撒谎，甚至杀人。在30年代马克思主义时期，我们自己的知识分子中还有些人认为《群魔》的情节太虚构了，但是，最近20多年的政治事件已经使人觉得它的虚构成分似乎少多了。尽管如此，一些自由派人士还是感到陀思妥耶夫斯基走得太远了；虽然他对俄国政治历程的预言令人惊异地精确，简直和它在大约50或60年以后实际表现出来的差不多，但是，他的信息太过分地同古代的和弥赛亚的基督教搅在一起。

诚然，陀思妥耶夫斯基作为一个思想家并不总是一位可靠的向导：就他而言，思想太明显地分有了这位思想家的存在，因而常常有一种狂乱和歇斯底里的性质。但是，陀思妥耶夫斯基作为心理学家，或者毋宁说是作为一个显现人的一定心理层面的艺术家，把一些我们如果忽视便是愚蠢的人类状况的材料摆到了我们面前。弗洛伊德谈到他时不动声色地说，"他本来可以成为人类的解放者，他却反而选择做它的监狱看守"。其含义是说，陀思妥耶夫斯基如果是一位弗洛伊德主义者的话，会更加容易为某种类型的现代人所接受。但是，在那种情况下，他就也会是一位逊色得多的心理学家。陀思妥耶夫斯基攻击启蒙运动最能使当代读者信服的作品，似乎是中篇小说《地下室手记》。很奇怪，它对人性的悲观抨击之所以能够造成影响，竟归因于这样一个事实，即我们的耳朵已经为现代精神分析弄得有几分适应于这样一些东西了；同时也由于在这部作品里，陀思妥耶夫斯基的心理探索同他的基督教信仰，没有什么明显的关联。我们似乎已经到了这种地步，愿意相信人性的最坏一面，只要它同宗教救赎希望无关就行。

《地下室手记》1864年发表。这部作品第一部分是一切文学作品里最令人惊异的独白之一：地下室人这个俄国官僚机构里的下级职员，抒发了他的怨恨、愤慨、不满和他对自由的反叛性的渴望。他在长篇激烈的演说里，再三提到"伟大的水晶宫"，作为启蒙的象征，以及它对人类生活彻底理性秩序的梦想。这个水晶宫后来获得了物质外形，例如，1851年用作伦敦国际博览会的那座建筑物就是。资产阶级的世纪为庆祝其取得的物质进步而举办的这个博览会在英国举行，是很恰当的，因为这个国家在工业革命、自由与议会政治诸多方面都处于领先地位。陀思妥耶夫斯基的地下室人，乃是俄国人对所有那些寄托于水晶宫的虔诚梦幻的回答。地下室人，就是每一个人，至少是每一个人身上的一个地下层面，他拒斥那座宫殿以及自由的19世纪所代表的一切。他大声疾呼：在一个理性的乌托邦里，人或者可能死于厌烦，或者出于逃避这种厌烦的强烈需要而把不愉快的事加诸邻人——根本没有任何理由，只是想去肯定他的自由。如果科学能够把握一切现象，以致最后在一个彻底理性的社会里，人类变得像一台机器上的齿轮那样成为可以预知的，那么，人类就会为这种要知道和肯定他的自由的需要所驱使，奋起反对并砸碎这台机器。启蒙运动的改革家们，梦求一个完美的社会组织，他们忽略掉的东西，陀思妥耶夫斯基以一个小说家的慧眼全都十分清晰地看到了：这就是说，随着现代社会变得更加组织化，并因此变得更加官僚政治化，它就在它的各个接合部积聚起地下室人一类的地位卑微的小人物，他们表面看来捉摸不透，实质上却是一群受挫和怨恨的怪物。同后来的尼采一样，陀思妥耶夫斯基也是个对怨恨这种人身上强有力的有时是难于言说的动机的伟大探索家。

　　陀思妥耶夫斯基这个人物太复杂、太火暴性子了，我们很难把他"一口吞下"。在他身上既有罪犯的成分，也有圣贤的因素。批评家斯特拉霍夫在其传记性的短评中可能是过重地估价了某些反对这位小说家的证据，然而，陀思妥耶夫斯基性格中似乎也确有叫人厌憎的一面。不过，或许正是由于把人的矛盾的恶毒性刻画得淋漓尽致，陀思妥耶夫斯基才成了人类存在真理的无与伦比的见证人。至少他抓住了作为现代生活基本事实的虚无主义，这一理解本身绝不是虚无的。我们是从《白痴》的一段里认识到这一层的。陀思妥耶夫斯基在其中展现了什么一向是并且始终是他的生活绕之旋转的枢轴。米希金亲王——基督的弄臣，陀思妥耶夫斯基自己的另一副假面——讲过一个故事，说是从另一个身份不明的人那里听来的。但是，我们当然知道，这本来是陀思妥耶夫斯基自己的体验。下面就是米希金讲的故事：

　　　　这个人同别人一起被拉了出去，带上断头台，对他宣读了死刑判决……20分钟后，又宣布对他们缓期执行，改用另外一种刑罚。然而，在这两个判决之间的间隔期间，20分钟，至少也有一刻钟，他完完全全地确信他几分钟后就要死掉。……神父手拿十字架依次走到每个人前面。他只能再活5分钟了。他告诉我，那5分钟对他似乎是无限的，是一笔巨大的财富……但是他说，在那个时候没有什么比接连不断的思想更可怕了："倘若我不死将会怎样？如果我能够复生——那是什么样的永恒！一切都将是我的！我要把每1分钟变成一辈子；我什么也不会失掉；我会数着每1分钟消逝过去，我1分钟也不会浪费掉？"他说，这个念头最后变成了这样一种暴怒：他渴望快点被枪毙。

这个故事描述的，是陀思妥耶夫斯基自己被判死刑交行刑队准备执行枪决后又被改判缓期执行的事，它内蕴着一种终极的肯定：面对死亡，生命具有绝对的价值。死的意义恰在于它对这种价值的启示。这样一种观点就是关于死亡的存在主义观点，它后来为托尔斯泰在他的《伊凡·伊里奇之死》的小说里，也为海德格尔在其一整套哲学体系里作过精心的阐述。

从陀思妥耶夫斯基到托尔斯泰，有点像从某个气息阴森的地下锻工车间钻出来，站到明亮的阳光下一样。有人说，一个人生下来若不信奉柏拉图，就信奉亚里士多德；我们也可以同样正当地说，他生来若不信奉托尔斯泰，就会信奉陀思妥耶夫斯基。如果说陀思妥耶夫斯基是位从人的精神的至高点和深层刻画它的变态和病态、惊厥或痉挛的小说家，托尔斯泰相形之下则是正常的和有机的人的精神的最优秀的肖像画家。托尔斯泰本人也非常敏锐地感到他对陀思妥耶夫斯基有一种气质性的反感，而且有许多年，他都把陀思妥耶夫斯基当作一个"病态的庸人"不予理睬。然而，这种观点后来改变了，到了晚年，《卡拉马佐夫兄弟》竟成了托尔斯泰的床头读物，一部他一遍又一遍地没完没了地读下去的书。这两位作家的言归于好是适当的，因为尽管他们所创造的文学作品和人性气氛差异甚大，但是他们两个却给哲学心灵带来了同样的启发。

我们可以从《安娜·卡列尼娜》中的一小段开始，以为开启托尔斯泰存在主义奥秘的一把简便的钥匙。卡列宁，安娜的丈夫，突如其来地对他的妻子妒忌起来。这种妒忌在他看来既冒犯了他的妻子，也不合乎他自己的道德教养，因为他曾被教导说，"一个人"应该信任他的妻子。卡列宁是个彻底理性类型的人，一个枯燥乏味又过分殷勤的知识分子，他的整个生活都构建在诸如"一个人"（一个无个人人格的和集体的人）必须成为什么以及必须干什么之类的理性格言上。但尽管如此，也还是有引起他妒忌的数不清的活生生的事实明显地摆在他的面前：

他觉得自己正面对着某些不合逻辑的非理性的事情站着，而不知道该怎么办。阿列克谢·亚历山德罗维奇正面对着生活站着，面对着他的妻子在爱除他之外的某个别人这种可能性，而这在他看来是完全不合理性的、完全不可理解的，因为这就是生活本身。阿列克谢·亚历山德罗维奇一生都生活和工作在公务范围之内，和生活的"倒影"打交道。而每当他偶尔撞到生活本身，他都退了回去。现在，他经验到一种感受，十分相似于一个人，在他正镇静自若地走过一座凌驾在悬崖峭壁上的桥的当儿，蓦地发现，这桥断了，而脚下便是深渊。这深渊便是生活本身，这桥就是阿列克谢·亚历山德罗维奇所过着的矫揉造作的生活。这个问题由于他的妻子在爱另外一个人的可能性第一次向他呈现了出来，这使他感到毛骨悚然。

无论是作为小说家还是作为人，托尔斯泰的伟大目标就是这种"面对生活站着"。真理本身——相对于人的真理——恰正是这面对生活站着。这种真理不能够来自理性，因为事实上理性很可能给它蒙上面纱，把我们像卡列宁那样置放在不具人格的地带中，只能通过概念、格言、一切社会常规的抽象公式来认知"生活的倒影"。毋宁说，真理是关于整个人的。托尔斯泰在他后来的小册子里反复地告诉我们，他追求的真理并不只是靠理性认知的东西，而是他以他的整个存在认知的东西。然而，给人印象更为深刻的是，他把这种真理观实际地具体化到他那些最伟大的小说的结构里了。

这些小说情节展开得这样单纯，这样自然，使我们觉得不像是经过一般所谓文学构思设计出来的，而就是生活本身的伟大有机过程的组成部分。然而，始终有一条托尔斯泰的情节副线与这种不需费力的有机生活流程平行推进：人们出生、恋爱、结婚、受苦、走向死亡，但是在这展开的活动图景中，有一个角色，托尔斯泰的使者及其精神载体，他的故事，在所有这些自然牵涉到的别的事件中，是一个寻求真理的故事——寻求他自己的真理，寻求生活本身的真理。这样，我们在《安娜·卡列尼娜》里有列文，在《战争与和平》里有比埃尔。在这些小说情节展开的过程中，他们经历的事情：际遇、爱情、婚姻、苦难，都只是精神在寻求其真理的途中所经历的诸多阶段。到最后，托尔斯泰表明他们每一个都找到了这种真理。那么，这真理究竟是什么呢？它不是，如我们所见到的，一种理性真理。列文和比埃尔两个都同城市知识分子不协调，其实这些知识分子非但没有发现他们追求的答案，反而由于他们生活的矫揉造作及其远离自然，比单纯质朴的农民离真理还远。（在这里，托尔斯泰尽管有他的现实主义，却按最深刻的浪漫主义传统讲话，就像一个出色的华兹华斯信徒，只是带有超出华兹华斯的活力和胆识。）再者，比埃尔和列文最后获得的真理之所以不是理性的，还因为没有任何一个他们能够断言的命题，或命题的体系，可以充分表达出他们从其全部磨难中学得的东西。他们所有的真理不是理性的，而是存在的。这种真理恰恰在于他们现在更直接地"面对生活本身"站着。他们敞向存在的东西；如果我们为它寻求一个哲学名称，则我们能够达到的最接近的，便是海德格尔对真理的描述：真理是向存在的敞开。

把握了托尔斯泰的真理意义，就是把握了他所有作品(小说、小册子、自传等)的统一性；这种统一性如此鲜明，如此有力，竟使他的作品差不多是独一无二的。其所以如此，或许是因为托尔斯泰本人远不只是个作家。但是任何一个想要面对生活站着的人也必须面对死亡站着，因为死亡是生活的一个无可逃避的部分。正是在这里，托尔斯泰热情寻求真理的勇气遇到了尖锐的考验；他经受住了这场考验。他对死亡的专注，并非病态的沉思，也不只是软弱无力或胆怯懦弱，而是衡量他对生活强烈感情的尺度。正是这一点，使得他的《伊凡·伊里奇之死》这篇故事，对面对死亡的意义的描述，在所有文学作品中，最有力量。伊凡·伊里奇完全是个普通平常的资产阶级分子，其实他就是每一个人。他以和常人一样的方式获得了成功，以常人一样的方式找到了爱情、婚姻和家庭，也以同样的方式缺乏爱情：总而言之，一个可爱的讨人喜欢的伙计。他从梯子上摔了下来，但是这似乎是个小事故，而他自己的肋部也不感到怎么痛。然而这痛还是存在并且越来越痛。他开始遍找

医生，但所有的诊断看来都没用。于是，一个可怕的念头开始
在他心中滋生了：他可能快要死了。死亡的实在不存在于躯体
组织，不存在于医学考察的肉体器官；它是一种存在于伊凡·
伊里奇自己存在"内部"的实在：

> 对伊凡·伊里奇来说，只有一个问题是重要的：他的
> 病情严重不？但是医生忽视了这个"不恰当"的问题。从
> 医生的观点看，这是个无须考虑的问题，真正的问题就是
> 在浮游肾、慢性黏膜炎或阑尾炎之间作出决定。这不是一
> 个伊凡·伊里奇的生或死的问题，而是一个存在于浮游肾
> 与阑尾炎之间的问题。

死亡的实在也不在于它是一个纯粹外在的社会事实，一个对每
个人都发生的事件：

> 他从基茨维特的逻辑学知道了三段论法："凯厄斯是
> 一个人，人是要死的，所以凯厄斯是要死的"；就适用于
> 凯厄斯而言，这对他似乎总是对的，但是这当然不适用于
> 他自己。凯厄斯，抽象的人，要死，这完全正确，但他不
> 是凯厄斯，不是一个抽象的人，而是一个和所有其他的人
> 完全分开的生物。

死亡的实在正在于它把伊凡·伊里奇同所有其他人分开，使他返归到他自己个体自我的绝对孤独，并且破坏了使其失落掉自我的社会和家庭组织。不过死亡的到来尽管很可怕，很无情，但它毕竟向垂死的人启示了他生命的惟一真理，即使这项启示的内容，主要是说他的那种生活方式没有意义，不得要领。

如果托尔斯泰本人不曾在某个时刻面对死亡站着的话，他想必写不出这个故事的。马克西姆·高尔基一度跟托尔斯泰很熟，在他的《托尔斯泰回忆录》里，把这位老人写得栩栩如生；他不屈不挠地扎根于尘世生活，把自己晒得像个蜥蜴，而且他虽然年事已高却仍然能够突然爆发出性的亵渎行为，致使十分坚强的高尔基也窘迫得脸红。但是，就是这位老人有一天竟对高尔基说：“如果一个人已经学会了思想，那么不管他可能思考什么，他都总是在思考他自己的死亡。所有的哲学家也都是如此。如果有死亡的话，还能有什么真理呢？”不幸的是，所有的哲学家并不都是这个样子；托尔斯泰本人要是听到斯宾诺莎的议论，一定会表示愤慨，加以嘲弄；后者在这个问题上的观点在哲学传统中是相当典型的，他说：“自由人从来不思考死，而只思考生”，[①]仿佛一个人在不思考死的情况下就能思考生似的。托尔斯泰的《我的忏悔》，讲的是有关他中年时

---

① 参阅斯宾诺莎《伦理学》，第 4 部分命题 67。他写道：“自由人绝少思想到死；他的智慧，不是死的默念，而是生的沉思。”——译者

候精神危机的故事，也是最伟大的存在主义文献之一；在这部书里，托尔斯泰告诉我们他自己如何遇到那可怕的最后又使可怜的伊凡·伊里奇惊恐不安的精灵。一个幸福的人；有家庭，有财富，也有声望；有充沛的体力和智力；然而他突然地意识到死的可能性，像就在脚下的一个深渊似的正张开大口。由于他精力无限，是生活的主人，这种启示就更其可怖。说这样一个深渊竟要出现，这对他似乎是荒谬的和非理性的。他详尽叙述了他如何打算审度一下自己，运用哲学和科学去思考、寻求对这个荒唐的露齿而笑的"精灵"的某种答案。但是，理性对死亡这个难题却拿不出任何答案：解决的办法总是一样，一如在零等于零这个恒等式里。圣贤们——苏格拉底、佛陀、《传道书》①、叔本华——的智慧都只告诉我们，面对死亡，生是无意义的，而且还是一种恶；但同时，对这些圣贤思想一无所知的亿万普通人却不断地生活下去，生儿育女，使人种永存。托尔斯泰说，生活的意义，如果有的话，就必须在这些普通的灵魂里面去寻找，而不是到这人种里的大智者里面去寻找。无论有什么样的终极意义，它总是生命的而非理性的。一介农夫正由于其无知而比博学的圣彼得堡的专家学者更加明智。

《我的忏悔》并不是一个专业哲学家的论证，而是一个强有力的思想行为（没有一个摘要能恰如其分地处理它），不过，

---

① 《传道书》为《旧约圣经》21卷。——译者

除此以外它还是一部伟大的艺术作品。在其中，亦如在其最伟大的小说里一样，我们感受到了托尔斯泰特有的力量：排除一切巧计和繁复，单刀直入问题的核心。这不正是一种不仅属于艺术而且也属于思想的力量吗？而且，它之作为探求真理的工具，不是很可能和任何哲学家精心炮制的辩证法一样行之有效吗？

上述所有逃离拉普特飞岛的难民，虽然他们在气质和文学技巧上大相径庭，但在批判现代生活及其给人的存在造成的特殊威胁方面，却以非常值得注意的方式聚到一起来了。他们构成了一群给人印象深刻的见证人，而且他们的证言，只有那些已把诗歌从其理想国里排除出去的柏拉图式的（或拉普特式的）知识分子，才会把它们归因于诗人们的心理失常而认为不屑一顾。思想史家们已经对标签有一种魔术般的信仰，这与古代对符咒的魔术般的信仰别无二致。他们似乎认为他们只需要用适当的标题，如"浪漫主义"、"非理性主义"、"象征主义"、"俄国灵魂"或诸如此类的东西，就可以魔法般地驱除掉这些作家们处理的实在，颇有点像中世纪的主教认为只消革除异端人物的教籍便可以灭绝他们一样。所有这些作家的作品都指向那些正在不可遏止地对西方人发生的事情。这些东西如此有力，如此猛烈，最终不能不迸发进哲学本身。这种迸发具见于存在主义哲学家，我们现在就来考察他们。诗人们最近150多年的不适，绝对不只是个人的神经症似的痛痒，毋宁是透露了整个人类的大气候，哲学家们，不管他们意识到与否，也都在这种气候里呼吸着。

第三编　存在主义大师

第7章　基尔凯戈尔

基尔凯戈尔在其《日记》里，谈到他自己及其使命时写道："不得不加以反对的是理智；而且正是理智而不是任何别的东西。大概这就是为什么我以此为己任，并用一种巨大的智力把自己装备起来的理由。"这是天才关于自己的坦率声明，既无自我夸耀之意，也无虚假的谦逊之心。基尔凯戈尔并非贬抑理智；正相反，他谈及理智时总怀有一种尊重乃至崇敬的心情。然而，在历史的某个时刻，这理智却不能不受到反对，不能不受到某个非凡智力的人的全力以赴的反对。对基尔凯戈尔须得去做的和他所完成的事情，再不能作出比这更好的概括了。

基尔凯戈尔智力博大，绝对无可怀疑。每当我们回到他的作品，就会对他思想的丰富震惊不已。在其写作之后的一个世纪，我们还在搜集、筛选他的作品，试图把散见其作品的大量精辟见解理出一个系统来。他以非常危险的高速从事写作，他的心灵就像一团熊熊燃烧的火焰，几乎要胀裂似的，充满着种种观念，有时只能捕捉住这些观念的一种急速的闪光把它写下来。因此，他的许多作品就都有种种间断与转换，调向与转折，旁白与隐喻，心灵迟钝的读者有时便可能陷入迷津。基尔凯戈尔近乎热病似的理智如此有力，以致它竟能差不多把每条经验都转化成反思，一口吞下其所有者的生命。但是，和许多伟大的才子不同，基尔凯戈尔本人意识到了这一层，因而预先发出警告，要提防他的理智那种精巧、贪婪的劫掠。他知道，他的理智的力量，也就是他的十字架。①理智是永远提供不出信仰来的；然而，要是没有信仰，他就会死在自己的心灵里面，成为一个病弱、瘫痪的哈姆雷特。

随着19世纪的远逝，从拉近镜头看来高耸入云的那些小丘，终于降回到其本身原有的透视位置，真正的高峰便因此而更加突兀地耸立在眼前了。今天对我们来说，基尔凯戈尔开始越来越明显地超越他的世纪，他是一座孤峰，却又是整条山脉的中心。这种姗姗来迟的荣誉，出现在离开他几乎就像离开中世纪一样久远的一个世纪，是一个悖论，正如他这个人本身就

---

① 也可译磨难。十字架原为罗马奴隶制时代的一种刑具。基督徒把它看做受难或死亡的象征。——译者

是一个悖论一样。基尔凯戈尔某些伟大的德国先驱也曾试图批评理智。而更早些时期的理性主义反对者，像哈曼[1]和晚期谢林等人，也曾为本能、直觉和神话大声疾呼，以对抗一个似乎不再能够理解这类东西的时代。同德国浪漫派相比，基尔凯戈尔在其作品里追踪的轨迹要狭窄得多；但是，轨迹越是狭窄，我们越是靠近中心，而消耗在外围的能量因此也就越少。霍姆斯法官[2]曾经评论说，天才的标记，对伟大的律师或法学家来说，就在于他之具有排除细节直取"咽喉"部位、抓住问题要害的能力。基尔凯戈尔的惟一的主题，他惟一热爱的，就是基督教。但是，他既不是以思辨的方式，也不是以浪漫的方式，来领悟基督教。他所关心的，毋宁是个人要成为一个基督徒具体地意味着什么。19世纪的中心事实，在基尔凯戈尔（以及在他之后的尼采，从完全相反的观点）看来，是这种一度是基督教的文明到那时已不再是基督教的了。它曾经是一种围绕着基督这个人物旋转的文明；而现在，用尼采的比喻说，它就像一个脱离了太阳的星球一样；然而，这种文明却还不曾意识到这一层。这是一个重大的历史事实，这是一条岔路，是整个人类走上的而不只是少数专家学者走上的岔路；相形之下，哲学家们

---

① 约·乔·哈曼(1730—1788)，普鲁士基督教思想家，信仰主义者，强调真理是理性、信仰与经验的统一。——译者

② 霍姆斯(1841—1935)，美国著名法律史学家和法律哲学家，曾连续任美国联邦最高法院大法官达30年之久。——译者

所争辩的大多数问题，诸如感觉材料、知觉、判断的性质，归纳与演绎的规则等，实则不过是达官贵人消遣品之类的玩意。然而，以自己的思想为中轴的思想家，却始终专注于自己时代某个十分紧迫但这个时代本身却不曾意识到的问题。用霍姆斯虽说粗鲁倒也中肯的话说，就是基尔凯戈尔（同他之后的尼采一样）是直取"咽喉"的。这是对基尔凯戈尔今天对我们仍有力量仍有影响的一个解释。

1. 基尔凯戈尔其人

当然，基尔凯戈尔从来不曾以这样一种思辨、超然的方式，向自己提出他自己同其时代的关系这个问题。他并不是因为对历史、文明及西方人众说纷纭，才决心研究基督教问题的。那一向是专门理论家、博学的大学教师与哲学教授们要研究的问题。对于基尔凯戈尔来说，这个问题始终是个人的：他已选择成为基督徒，他必须以他存在的全部力量和热情经常地重新作这一选择。他思考和写作的一切，都表现出了这种个人性质。他把他的书《恐惧与战栗》称作"一首辩证法的抒情诗"；其实他的这个说法可以说是对他差不多全部作品的绝妙写照。他的思想是基尔凯戈尔其人的抒情诗：公开坦率的自我表白活动。然而，尽管有抒情风格，它也还是有自己的精妙、确当及辩证法的敏锐性。实际上，这位"主观思想家"（基尔凯戈尔自称）的思想，始终有它自己的严格性，跟客观理论家的截然不同。基尔凯戈尔并不只是告诉我们说，存在先于思想，或者说，一切思想都是对某个具体存在的一种表达；他可以说是把这条真理活生生地展现给了我们，因为他展现给我们的思想撕去了伪装，真情毕露，径直是一种存在活动，也就是说，径直是他自己个人的、热情的生存活动。他从来不曾想到要成为一个哲学家；而他的全部哲学，对他的主要目的，即要说明成为一个基督徒意味着什么而言，其实是偶然的附带的东西；恰如这对他自己个人的生活使命即成为一个基督徒而言，也必定是偶然附带的一样。

希望理解基尔凯戈尔的读者，当从阅读他的纯粹祈祷性质的作品如《基督徒的品德培养》或《爱的作品》之类开始；在这些作品上他签署的是他自己的真名而不是笔名；他的生命与他的作品这两个方面的真正中心就存在于这类作品里。基尔凯戈尔之所以至今对我们仍有影响，其终极源泉既不在他的理智中，也不在他反对理智"帝国主义"的战斗（套用我们本章开始的格式）中，而是在于他这个人本身的宗教的和人的热情，理智由于这种热情而熊熊燃烧起来且获得它的全部意义。这在今天依然能够唤醒我们，去关注我们自己的主体性问题。正如帕斯卡尔所说，我们打开一本书，期望碰上一位作者，结果我们却遇上了一个人。今天，在有些人看来，基督教不过是死灭了的过去的悲哀回声；然而，即使对于这些人，用卡尔·雅斯贝斯的话说，基尔凯戈尔也仍能向他们自己的存在发出呼唤。成为一个基督徒毕竟是成为一个人的一条途径（对基尔凯戈尔个人说来，这是惟一的途径）；而照亮这条途径，应召完成这项使命，也就是应召成为一个人，不管我们自己选择的途径可能会多么歧异。

然而，基尔凯戈尔这人并非在每个人的眼里，都是个讨好的人物。在他有生之年，就受到过敌意的压力，即使到了今天，他也没有完全摆脱这种处境。确然，他是个偏执乖戾、稀奇古怪的人物，而且由于其貌不扬在其故土哥本哈根对他也无济于事；在哥本哈根，街道顽童常常尾随其后大叫"非此即彼！非此即彼！"他有一双好眼睛，但他的吸引人的地方仅此一点；纺锤般的体形，驼背，满头乱发，使他看上去简直像个稻草人。然而，他似乎带着一种讽刺性又带有善意的幽默感，接受了他的其貌不扬的身躯；这是他喜剧性讽刺的第一次教诲，后来成了他思想武库中一件十分重要的武器，因为在这里，这种孱弱不雅的躯体与其内蕴着的精神的无限要求之间如此不相称，本身就讽刺到家了。所以，此后他始终能够把喜剧性与悲怆感一起看做宗教的人的一个方面。

如果他的同乡因他相貌古怪而反对他，后世的批评家则几乎全都同样苛刻地对待那隐藏在这不讨人喜欢的外表背后的人格。"跛子基尔凯戈尔！"这句话不仅用来挖苦他这人的身体，而且也用来挖苦他的精神。现代精神分析派批评家笨拙地向他挥动手术刀，极力贬抑这人的威望，但他们这样做，显然为的是贬抑他的思想。人们已由一件属于人的情绪性质的决定性事件，故意造成很多、简直太多的迷惑，其实这事发生在一种要是没有它原是平静无事的献身生活中，这就是他先与丽琪娜·奥尔森订婚，后来又同她解除了婚约。要是基尔凯戈尔不是个存在主义思想家，他的解除婚约至今也许只是个茶余饭后闲聊的话题；但是就他而言，人与思想家合二而一，这个插曲也确实大有助于表明他的思想；而且，即使仅从澄清一些迷惑计，也是值得探究的。

为什么基尔凯戈尔须解除这个婚约，本来不应当成为这样一件神秘的事，因为他自己对他这样做讲的理由已经相当充分了。使之成为一件神秘的事，以为只有用他性格内某种尚未说出和难以说出的缘由才能解释清楚，这无异是对存在宗教人格表示怀疑；然而正是由于这种宗教人格另有使命，常人的婚姻和家庭生活对它就成了绝对不可能的事了。这种宗教类型，在我们世俗和自然的心灵看来，可能有点反常；但是确实有这种宗教类型，它确实存在着，而且从整个历史上看，还多得很。只有非常狭隘、非常独断的心灵才会无法容忍这种宗教类型至少有它自己存在的心理权利。的确，基尔凯戈尔的情况很复杂，因为他自己是热烈地渴望结婚、家室和家庭这些常人眼里的幸福和烦恼的；他的作品里充满了对这些东西的称颂。他所描述的有信仰的人的最感人的场面，是一位普通资产阶级男性家长沉湎于家庭生活的情景。因此，很自然，他后来一直懊悔失去丽琪娜；对他来说，这是一种彻底的牺牲，就如亚伯拉罕牺牲他的长子以撒一样彻底。基尔凯戈尔在《恐惧与战栗》里考察这个古老《圣经》故事时，既怀有宗教的也怀有私人的动机。在特别伤感的一瞬，他在《日记》里甚至走得更远，以致说："如果我真有信仰，我就同丽琪娜待在一起。"这本来是他瞬间伤感的即时流露，但这后来竟成了某些多疑的批评家幸灾乐祸地攻击基尔凯戈尔缺乏真诚信仰的口实。但是，他这话的真正意思，是讲失去丽琪娜是一种痛苦的损失，因此不要她的选择是一种决定性的选择，这在事实上把他这个人分裂为二，从而使他最终必定经验到他的自我选择。这样，这个插曲的哲学意义和私人意义就相遇并合而为一了。

如果说他在放弃了这个女孩后陷入了一种漫无目标、漠视宗教信仰的生活，我们就有正当理由裁定，他的放弃只是一种神经官能症的虚弱行为。其实，在放弃之际，基尔凯戈尔心头闪现出了另一对选择对象：是过一种放荡不羁耽于感官享受的生活，还是过一种绝对宗教的生活？我们现在既然回顾得出他展现给我们的整个生命，因而便不会相信基尔凯戈尔有选择第一种生活方式的实际可能性。从一开始他就有一种使命感——诚然，这是一项混杂、痛苦和暧昧的使命，但也是一项胜利的使命。他选择他不得不要成为的。这丝毫也不意味着它不是一项自由的选择；相反，如果要赋予他的生命任何意义的话，就必须在其整个余生日日自由地重新作这选择。这就是说，基尔凯戈尔是他所不得不是，但是他又不得不借每天重新作出那个选择的自由选择而达到这一步。马丁·路德在履行他生命中至高自由行为时曾经说过，"我不能干别的事情。"如果一个想要结婚却不能结婚的人，把他的放弃转变成一种奉献和一项最后的胜利，我们可不能因此就用神经官能症一类的语言来评定他生命（包括现在这种放弃行为）的价值与"意义"。

既经解除婚约，基尔凯戈尔便永远无法成为黑格尔的信徒了。这种非此即彼的选择利剑般地猝然刺透了他的生命，没有一帖哲学家的膏药能够解除这种损失的痛苦。既然这人已经作出了永不反悔的选择，既然他的选择一劳永逸地使他脱离了他自己及其生命的某一种"可能性"，他便因此而被抛回到了那个兼有必死性和有限性的自我的"实在性"上。他不再是一个旁观者，把自己看做一种纯粹的可能性。他就是那个实在的自我。损失的痛苦可能会得到补偿，但是却永远消除不了。对于那个受召作这种选择的人来说，所谓实在性，就是他自己有死、有限、流血的自我的实在性；这种实在性是绝不可能被吸收到一个整体里，从而使有限的痛苦变成非实在。黑格尔的绝对包容了一切实在，吞没了一切矛盾以及每个有限的恶。它似乎可以说是那个伟大理性水晶宫的哲学上的配对物，我们普通人性实在的一切暗影或黑斑都被赶了出去。当李尔王在那震颤人心的诗行中高呼"决不，决不，决不，决不，决不"时，他正是在指出我们这些有限必死的凡人无可逃避的那种否定的实在性。但是，在黑格尔的哲学里，否定最终不是实在的，因为绝对的实在是纯粹和肯定的存在。当然，基尔凯戈尔既然彻底是人，便希望他的损失得到补偿，希望丽琪娜回到他的身边；但是，他知道这只有通过信仰的奇迹才有可能。黑格尔的宇宙理性主义会告诉他，他的损失并非一种真实的损失，而只是损失的表面现象；但是，这对他所蒙受的苦难，将会是一种可憎的侮辱。

基尔凯戈尔对这一切都已经知道，但是解除婚约的经验更把这一切"钉牢"在他心中了。因此，订婚的插曲成了一出人的戏剧，这出戏剧的终极意义是宗教的和哲学的。对于思想家，就如对于艺术家一样，生命中算得上重要的，不是他所遭遇的感人奇遇的多寡，而是那生命的内在深度，一旦生命有了深度，甚至最平常、最不足道的事件也可以产生出某些伟大的东西。

基尔凯戈尔曾被人批评为太过忧郁，极端内向，乃至病态——一个比那位原本的丹麦王子还要郁郁沉思的哈姆雷特。他确乎忧郁，《日记》里充满了悲叹、眼泪和自伤。但是，日记如果不是用来倾诉衷肠又是为了什么呢？一个人教养良好便可望抑制当众哭泣与悲叹，但是还能指望他在写日记时仍旧戴着他的社会假面吗？基尔凯戈尔最不寻常的地方，在于他发出的悲叹、淌下的眼泪从来不曾模糊了他的视线，使他看不到自己追求的目标：从来还不曾有人像他那样严格地坚持他自己的真理路线。再说，他的悲叹也不时地为幽默、讥讽以及对简朴生活优点的奇妙感受所冲淡。事实上，基尔凯戈尔不仅在人们之间，甚至在作家中间，都是内向性最强的一个。但是，正如荣格所提出的，内向与外向根本不是由我们选择的；最乐观的外向者被有力地禁锢在他自己离心的自我之内，恰如内向者被禁锢在他的向心的自我之内一样。基尔凯戈尔有能力充分理解自己病态的内省倾向。他意识到自己的自我禁锢，能够比他以前的任何一位宗教作家都更清楚地看到它的处境。

基尔凯戈尔，用尼采的话说，成功地成了他所是的个体；如果对他的分析打算以一种批评家的白日梦把他变成完全不同的人，那也不会推进我们对他的理解。与其试图为基尔凯戈尔进行辩解说明，倒不如现在让他自己现身说法来解释他自己。

2. 苏格拉底与黑格尔；存在与理性

《非科学的最后附言》里有一段极其典型的基尔凯戈尔式的话，基尔凯戈尔本人对他自己之为一个思想家的出发点作了解释。一个星期天的下午，他照例坐在哥本哈根菲勒利克斯堡花园里，叼上一支雪茄，心中反复考虑着许许多多事情；他突然想到他他自己还不曾成就过任何个人功业，而自己周围随便什么地方像他这般年纪的人却都出了名，成了颇有声望的人类恩人。说他们是恩人，乃是因为他们的一切努力都旨在使人类生活得更安逸些：他们或是从物质方面建造铁路、汽船、电缆；或是在智力方面出版通俗知识的易读文摘；或是在精神方面向大家表明思想本身何以能够系统性地使精神存在越来越容易。基尔凯戈尔的雪茄燃尽了，他就接着点上另一支，他沉湎于连续不断的沉思。他想到，既然每个人到处都在忙于使事情容易些，或许也需要有人使事情变得更难点；现在生活已变得这般容易，致使人们滋生了重新召回困难的想法，而这可能就是自己的事业和命运。

这个讽刺妙得很，且完全是苏格拉底式的；而且，这样也相当得体，因为划归基尔凯戈尔的使命同苏格拉底的十分类似。古代的苏格拉底为他的雅典同胞扮演牛虻的角色，刺激他们意识到自己无知；同样地，基尔凯戈尔也告诉自己，他发现自己的使命就在于对一个时代的安逸的良知提出困难；这个时代自命不凡，对它自己的物质进步与理性启蒙深具信心。正如苏格拉底是一只古代的非基督教的牛虻一样，基尔凯戈尔要成为一只现代的基督教的牛虻。

基尔凯戈尔在沉思自己毕生使命时心里想到苏格拉底的名字，一点也不叫人感到意外。他之所以特别爱慕这位古代的希腊圣贤，不只是由于苏格拉底人格的力量所致，也是由于其基

本的哲学原理使然。在对苏格拉底的评价方面，也如对大多数
其他问题一样，基尔凯戈尔同尼采两人是针锋相对的：他们两
个仅仅在强调这只希腊牛虻的重要性上意见一致。苏格拉底在
柏拉图的一些著作里，只是柏拉图主义的代言人，基尔凯戈尔
对这样的苏格拉底毫无兴趣。他所爱慕的，毋宁是苏格拉底这
个人，这个有血有肉的具体的人；这人说他没有任何一个体
系或学说要去教人，他其实没有一点他自己的知识，而只能扮
演别人的助产婆的角色，把那些他们自己心中原有的知识接生
下来。黑格尔自认为拥有整个实在的知识，或者说至少能够在
其体系里面为每件事物找到一个位置；同像他这样一位现代哲
学家相比，老苏格拉底似乎显得非常可怜。然而，如果哲学照
这个词的词源所示就是热爱智慧，则苏格拉底就是一位真正的
哲学家，一位爱智者，即使"关于"这种爱他并不自认其有
知。一个人如果不实际地在爱，即使他知道"关于"爱的一
切，则我们通常还是不把他说成爱者。事实上，他爱得越多，
他对任何一种"关于"爱的理论的信任就可能越少。对苏格拉
底说来，哲学是一种生活方式，而他也就以这种方式"生
存"。既然他不宣称自己有任何哲学理论，他也就不曾以哲学
教师的身份接受过薪俸。他只能以身为教，而基尔凯戈尔从苏
格拉底身教中学到的东西成了他自己思想中根本的因素：这就
是说，存在同关于存在的理论不是一码事，恰如一张印好的菜
单和实际的一餐饭在营养方面，其效果不是一码事一样。不仅

如此，有了一套关于存在的理论还会使所有者陶醉，乃至完全忘却了存在的需要。这爱者会对关于爱的理论比对所爱之人更加倾心，更加迷恋，从而也就不再去"爱"。简言之，在存在与理论之间有一种根本的差别。基尔凯戈尔则以一种西方思想史上空前彻底的方式继续探究这种差别。

在这种探究过程中，他不得不对黑格尔的哲学展开一场全面的论战。然而，如果我们认为它只是一场反对一种现在业已过时的怪僻思想体系的局部冲突，我们便完全没有抓住这场论战的要害。基尔凯戈尔奋起反对他所在时代的黑格尔主义风尚，但是争论的根本问题既非一地的，也非暂时的，因为就这些问题而言，黑格尔只不过是整个西方哲学传统的代言人而已。黑格尔并非如现今有些人所设想的那样，是个怪僻的疯子，而是一位很伟大的哲学家。然而，基尔凯戈尔是一位更其伟大的人物，有了这一条，即使没有任何别的理由，他也能够发觉黑格尔的错误。今天，在我们看来，黑格尔讲的常常显得十分极端、放肆乃至疯狂，这只是因为他把那些从希腊人开始就一直是西方哲学隐含着的先决条件张扬了出来。黑格尔说，"凡是现实的都是合理的，凡是合理的又都是现实的"；当我们开始听到他这句话时，很可能认为，只有一个头脑像云山雾罩、忘却我们尘世存在的德国唯心论者，才会把我们日常经验里的不和、隔阂及缺陷忘得一干二净。但是，对一个完全合理宇宙的信仰一直隐藏在西方哲学传统的背后；在这传统初露曙光之际，巴门尼德就在其著名的诗句里说过，"能被思维者和能存在者是同一个东西"。巴门尼德认为，凡不能够被思维的便不会是实在的。如果生存不能够被思维，而只能够被体验，则理性除了从实在的画面上把它划掉之外，就别无他法。正如法国科学家和哲学家爱弥尔·梅耶松①所说，理性只有一种办法来说明不从它本身派生出来的东西，这就是把它归为虚无。这恰恰是巴门尼德的做法，也是他以后的哲学家们继续照办的事情。今天这个照办过程还在继续，只是方式更加精巧一点，在科学和实证主义的名义下进行，而且也完全不必乞求黑格尔的"赐福"。

黑格尔所犯的特有的罪过不在于因循传统，把存在置于他的体系之外，而毋宁在于他开头把存在排拒于他的体系之外，到后来又企图把存在放进他的体系之中。我想，在法律上，这将在"复合重罪"的罪名下遭到追诉。他的所有的哲学前辈，或者确切地说他的近乎所有的哲学前辈，都犯有盗窃罪，只是可怜的黑格尔在试图归还赃物的行动中被抓获了。他选择的办法最不妥当：他试图借逻辑带回存在。理性，变得万能，将要从它本身产生出存在！甚至在这儿，黑格尔虽然乍一看颇有几分像是在公然违抗传统，其实则不然。对理性及其力量的过分

---

① 梅耶松（1859—1933），波兰出生的法国化学家和科学哲学家，强调要理解科学的哲学必须分析科学史。——译者

夸张，原本是几乎所有先前哲学家所特有的职业缺陷，黑格尔不过是对之作了更加大胆的表达罢了。这种用魔术变出存在，就像魔术师从帽子里变出兔子一样，黑格尔之所以能够完成这种戏法，全凭借他的著名的辩证法，也就是马克思后来使用而在社会和经济史上造成毁灭性结果的工具。黑格尔说，我们从"有"这样一个完全空洞没有任何具象存在的概念开始；这个"有"产生了它的对立面——"无"，而从"有""无"这对概念产生出作为二者综合的居间调和的概念。这个过程一直继续下去，直到辩证法的适当阶段，我们达到实在性这一层次，也就是说达到存在。至于推演之细节，这里我们无须深究。我们所关心的，是黑格尔论证的一般结构，因为正是通过这种结构，思想才产生出存在。无须多加想象，我们就可看出黑格尔辩证法这个标本，究竟内蕴着什么样的人的意义。

基尔凯戈尔批驳黑格尔，打了一场非常热烈又非常漂亮的仗；他以此捍卫的那样一种存在，没有一点深奥的东西。它其实就是我们通常的人的存在，即具体的、个人的和有限的存在，基尔凯戈尔看到理性正要把它一口吞下。对基尔凯戈尔来说，理性的"冒犯"是宗教性质的，因为在他看来，基督教彻头彻尾是一种个人宗教，依仗着一种历史的"化身"与一种历史的启示，因而不能只从永恒性方面来理解它。另一方面，黑格尔依然自称是一个基督徒，但他却相信哲学包含宗教，并使宗教真理成为哲学本身的纯粹象征性的近似物。如果黑格尔看出并且承认他实际上已经超越了基督教，则这个问题就会完全改观，而我们也会听任整个黑格尔体系不受挑战地作为一种高尚的智力游戏，一种对辩证法精湛技巧的充满活力的表演。但是，黑格尔主义对基督徒的威胁，比任何一个公开宣布反基督教的哲学都大，因为这种体系只会使人对基督教真实意义发生混乱和误解，并且因此致使那些实际上不是基督徒的人继续自我欺骗，仍然相信自己是基督徒。是一个非基督徒而知其如此要比是一个非基督徒而不知其如此为好——任何一个诚实的苏格拉底信徒都必定会指出这一点。

如果基尔凯戈尔反对黑格尔，仅只论证存在不能从理性中推导出来，他就并不比那些思想未超出逻辑领域的现代哲学学派走得远些。但是，基尔凯戈尔实际上要比这向前走得远得多；为要看出他在理性对存在的关系问题上究竟站在何处，我们就必须从一个更加广阔的哲学场景，一个超出他与黑格尔特殊关系之外的大场景来看他。

在黑格尔之前，康德就已经对存在和理性问题发表过一个声明，这对于现代哲学已变得有决定性意义了。康德实际上就已经宣布存在永远不可能为理性所设想——虽然他由这个事实推演出的结论与基尔凯戈尔的"有"迥然不同。康德说，"存在显然不是一个真正的谓项，也不是某种东西的概念，可以加到一件事物的概念上。"也就是说，如果我想到一件事物，然后又想到那个事物存在着，则我的第二个概念并没有把任何确定的特征加到第一个上面。康德举了100元钱的概念这个例子：如果我想到100元真正的钱和100元可能的钱，我的概念就依然是关于100元钱的，1分钱也不多1分钱也不少。诚然，在存在的层次上而非在概念的层次上，在真实的与纯粹可能的之间有天壤之别：100元真实的钱可以使我的财富多100元钱，而100元可能的钱却使我的经济地位一如既往。但是，这只是生活中的例子，还不是思想中的例子。就思想而言，并没有任何一个确定的特征，我能在一个概念里用它来表象存在本身。

不过，当康德提出这个论点时，他是站在他的哲学的较为实证和科学的一面讲话，或是打算站在这一面讲话。从理论知识的观点看，存在是无足轻重的，因为知识想要知道的是关于一件事物，而它存在这个事实却并未告诉我关于它的任何情况。归根到底，关于那件事物我想要知道的正是由确定的可观察的性质使它具有特征的东西；而存在这种特征，根本不是一种可观察的性质，它事实上太一般、太模糊、太玄妙了，从而完全不能把它描绘给心灵。因此，所有现代实证主义都从康德的学说得到启示，把关于存在的所有思考（照这个学派所称谓的便是形而上学）作为无意义的东西加以抛弃，因为存在并不能以一个概念描绘出来，因此关于它的思考永远无法达到任何确定的观察结果。现代哲学的十字路口恰恰就在于此；基尔凯戈尔走的道路与实证主义的方向截然相反。他说，如果存在不能以一个概念描述出来，这并非因为它太一般、太模糊和太玄妙因而无法设想，而毋宁是因为它太稠密、太具体、太丰富了。我存在；而我存在这个事实作为一种实在是如此非使人相信不可，它又如此包容一切，以致我的任何一个心理概念都不能明显地把它再现出来；但它显然是一件生死攸关的事实，没有它我的所有概念都将是空洞无效的。

公正地说，康德确实堪称现代哲学之父，因为从他那里滋长出了几乎所有现在依然流行和争论的哲学流派：实证主义，实用主义和存在主义。实证主义与存在主义（我们只讲这两个学派）的差异可以简单地看做是对康德关于存在不能是一个概念这一观点的不同反应。

所有的差异都起源于这种差异。基尔凯戈尔之前的哲学家们已经对"我存在"这个命题作过思辨，但是只有他才注意到他们淡忘了的一个至关紧要的事实，即我自己的存在对我完全不是思辨问题，而是一种我个人热情介入的实在。我并不是在心灵这面镜子里找到这种存在的影子，我是在生活里遭遇到它；它就是我的生活，一股无形地环绕着我的整个心灵镜子奔腾不息的"流"。但是，如果存在不是作为一个概念在心灵里被反映出来，那么在何处我们才能真正地把握到它呢？在基尔凯戈尔看来，同自我的这种决定性的遭遇存在于"非此即彼"的选择中。当基尔凯戈尔放弃了丽琪娜，从而永远地放弃了他所渴求的常人生活的慰藉，他也就遭遇到了他自己的存在，他这种存在的实在性比任何一个概念的实在性都要猛烈和有力。同样地，任何一个人只要他决定性地选择了或是被迫选择了，也就是作出了关乎终生（从而也就是关乎永恒，因为我们只有一次生命）的选择，他就经验到了他自己的作为处于思想之镜以外的某种东西的存在。他遭遇到他存在这个"自我"，不是由于思想的"超然"状态，而是由于选择的"介入"及精神病苦。

3. 美学的、伦理学的、宗教的

为了把自己的见解清楚明白地表达出来，基尔凯戈尔煞费苦心地制定了存在三层次的理论，即美学层次、伦理学层次和宗教层次；而他对这三个层次的阐述也是他对哲学最有意义的贡献之一。

根据这种区分，小孩子全然是个美学家，因为他仅只生活在瞬间的苦乐之中。一些人长大成人后还保有几分这种孩提时代反应的直接性，保有几分在瞬间生存的能力。基尔凯戈尔说，这些直接反应的人有时看起来也挺美，因为他们在反应某个单纯美丽对象的瞬间，总闪现出自己本性和热血的全部魅力。如果他们喜爱的鲜花凋谢了，他们也就会迅即陷入绝望。在更严格的意义上讲，美学家是这样一些人，他们之所以愿意生活，仅只是为了这样一些特殊的令人快乐的瞬间。基尔凯戈尔非常精细非常同情地考察了这种审美态度；但是，他说，这种态度到了最后便必定会崩溃而陷入绝望。古代的伊壁鸠鲁主义就表明了这一点，因为它为绝望的形象所萦绕，而这本是它曾企图摈除于它的思想之外的。希腊和罗马最优美的伊壁鸠鲁派的诗歌总是为悲怆感所萦绕：在花丛背后总有一具露齿而笑的骷髅；卢克莱修这位伊壁鸠鲁派最伟大的诗人，有一种疯狂的激情。据说他在临终前确实疯了。生活固然有鲜花，但也杂草丛生，因此把整个生命都押在快乐瞬间的人，在追求它们时便必定会铤而走险，就如唐璜①在追求新的情妇时总是铤而走险一样。美学家常常被逼得惊慌地逃避令人厌烦的境界，而这种逃避(其实是逃避自己)往往成了他铤而走险的形式，因而也成了他绝望的形式。

基尔凯戈尔把审美态度推而广之，使之也涵盖理智上的"审美者"，即那些企图站在生活之外把生活作为一种场景来观赏的冥想者；这时，他对审美态度的论述便发生了一种新的彻底的转变。"审美的"(aesthetic)这个词源自意为感觉或看见的希腊动词；它与"理论"(theory)及"戏院"(theater)这两个词同属一个词根。在戏院里，我们观看我们自己并不介入的"场景"。这场景可能是有趣的，也可能是乏味的，而"有

---

① 唐璜，西班牙传奇故事中的一个花花公子。——译者

趣"和"乏味"是审美者借以观察全部经验的主要范畴。以超然态度看事物的理智主义者,自认为全部时间和存在的旁观者的哲学家,就其对待事物的态度而言,他们两者根本上都属于审美者。在这里,基尔凯戈尔抨击了那些在西方哲学传统里曾被认为是具有最高价值的东西,即思想家对生活思辨的超脱;这样一来,他就为以后所有存在主义哲学奠定了基础。柏拉图,斯宾诺莎以及其他一些哲学家都是不自觉的审美者。

审美态度只可能是一种片面的生活态度,它永远不可能成为一种完全的生活态度。基尔凯戈尔并不是要抛弃这种生活态度,而是把它保存在更加完全更加总括的态度里;当我们更加严肃地介入我们自己和我们的生活时,它就一定要被后者取而代之。因此,如基尔凯戈尔所说的"生活道路三阶段",并不应该看做是一座楼房的三个不同层次;如果我从美学阶段升高到伦理学阶段,这并不意味着我已把较低的那层楼完全置之身后。毋宁说,这两种态度都是从圆周达到自我圆心道路上的阶段,即使当我们已经学会离我们的圆心稍微靠近一点时,那个圆周也依然保留着。其实审美者在选择审美生活方式的瞬间,便同他自己相矛盾,从而进入了伦理阶段。他虽然面对着必然要到来的死亡,却坚定而自觉地选择他自己及他的生活;而他的选择,正由于其自觉与坚决,在面对着浩瀚的延伸到生前死后的虚无时,便成了一片有限的悲怆。审美者可能也不希望深究他的选择的这种阴郁背景;但是,这种背景毕竟还是一定在哪儿存在着，即使我们，用托尔斯泰的话说，也无法面对面地站到它的面前。因此，我们是借一个有勇气的行为而开始伦理存在的。我们终生都把我们自己捆绑到我们自己身上。

基尔凯戈尔这样做，是否给哲学家们对伦理的传统讨论增添了些什么？我想，他是增添了；而且，他对作为我们人的存在的一个层次的伦理阶段有关论述的意义，哲学可能要花费很长一段时间，才能充分吸收。在传统的伦理学里，哲学家关心的是分析好、坏、是、非这样一些概念，并且决定这些属性可以归附于哪些或哪类事物。这是一类纯粹形式的分析；实际上在现代，哲学家们已经把他们的探究转向对伦理学语言的分析了。这种语言学分析丝毫不要求进行分析的这人本身也伦理地存在。因此，一个以抽象概念制定出一套完整价值理论的哲学家，却依然是孩童般或学究式地存在，从来不曾感到伦理带来的伤痛；这种情况是完全可能的，而且实际上也时有发生。因此，一个人的价值可以这样全部写到纸上，但他的实际生活却可以一如既往，仿佛伦理不曾存在似的。一种形式的伦理理论，如果不是为了伦理存在的根本行为，好让价值进入我们的生活，就会是完全空洞的。基尔凯戈尔说，根本的选择并不是在好与坏两相对峙的价值间作出的选择，而是那种我们把好与坏召唤进我们自己存在之内的选择。若无这样一种选择，一套抽象的伦理体系就像是许多没有任何东西作后盾的纸币一样。

基尔凯戈尔常常讲到伦理—宗教层次，仿佛存在的这两个层次合二而一似的；对于像他自己那样如此急遽如此有力的心灵来说，从美学阶段只是一跃就进入宗教阶段，是毋庸置疑的。对于那种真正抛却了享乐生活的热情气质来说，伦理的慰藉充其量只是一种炒冷饭似的代用品。既然我们行将死亡，而死亡也就是我们的终了，我们为什么又在自己身上压上良心和责任的重担呢？尼采说："上帝死了，我们可以为所欲为。"基尔凯戈尔一定会赞同隐藏在这句名言背后的感情的；而且，他自己也很倾心于唐璜那种胆大而非道德的人物；这类人物虽然私下绝望，却至少生活得充满激情。基尔凯戈尔一直在不厌其烦地告诉我们，对基督教存亡攸关的，是我们自己的永恒幸福，而不在于去维护一种可能合乎社会需要的或至少是社会赞同的道德。

　　区分伦理阶段与宗教阶段的真正界线，基尔凯戈尔是在他的《恐惧与战栗》里划出来的；而这同个人的惟一性、独自一人的单一性相关，也同宗教的人的"召唤"有关；这种宗教的人不能不同他的同胞所赞同的普通道德法则决裂。他用了亚伯拉罕奉献其子以撒这个例子，但是他心底里想的却完全是他自己及其奉献丽琪娜。他说，一条伦理规则总是以普遍规范的方式表达出来的：处于某某环境下的所有的人都应当去做某某事情。但是宗教的人却可以受召来做某些违反这种普遍规则的事情。所有的人都应当钟爱和保护他们儿子的生命；但是，亚伯拉罕却应上帝的召唤，奉献出他的儿子以撒。响应这种召唤极端痛苦，因为亚伯拉罕被悬置于"两难"之间：既害怕不服从上帝，又怀疑这个召唤出自上帝的可能性——他觉得，这也许相反地是恶魔骄傲的声音，在要求那根本不必作出的奉献。所以，基尔凯戈尔在其解除婚约开始背起宗教生活的十字架时，他绝对不可能确信，他是在做正确的选择，而不是在屈从恶魔的私心。对伦理阶段的这种突破（如果确有突破的话），同陀思妥耶夫斯基笔下的拉斯科尼可夫和尼采所倡导的有何区别？他们说，超级的个人或超人为提升自己的力量随心所欲地突破任何道德规范都是正当的。差别在于基尔凯戈尔并不否认伦理的正当性：受召突破伦理的个人，自己首先必须服从伦理的一般概念；而且这种突破，当其受到召唤去突破的时候，是在恐惧与战栗中而并非在权力无情的傲慢中实现的。只有一条原理能够保证突破伦理的正当性（如果它是正当的话），它对于基尔凯戈尔的存在主义哲学，对于他的基督教信仰都是极为重要的，这条原理就是个体高于普遍。（这也意味着个体始终比集体有较高的价值。）普遍的伦理规范，正因为是普遍的，便不能整个地包容我这个具体的个人。因此，只要有条统摄着某些行为的抽象规范反对我的最深层的自我（但是它又必须是我的最深层的自我，选择的恐惧和战栗正在于此），我们就出于良心，出于一种优越于伦理良心的宗教良心，觉得非超越那条规范不可。我不得不造出一个例外，因为我自己便是一个例外；也就是说，我是一个具体的存在者，我的存在绝不可能完全纳入任何一个普遍概念乃至一个普遍概念体系。

现在，亚伯拉罕和基尔凯戈尔两人都处在例外的情境里。我们大多数都没有受到召唤去作出如此巨大的奉献。但是，甚至大多数常人有时也被要求作出对他们自己生命至关紧要的决定，而在这样一种紧急关头，他们便会对基尔凯戈尔所说的"伦理悬置"有所体验。因为在这些人的情境里，选择几乎永远不是在善与恶之间进行，在后面一种情况下，善恶两者本身都可以清楚地标明，从而选择便可以据全部理性的确定性作出。毋宁说，选择是在相互敌对的两个善之间进行；一个人无论如何也都必定要做一些恶，而且最后的结果甚至我们自己的动机，都不是我们能看得清楚的。在这样一种情势下，一个人面对自我实在太恐怖了，多数人都会惊恐不已，尽力随便找一条适用的普遍规范躲避起来，只要它能拯救他们免于选择自己的使命就行。很不幸，在许多情况下，根本就不存在这样一种普遍的规范，或可用的秘方；这样，这个人就只能靠自己摸索挣扎，自己作出决定，除此以外，别无选择。生活的本来意义似乎也就是这个样子，因为迄今为止，还不曾见到一个事先为我们准备好的现成道德蓝图，适用于各种场合，乃至我们能够绝对地确知在某种场合下依据某条规则。存在的具体性就是如此，一种场合可能受若干条规则支配，这就迫使我们超出所有规则的范围，而从我们自身之内出发进行选择。迄今为止，制定出来的最详尽的伦理蓝图要算是天主教会的道德神学体系了；然而，即使教会也不得不用决疑法和忏悔来补充它。

当然，多数人并不想承认他们是在某些危急关头达到面对自己存在的宗教中心的。这样的危急关头太痛苦了，因而一定要尽可能迅速顺利地通过它。那么，为什么无论如何这种宗教发现总是发生在我们感到最隔绝最孤独的时刻，像亚伯拉罕站在摩利亚山巅，或像基尔凯戈尔面对着他自己的损失那样呢？基尔凯戈尔对这个问题的回答很合乎传统：《圣经》说，"恐惧上帝是智慧的开始"；而对现代人说来，在这种恐惧之前先有一道门槛，这就是我们借以开始成为自我的那种恐惧和战栗。

基尔凯戈尔身为一个宗教经验心理学家（作为这样一个心理学家他是无与伦比的）却常常沉湎于诸如恐惧和战栗、忧虑或畏惧以及绝望等情绪，这常常被人看做他的气质极端病态的征兆。大家都承认，基尔凯戈尔对这些情绪确实有些偏好，至少我们可以说，在讨论它们方面，他是胜任愉快的，既富于戏剧性又很会用辩证法。然而，重要的是，他对这些情绪的处理没有病态，没有一点夸大其词或危言耸听的色彩。这样一些情绪是生命的一部分（比我们现代人愿意相信的要大些），因此基尔凯戈尔执意勇敢地面对它们。如果可以说现代社会的抽象性使所有这些情绪都受到压抑，那么受压最深的就必定是那些我们所谓"消极"的情绪。"积极"的情绪，诸如爱情或喜悦，借流行艺术各种情绪夸张手段表现出来，这对精神造成的破坏，很可能比对这些情绪的直接压抑还要厉害些。但是，有什么样的爱情会尝不到恐惧的痛苦，有什么样的喜悦不带有懊悔的色彩？现代人比原始人更加远离他自己情绪的真相。一旦我们消除掉恐惧的震颤，消除掉因畏惧而生的汗毛直竖，或者由敬畏而生的颤抖，我们也就完全失去了神圣的情绪。

在基尔凯戈尔的明显属于心理学的论著里，影响最大的很可能是《致死的疾病》，这一论著研究了种种绝望模式。绝望是致死的疾病，我们患了这种疾病便会渴望一死了之但却欲死不能；因此，它是我们企图逃避自我的极端情绪；而且恰恰就是绝望的这后一个方面，使绝望成为这样一种有力的启示，表明作为人的个体而存在究竟意味着什么。按照基尔凯戈尔的见解，我们全都自觉或不自觉地处于绝望之中，而我们所拥有的克服绝望的一切手段，除了宗教，不是不成功的便是恶魔般邪恶的。基尔凯戈尔提出了两条一般原理，领先几乎所有现代心理学理论。其中第一条是：绝望归根到底，绝不是对于外在事物，而始终是对于我们自己的。一个少女失去了情人，于是陷于绝望；但她绝望并不是对于失去的情人，而是对于"没有了情人的她自己"：这就是说，她不再能够从她自己逃避到这情人的思想或人身上了。对于所有损失的事例，不管失去的是钱，是权力还是社会地位等等，无不如此。不可容忍的损失其实不是它本身不可容忍；我们不能容忍的，是由于被剥夺了一件外在事物，我们就赤裸裸地站着，看见了自我无法忍受的深渊就在我们的脚下张着大口。第二条原理是：我们所谓某些人生病的状况，就其中心点而言，是一种罪恶。现在我们已习惯于把道德上有缺陷的人称作病人、心理病人或神经症患者。如果我们从外面来看精神病患者，这倒也是真的：他的神经症确实是一种疾病，因为它妨碍他发挥本应有的功能：或是完全失常，或是在生活的某个特殊领域失常。但是，我们对精神病患者越是接近，我们就越是会受到他完全违反常情、刚愎自用的攻击。如果他是一位朋友，我们到一定的紧要关头，可以把他当作一个无法正常发挥功能的"客体"来处置，但只有到了紧要关头才能如此。因此，如果在我们之间存在着一层个人关系，我们就不能不把他看做一个"主体"；而这样一来，我们就一定会发现他是在道德上有悖常情或是存心发脾气。如果友谊要保留其人性内容而不化为一种纯粹医疗关系，我们就必须当着他的面作出这些道德判断。处于心理疾病中心的是精神疾病。当代精神分析到最后一定得考虑基尔凯戈尔这个观点，现在某些学派里已经有人侧身于这个方向了，虽然他们还有些拘谨。

基尔凯戈尔的见解在这里高出一筹，因为他是一位"主观思想家"。他因此把自己安顿在个人的主观性之内，他关心的是人的"内在性"。但是要明白这种"内在性"是什么，我们现在就必须考察真理本身的问题。

4．主观真理与客观真理

如果存在的宗教层次被理解为人生道路上的一个阶段，那么很清楚，宗教关心的真理就完全不同于信条或信仰的真理。宗教并不是由一些理性命题构成的一个体系，信仰者赞同它是因为他知道它是真的，就如几何学体系是真的一样。在存在主义看来，对于个人本身，宗教的意义真正说来就是"成为宗教的"。为了弄清楚"成为宗教的"究竟是什么意思，基尔凯戈尔不得不重新讨论整个真理意义问题。自从13世纪圣托马斯·阿奎那的巨著《论真理》为其后5个世纪的哲学确定了真理的意义以来，他是第一个提出彻底重新评估这个问题的人。同托马斯那次一样，基尔凯戈尔对这个问题的立场可能也成了欧洲哲学的一个转折点。

客观真理容易承认；其实，今天在我们的习惯用法中，它已经成了真理这词的几乎惟一的意义。如果我知道二二得四，则这种知识是最不个人的了；一旦我知道了它，我就知道了它，我再也无须不断努力使它成为我自己的；它是精神阁楼上一块结实的木料，随便什么时候我需要它我就可以随手把它拿下来。但是，宗教真理与这完全不同；这条真理必须渗透我自己个人的存在，否则，它就毫不足道；而且，在我有生之年，每一天我都必须努力更新它。基尔凯戈尔认为，我们在这里所考察的问题是一个人自己对真理的个人"据为己有"（appropriation）；"据为己有"这个词来自拉丁词根 proprius，意即"一个人自己的"。博学的神学家也许拥有全部所谓理性神学的真理，能够证明和反驳各种命题，而且一般而言还能够以最好的方式辩证地坚持自己的主张；然而在他的心里，上帝却可能已经死了或者从来就不曾活过。另一方面，一个目不识丁、对正式神学一无所知，甚至无法确切说出自己信什么教义的农夫，却仍然可以是宗教的。用一种俗语说，就是他在真理中；凡是认识他的人都可以从他的举止仪表及生活方式辨认出这个事实。在东方的宗教和哲学传统中，从来没有说真理基本上属于理性；大师识别他的门徒是否已经醒悟，根据的是他的举止表现，他已经成为哪一种人，而不是听他如何引经据典推理论辩。这类真理不是理性的真理而是整个人的真理。严格地讲，主观真理不是我所拥有的真理，而是我所是的真理。

在 13 世纪，圣托马斯排斥奥古斯丁的学说，或至少把它贬到附属的位置：他说，在最严格的意义上讲，真理在理性中，特别是当理性形成与实在相对应的命题的时候。从对真理的这种理解出发，随后的几个世纪便能够去发展和巩固我们现在所谓科学的东西。但是如果现在重新讨论这个问题，如果哲学家为回答这个问题而追溯到对真理意义的远为古老的前哲学的理解，那会怎么样呢？如果我们要重新（以这种古老的意义）理解真理，我们的基本态度不是要发生很大的变化，我们的整个文明不是要变成另外一种吗？我们将会看到，这些恰恰就是海德格尔哲学的中心问题。从海德格尔起，哲学家们才开始思考基尔凯戈尔区分主观真理与客观真理的底蕴。

5. 攻击基督教世界

基尔凯戈尔说，当我们从存在的美学层次进展到宗教层次时，我们就变得真正严肃了。直到我们成为宗教的，我们才算得上严肃的人。这种严肃性同资产阶级的或官场的正经毫不相干，萨特曾用"下流胚"来讥笑这种虚夸自负而实际无足轻重的人物。这是一种质朴坦诚的严肃，属于终于达到自己中心的人，他也因此最后能够全身心介入他的生命筹划及其所引起的一切。这种人在"永恒的眼光"下生存，因此他在瞬间所干的事也是绝对真实的。所以，基尔凯戈尔一生最后的活动完全是存在主义的，是非常适合的，这活动就是他攻击祖国丹麦的基督教，继而推广之，攻击整个现代世界公开的和公认的基督教。他的论战作品一直以"攻击基督教世界"为题以英文发行，但是其中有很大一部分是被他以"瞬间"为题发表的一套小册子。在这些最后的作品里，思想实际上已经变成了一种存在主义的行为，像拳击般有力；他加给这些作品的标题，也意义重大，因为它告诉我们，在这儿，这位思想家扎根于并且决意彻底地绝对地扎根于他的处境里。家不仅是我们的出发点，我们最后也必定要回到那里去。基尔凯戈尔在写完最后一本小册子之后病倒了；他确确实实燃尽了自己，两个月后，便谢世了。他已经干完了他的事业。

然而，基尔凯戈尔在发表这些小册子之前，就已经在一篇较早的论文《现今时代》里，对他的时代提出过一些后来证明为天才预言性的批评；这篇论文一直是近乎所有存在主义者对现代社会批评（包括雅斯贝斯、奥尔特加、别尔佳耶夫和马塞尔的）的源头。老实说，基尔凯戈尔的预言至今依然有效，甚至当代新闻社会学的努力，像里斯曼①的《孤独的人群》或怀特的《组织中人》，都依然是在重复和证实他的远见。基尔凯戈尔认为，现代运动的主流是日渐趋向群众社会，而这意味着随着生活的日益集体化和外在化，个人便死掉了。他说，对现今时代的社会思考是由所谓"多数法则"决定的，每个个人具有什么品格是无关紧要的，只要我们有足够的个人加在一起凑成一个多数，即凑成"大众"或"群众"就行。而且，凡群众所在之处，便有真理，现代世界相信如此。当然，在这种社会观察的背后，隐藏着基尔凯戈尔的根本信念，即基督教只应关切单独个人；这个信念，作为他对现代批评的基础，直到他后来攻

---

① 里斯曼(1909—2002)，美国社会学家。——译者

击当代基督教世界时，才充分阐发出来了。《现今时代》尽管也很光辉，却只不过是《攻击基督教世界》整部管弦乐曲演奏前的一种调音而已。

在现代世界里，讲基督教民族、基督教国家甚至基督教民众都毫无意义，而且事实上还是一个巨大的骗局：这是基尔凯戈尔攻击的主要内容。但是，他的表达如此开门见山，入木三分，加之对这一个题目用了这么多重大的技巧，竟使得《攻击基督教世界》在最伟大的论战著作里也占有一席之地。该书的风格也完全摆脱了他早期美学作品的幻想繁复；在这里，表达直截了当，刚健有力甚至近乎粗鲁。基尔凯戈尔变得严肃了，而且严肃得有点过分。现在看来，基尔凯戈尔反对自己时代那种沾沾自喜的自满情绪，在这一点上他无疑是对的，因为他的时代自以为是信基督的，甚至也不知道它并非如此；而且，他的论战也极其成功。但是，除了对自己时代产生了历史性冲击外，《攻击基督教世界》还最先提出了宗教完全制度化的可能性这类最重大的问题，基尔凯戈尔也就因此而对成为基督徒的意义发表了最后的声明。不过，在我看来，他在这里显然违背了早年对自己的警告；他说过，"例外"、"单独者"或特别的个人，虽然不得不遵循自己存在的法则，而不遵循集体存在的法则，却不能期望其他每一个人都遵循"他的"道路。现在，基尔凯戈尔却好像在要求普通人也信仰一种郑重其事须全力以赴的基督教，跟他自己的一模一样。

对宗教制度化问题，另一位存在主义者陀思妥耶夫斯基也曾在"宗教大审判官"这一精彩的寓言里讨论过；把陀思妥耶夫斯基同基尔凯戈尔比较一下，看看他们之间的悬殊差异，是特别发人深省的。诚然，从理智上看，陀思妥耶夫斯基是站在基尔凯戈尔这边的，他打算使宗教大审判官成为恶人，成为众人极权的主子，他给了众人面包、和平并且免除了他们成为自己的那种极端痛苦。但是，小说家陀思妥耶夫斯基遇到了一种真理，同理智主义者陀思妥耶夫斯基遇到的不同，面对这种真理他感到困惑：身为一个小说家，他不能塑造一个人物而不把他自己献给它，从里到外把它塑造出来从而赋予这个人物它自己的真理。而当陀思妥耶夫斯基展开这个寓言（借伊凡·卡拉马佐夫之口说出来）时，无疑宗教大审判官也有他的真理；这条真理是基督自己在返回地球之后认可的，因为他在这位大审判官的脸上赐了最后一吻。但是，这位论战者出于把论点说得让别人易于接受的需要，可能忽略了小说家的真理。这位大审判官说，人是绵羊，需要从个性的极端痛苦中解救出来。像基尔凯戈尔那样，说他代表的不是与基督的仁慈相对立的基督的严格，而仅仅是基督教的诚实，那是不行的；因为难道还有什么比诚实更加严格的吗？更何况这种诚实将告诉绵羊说，他们只能像绵羊那样生活。托·斯·艾略特说过，人类不太能够容忍实在；他们能否容忍被人家这样告诉的实在，是大可怀疑的。宗教大审判官，这位教皇们的教皇，把人们从是基督徒的重负下解救出来，但同时又把他们留在相信他们是基督徒的和平恬静之中。

尼采，这位热情而虔诚的无神论者，坚持必须由一个宗教组织即教会来维持这群绵羊和平恬静，这就把他自己置于基尔凯戈尔的极端对立面；陀思妥耶夫斯基在"宗教大审判官"的故事里可以说是辩证地包括了基尔凯戈尔和尼采这样两个极端。真理就在于在基督与宗教大审判官之间永恒的张力里。如果没有基督，宗教组织就是空洞的和罪恶的，但是如果没有组织作为缓解它的工具，则个性荒漠的极端痛苦会使大多数人无法生存下去的。

尼采说过，"最后一个基督徒"死在十字架上了。如果稍加变通，我们便可以把这话用到基尔凯戈尔身上，说他就是最后一个基督徒，至少可以说他是最后一个基督徒作家。如果考虑到当代新教神学实际上是靠基尔凯戈尔的思想滋养的这个事实的话，这可能看起来似乎是一个悖论。神学家像卡尔·巴尔特①和埃米尔·布鲁纳②代表纯正严格的反对自由放任的新教神学，他们追随基尔凯戈尔强调信仰的绝对悖论。但是，在这些人的作品里，我们无论在什么地方都听不到基尔凯戈尔作品那种个人的重音；他们中没有一个像他们这位前辈那样把基督教

---

① 巴尔特(1886—1968)，瑞士基督教神学家。——译者
② 布鲁纳(1889—1966)，瑞士基督教新教正统派神学家。——译者

最终仅仅同自己相关的这个问题提出来，也没有质问自己，他究竟能否真的希望成为一个基督徒。保罗·蒂利希[①]的系统神学，任何一个自然主义者，只要他心理上不是太迟钝，对作为象征系统的宗教又感兴趣，都是可以接受的。鲁道夫·布尔特曼[②]的神学，不过是带有基督教情绪的海德格尔哲学罢了。事实是，基尔凯戈尔如此直率地陈述了基督教问题，使之如此决定性地转向个人，转向对他自己永恒幸福的追求，以致在他之后的宗教作家，比较而言，似乎都属于象征派、组织派或隐喻派，一句话，属于诺斯替派[③]。或许正是因为基尔凯戈尔表述信仰的这种赤裸裸的性质，才使得基督教现在无论在什么地方都不能不沿着某种诺斯替派的方向前进。本世纪的宗教存在主义者，诸如别尔佳耶夫和马塞尔，跟新教牧师们一样，都比不上基尔凯戈尔热情，比不上他对这一中心问题的热烈忠贞。惟一的例外是米格尔·乌纳穆诺，他的热情堪与基尔凯戈尔相比，他确实使整个宗教问题完全依靠个人对永恒幸福的渴求，毫无讨价还价的余地。因此，死亡问题也就成了整个宗教思想的核心，宗教为之奋斗的一切则都成了它的附属品：乌纳穆诺称许地引用一位老农夫的话说，"如果没有不死，上帝有何用处?"拿这些宗教作家同基尔凯戈尔进行比较，并不意味着贬低

① 蒂利希(1886—1965)，德裔美国基督教神学家和哲学家。——译者
② 布尔特曼(1884—1976)，德国基督教新约学者。——译者
③ 诺斯替派：一早期基督教派别，因注重"诺斯"(神传知识)而得名。——译者

前者；他们在其领域内都是敏锐的，有力量的和深刻的。这毋宁是要提醒大家注意下面这个事实，即这些作家笔下的基督教同基尔凯戈尔的有历史性的差异。他们碰巧都是些不及基尔凯戈尔重要的人物，因此或许他们之间的任何一种比较都不够公平。至少，说对基尔凯戈尔最言简意赅的颂词出自乌纳穆诺的笔下："何等的一个人呀！"——是再合适不过的了。

基尔凯戈尔说过，如果他要在他的墓碑上刻上墓志铭的话，他宁愿只要一个短语："这个个人。"我们现在还没有看出，但历史可能已经为这个个人（基尔凯戈尔差不多是他的最后一个代言人）掘好了坟墓。

第 8 章　尼　采

　　如我们已经见到的，到了 19 世纪中叶，人的问题已经开始在一些人心中以一种新的更加激进的形式出现：人，看起来，对他自己是个陌生人；因而必须来发现或重新发现他是谁，他的意义何在。基尔凯戈尔已经劝说大家重新发现自我之为宗教中心，这对欧洲人说来当意味着对基督教的回归，但是他心里想的是一种彻底的回归，超越有组织的基督教世界及其教会，一直回到与基督首批门徒同时代的状态。尼采的解决办法甚至回到更远更古的过去，即回到早期希腊人，回到基督教或科学都还不曾把它的病原菌加之于人的健康本能之前。

　　尼采的命运是以一种特别个人的和致命的形式体验人的问题。他 24 岁时就成了巴塞尔大学的古典语言学教授，这样的年龄任教授在德国学术界是前所未闻的。他的老师里奇尔这时给他写了封推荐信，差不多通篇都是对派遣到巴塞尔去的这位文化怪杰敬畏的感叹。除了极其精通古典语言外，尼采还表现出了不寻常的文学前程，此外他还是一位颇具天赋的音乐家。但是，这位怪杰也是一位体弱多病的青年，他视力极差，患有神经性胃痛。尼采体质孱弱无疑是遗传所致，但是到后来的年代里，他却愤愤地想到这是超负荷的学术劳动造成的。无论如何，过分紧张的研究工作是不会有益于他的健康的。他由此直接体验到了文化与生命之间的"战争"：其实他自己就是这两者之间的战场。10年后，他因健康恶化而不得不辞掉教职；从此，他成了一个漂泊者，他的身影（用他自己贴切描写自己生活的一本书名）跑遍了整个西南欧洲，以寻求他永远不可能重新获得的健康。在那些孑然一身郁郁寡欢的日子里，他的熠熠生辉的文化品格一点也帮不上他的忙；文化实际上是一块隔板，置放在这位漂泊者与他努力复活的自然人之间。作为一个好学的蛀书虫，他甚至还不知道他不知道他自己，但是当他的视力差得不能读书时，他终于开始阅读自己了：这本教科书直到那个时候还被文化弄得很晦涩。

尼采最初是在研究希腊悲剧时遇上狄俄倪索斯这个神的。狄俄倪索斯是古希腊悲剧节的守护神，所以，崇拜这个神就获得了高层次文化的所有赐福，因为它同人类艺术中最卓越、形式最完美的作品联在一起。另一方面，对狄俄倪索斯的崇拜又可回溯到古希腊民族最原始最古老的年代。因为狄俄倪索斯是酒神,是醉后狂喜和狂乱之神。他使葡萄在春天死而复生,然后又使所有的人来到一起享受酩酊大醉的欢乐。这个神于是便奇迹般地集高层文化同深层本能于一身,把分裂尼采自己的交战着的对立双方合到了一起。调和这些对立面的问题是后来D·H·劳伦斯、纪德①的《不道德的人》(一部基于尼采生平的小说)以及弗洛伊德最后也是最有意义的著作之一《文明及其缺陷》的中心论题。它至今还是我们20世纪(精神分析世纪)中最棘手的人的问题。尼采认为,重生的狄俄倪索斯可能会成为全人类的救世神,因为它似乎到处都显示出疲劳与衰退的征兆。尼采对这个神的象征极为信服,最后竟让它占有了自己的生命(这只有象征才做得到)。他献身于效命狄俄倪索斯神。

但是狄俄倪索斯既是个暧昧的神,也是个危险的神。在古代,那些招惹了他的人最后都被撕成了碎片。当他占有他自己的信徒时,便驱使他们达到毁灭性的狂乱。希腊人对他有许多称呼,其中有"有角的神"和"公牛",而他的祭礼之一便是把他当作一头公牛来崇拜,并且照仪式予以屠杀继而撕成碎片。所以,根据神话,狄俄倪索斯自己也曾经为泰坦神族撕成碎片,所谓泰坦神族就是指那些地下世界的无形力量,他们总是同奥林匹斯山上受过教化的神处于交战状态。尼采的神的命

---

① 纪德(1869—1951),法国作家,公开支持个人行为自由,蔑视传统道德。——译者

运也主宰了尼采：他也为这个地下世界的黑暗力量所撕裂，当他 45 岁时，又患了精神病。说他死去就像献祭仪式的牺牲，为他的神而被屠杀，这话可能是个比喻，但是这确乎也并非言过其实。

说尼采是为了解决他试图解决的生命问题而死去的，这话也同样真实，而且或许只是同一件事情的另一种说法。在古代和原始社会里，奉献一件祭品被设想成是给这个部落其他成员祝福，但是尼采带来的却不是和平而是刀剑。他的作品从他死后就一直在分裂、震惊和困惑着读者；在他死后很不走运的时刻，他的名声又为纳粹党徒的尼采崇拜所玷污。尽管如此，这个祭品并没有白白地死去；他的牺牲对于他同类的其他成员来说，只要他们肯向他学习，是可以成为巨大教训的。尼采的命运在人类认识自己的历史努力中，是个伟大的插曲之一。在他之后，人的问题再也不能完全回复到它的前尼采水平了。正是尼采最充分地表明人的本性是多么彻底地成问题：决不能把他理解成动物自然秩序里的一种动物，因为他已经脱离了自然，并且由此提出他自己的意义问题（以及自然的意义问题）作为他的命运。尼采的作品是一个关于人类状况观察资料的巨大矿藏，一个至今仍处于开采过程中的矿藏。

再者，尼采的生活作为对人类的伟大警告有着双重的意义，它告诫人们小心提防，免得我们像狄俄倪索斯·札格柔斯那样，也遭受到被撕成碎片的命运。谁要是降到地狱，他就有原始人所谓"灵魂危险"之虞；所谓"灵魂危险"，是指潜藏在我们自我内部，即我们自我表层下面的未知的"泰坦神族"。要从黑暗的地狱（Avernus）重新攀登上来，一如那位拉丁诗人告诉我们的，是件困难的事情；因此那想要降入地狱的人，最好要确保他同表层的"交往路线"。交往意味着存在着一个共同体，因而下到深处的冒险家最好还是在人类共同体里扎下根来，也许甚至在他的本性中还要有点庸人气质，作为沉入其中的镇重物。尼采缺乏这样一些交往路线，因为他已经切断了他同人类共同体的联系；他是有史以来最孤独的人之一。相比之下，基尔凯戈尔看来差不多是个世俗灵魂，因为他至少坚实地植根于他的本土哥本哈根；尽管他可能同他的母邦居民合不来，但他热爱这个城市，而且它也就是他的家。然而，尼采是完完全全没有家的。想要下去的人必须同表层保持接触，但是在另一方面——这是尼采警告的另一种意义——现代人如果不打算下地狱的话，他也会为他自己身上泰坦似的巨大力量撕成碎片的。到了我们这个时代，人类需要再度接触他的无意识的古代生活，这不只是个心理学上的怪问题，而且也是一个关乎生死的大问题。如果没有这种接触，他就可能成为杀死他自己的泰坦。人，照尼采的称呼，这个动物中最危险者，现在他的手里握有把他自己以及他的行星炸成碎片的危险力量；而且，这个成问题的和复杂的生物是否真的心智健全，甚至这一点现在也还不清楚。

1. 看哪，这人

尼采在他的《查拉图斯特拉如是说》里曾经说过，"说到底，一个人只能体验到他自己"；他在另一处又以同样的语气评论说，只要我们有眼力，就可以看出：哲学家们的一切体系都只不过是他们各自的个人表白而已。依据这种信念，思想家同他的思想分不开，尼采在他的作品里比他前前后后的任何哲学家都更充分地把他自己表现在他的作品里。因此，对他最好的介绍可能就是这本自传体小书《看哪，这人》；这是他对他自己及其生命的尝试性的自我估价。尼采并不是最讨人喜欢的人物，就像我们在这里看到的那样，因为在这本小书里他显然已经身陷心理疾病的羁绊，三年后他竟为此衰竭崩溃。但是，他足以称得上是个伟大的人物，经得起人们从他最弱的方面来研究他。而且，他自己不是也说过，我们必须剥掉哲学家们的假面，学会在思想家的思想里看出他的阴影吗？为要恰如其分地赞扬尼采，我们甚至也必须去说他一些可能是最坏的事情；尽管这话听起来像是个悖论，却也同他自己的原则相符合；他的原则是：任何一个个人身上的好与坏都是盘根错节地纠缠在一起的，对立的性质越是极端就越发如此。尼采的全部（其好与坏两个极端）在《看哪，这人》中都总结、汇聚到一起了，而这恰恰是他自己看不到的"全部"。

一个没有偏见的心理观察者很快就会为他在《看哪,这人》里发现的内容所吸引和震惊。这种自我夸张的手段已经超出了我们通常所谓精神病的界限。这种夸张还曾对事实进行了令人费解的歪曲:尼采自鸣得意地声言自己是"一位老炮手",好像他曾经有过很长一段值得夸耀的军人生涯似的;但是,我们当然知道,他服役炮兵部队时间极短,甚至可以说是几乎不曾有过,而且又是以他骑马摔伤而告结的。他同卢·萨落美的关系实际上非常脆弱,但却描写得很暧昧,很容易使人想到尼采是个让妇女讨厌的家伙。这些并不是一个工于心计者的浅薄谎言,而是属于精神病理学上讲的"幻觉"类别:也就是说,这个人自己已经开始生活在虚幻境界中了。他嘲骂德国人,然而他自己却是个道道地地的德国人。虽然他宣告他自己置一切愤恨于度外,但是我们却由此而清楚地看出,他是在为自己在德国缺少读者、不受赏识而伤心。尼采曾说他自己是有史以来最伟大的心理学家。诚然,他如此自以为是地夸口也有一定根据(因为他确实是位伟大的心理学家),但是,他这本书提出的最重大的问题,却是为什么这位心理学家竟如此无自知之明。我们猜想,这或许是因为他的真正自我的想象太吓人了,使他不敢直面它。对自我的种种幻想、错觉,以及自以为是的夸口都只不过是掩盖自己的手段,使他免于看到"他自己的另一面",也就是尼采作为一个孱弱孤独、渴望情感的人,作为一个始终无家、浪迹天涯的幽灵的一面，亦即他所自夸的那个巨人的形同侏儒的一面。尼采对自己另一面的故意掩盖同他对上帝之死的解释相关：他说是人杀死了上帝，因为他无法容忍有谁窥视他的最丑陋的一面。他接着又说，人必须不再感到有罪；然而我们在他自己的狂热自夸背后，却仍然可以觉察到一种潜在的巨大犯罪感和自卑感。不过，虽然《看哪，这人》可能通篇大吹疯狂之风，但同时尼采的精神力量也绝没有比这更强大更可畏的了。当他把自己思想的主导模式大胆扼要地摆到我们面前时，其风格也和他所写过的其他作品一样明快活泼，敏锐锋利。这本书之所以显得如此悖论，正是由于疯狂性与连贯性之间的这种"分裂"。这人的心灵何以能够如此和他自己的其他方面分裂开？更何况这分裂是发生在这样一个思想家身上，他超越所有别的哲学家，似乎也找到了达到无意识的通路。

庞修斯·彼拉多①曾经指着基督讲过"看哪，这人"这句话；现在，尼采把自己这本自传体小书也取名为《看哪，这人》，其本身就提供了一条非常明确的线索。效仿基督这件事（不管其形式多么不相干、多么无意识），几乎没有一个被教养成基督徒的人避免得了。（塞缪尔·贝克特《等待戈多》里面的

_____

① 彼拉多（？—36 以后），罗马皇帝提比略在位期间任犹太巡抚（26—36），曾主持对耶稣的审判。——译者

流浪汉也喊道，"我终生都拿自己和基督作比"。)尼采出生于一个新教牧师的家庭，在一种非常虔诚的气氛中长大；他自己也曾是个十分虔诚的孩子。孩提时代的宗教影响最难根除；豹子能轻易改变它身上的斑纹吗？要是尼采只是失去他的基督教信仰，或者只是从理智上攻击它的话，这些行为本身也就足以在他内心造成一种冲突了。但是他向前走得更远，还要力图否定在他自身之内的基督徒，因此，也就把他自己分裂为二了。酒神狄俄倪索斯的象征已经在理智上占有了他；他把自己同这个异教的神（在《看哪，这人》里有一处，他真的说自己就是狄俄倪索斯）认同起来，而且从此以后他就殚精竭虑，苦心阐发狄俄倪索斯与基督的对立。然而到了最后，还是证明基督的象征是更有力量些；而且，当他的无意识终于无可挽回地公开化时，占有尼采的也正是基督；这一点从他崩溃后写的他签署有"钉在十字架上的人"的信件可以看得出来。

在充满如此众多预兆的一生里，值得注意的是他竟能记录下一个有关他后来凭以写作和生活的中心冲突的预言。这个预言是当他住在普法特还是个 15 岁的学童时在一场梦里做出来的。他梦见夜间自己正在一片阴暗的树林里漫游；突然被"附近精神病院传出的一声尖叫"吓了一跳，然后他碰上了一个"相貌粗野怪异"的猎人。在一条"浓密丛林环抱"的山谷里，猎人把笛子放到唇边吹出了一声"刺耳的尖叫"，把尼采从噩梦中惊醒。有趣的是，梦里他本来是在前往艾斯勒本即路德故乡的路上；但在碰到猎人之后，却变成了到托津塔尔（意指德意志山谷）去。这就是说，这两条路岔开了，一条通向路德派基督教，另一条通向原始的异教的德意志土地。身为一个古典学者，尼采更喜欢让他漫游的德意志神乔装成希腊的狄俄倪索斯。如果这梦只是个孤立的启示，那么我们用它大做文章就势必太牵强了。但在实际上，这梦与尼采倾注到他作品中的其他梦景幻见是连成一片的。即使这梦里发生的关于疯狂的可怕预兆也在《查拉图斯特拉如是说》的诸多形象里有其回声。尼采的一生具有心理厄运的全部特征。

也许有人会说，我们讨论过的所有这些自我显现，统统可以说无非是对一种病理过程的反映，因此我们在讨论这位思想家的哲学观念时，最好把它们放在一边不予理会。但是，不无遗憾的是，人生里没有什么是"此外无物"的；它总是还有更多一些东西。我们一直在讨论的确实是种病理过程，但它却是个发生在一个天才思想家身上的病理过程，这个过程因此便具有巨大的意义。阐释尼采的人往往把尼采患病这件事完全抛开不管，这跟那些缺乏教养的庸人们出于厌恶而把他的思想说成是疯子的胡言乱语一样，都是十分严重的错误。很可能天才同神经症，像近来关于这个问题的一些讨论所主张的那样，结下了不解之缘。神经症，甚至比神经症还严重的病，都能够用来向人类揭示真理，无论如何，尼采是这方面最好不过的例证之一。实际上，发生在尼采身上的病理过程，我们在这里虽然论述得很简略，但对理解他试图实践的无神论的哲学意义来说，却是必不可少的。尼采是在西方人正极力挣脱自己心理之根的重大历史时刻，从事同样一件事情的，差别只在于后者不清楚他们自己在干什么。在那个时代以前，人一直在他的诸神或上帝的照管孩子般的庇护之下生活；现在，既然所有的神都死了，他就朝他的成人期迈出了第一步。在尼采看来，这是现代史上最重大的事件；19世纪而且事实上还有即将到来的20世纪的所有社会、经济和军事变革，如他所预言的，和这事比起来都将只是次要的。人类对付得了成为成年的和无神的这样一种令人生畏的挑战吗？尼采的回答是肯定的，因为人类是最有勇气的动物，即使他的神都死了，他还是可以继续活下去。这个使意识摆脱其"传统根子"束缚的过程，在《看哪，这人》里不可避免地以铺张扬厉的自夸而告终；在尼采自己看来，这一过程的意义在于它是勇敢的至上一举。他曾在一封信里写道，我所过的日子，没有一天不砍掉一些给人慰藉的信仰的。人必须不依赖任何宗教的或形而上学的慰藉而生活。如果"成为无神的"是人的命运的话，他，尼采，就是被挑出来作预言家树立勇气的必要榜样的。正是从这样一种观点，我们才必须把尼采看做一位文化英雄：也就是说，他甘愿经受他的文化内部的最尖锐最激烈的冲突，并且最后被撕成碎片。

然而，无神论者也有各色各样。例如，贝特兰·罗素主张温和的无神论，预先设定有信仰者存在，这样一来，他便可以通过论证战而胜之，并借机发表一些妙趣横生的议论。萨特的无神论比较忧郁，实际上也带有一些尼采无神论的色彩：萨特无情地得出无神论的结论，断定在一个无神的宇宙里，人是荒谬的，不合理的，而且也是没有理性的，一如存在本身。只是这类无神论似乎仍带有虚张声势的派头，把自己放到比其他人较少乐观自信的真理一边。然而，尼采的无神论却更为深刻。他把自己投放到这样的情势里：对于整个人类而言，上帝确实死了，而他也分享了与全人类共同的命运，而不只是战胜那些信仰者了事。《欢乐的智慧》一书的第 125 节（尼采最先在这一节里讲到上帝之死），是他作品里最伤感的章节之一。这个曾看到上帝之死的人是个疯子，这件事的意义够大的了；他到集市上把自己的所见大声地告诉尚处于麻木不仁状态的众人，问道："我们现在不是漫游在无际的虚无中了吗？"这里，我们已不再是面临抽象的逻辑论证，而是在面临一种突然降到人类头上的"灾难"。当然，尼采本人在其他地方还试图戴上启蒙时代自由思想家们的机智的假面，写出关于上帝不存在的精彩的格言。在《查拉图斯特拉如是说》里，他讲到"这个查拉图斯特拉是不信神的"，而且甚至是"最不信神的"。但是，不信神确然不是尼采的事：他是在最真实的意义上为神所占有的，虽然他认不出是什么神，而把他误认为狄俄倪索斯。有首相当早期的诗，叫《献给未知的上帝》，是他年仅 20 岁时写的；在这首诗里，他把自己说成是一个神所占有的人，比他后来成了哲学家时还要真诚，他能够承认：

> 我必须知道你，未知的上帝，
> 你找出了我灵魂的深处，
> 暴风般地吹向我的终生，
> 你不可理解然而却是我的亲人！
> 我定要知道你甚而侍候你。

上帝究竟是在尼采灵魂深处真的死了，抑或仅仅是这位哲学家的理智不足以应付他的存在与他的意义呢？

如果把上帝当做一个其存在须加证明的形而上学的东西，那么，罗素那样具有科学精神的哲学家们所主张的观点，就必定是正确的：永远无法对这样一种东西的存在作出经验的证明。因此，上帝必定是原始的、孩提般的心灵执着信仰的一种迷信。但是，这两种可供选择的观点都是抽象的，而"上帝"的实在却是具体的、一个彻底自主的存在；他（上帝）支配着人，但是，当然，有些人比其他人对此有更清楚的意识。尼采的无神论显现了上帝的真正意义，而且我们还可以加一句说，它比许多正式的有神论的效果还要大些。他自己曾嘲笑有人把他和普通类型的自由思想家混为一谈，说他们对他的无神论一窍不通。尽管"不信神的查拉图斯特拉"殊死斗争，尼采却依然身处他年轻时对之表示过敬意的未知上帝的占有之中。这种占有在《查拉图斯特拉如是说》（第 4 部 65 章）里表现得最强烈，即使尼采借那魔术家（这魔术家是他自己希望被除的他自己的一个方面）之口说出这些话：

> 我如是躺下，
> 弯曲我自己，纽绞我自己，
> 因全部永恒的磨难而抽搐。
> 而且还受你的击打，
> 你这最残忍的猎人哟，
> 你这不可亲近的——上帝。

在《查拉图斯特拉如是说》里，上述所有主题都充分和谐地结合起来了；现在，我们可以轻易地看出这本书里种种场景背后所发生的情况了。

2. 在《查拉图斯特拉如是说》里发生了
什么；作为道德学家的尼采

还不曾有人对《查拉图斯特拉如是说》写过一篇恰当的心理学评论，这也许是因为其中包含的材料太过丰富、取之不尽。它是一部独一无二的自我表白作品，但也并非完全滞留在个人或自传式的水平上，而且从表面上看，尼采本人在书里显然也没有出现过；它是一种在更加重要更加根本深度上的自我表白，无意识洪流本身从这块岩石里迸发出来。或许还不曾有过一本书能够包含这样一个直接源自无意识的形象、象征和幻见的稳定序列。它是尼采的诗作，因此他能够听任无意识支配这部作品，打破在其他地方哲学思想加给的种种约束。由于这层原因，这本书比他任何一部严格的哲学著作都更加重要；它的内容实际上比尼采自己的概念性思想还丰富，而它的象征所具有的智慧和意义比尼采自己把握得到的还要伟大深沉。

尼采自己描述过他写这本书的灵感过程，他的描述无可争辩又清楚明白地告诉我们，在这里，我们正面对着无意识异乎寻常的宣泄和侵袭：

> 在身处比较有生气的时代的诗人们的心目中，所谓灵感究竟意指什么，对于这个问题，生活在19世纪末叶的人，有谁有过一个明确的概念呢？……如果不曾有过的话，我倒愿意来描述一下……启示这个意念相当简明地描述了这种状况，所谓启示我的意思是指某种深刻地震颤和扰乱人心的东西，突然变成看得见听得着、具有无法描述的确定性和精确性。……有一种狂喜的出神状态，其可怕的紧张有时可借一串串眼泪宣泄出去，在这期间，从不由自主的激烈狂躁到不由自主的缓慢迟钝，每个人的进展变

化不同。其间有一股感情，我们完全控制不住。……每件事情发生都完全不依靠意志，就仿佛是自由、独立、力量和神性喷发出来似的。这种象喻及明喻的自发性最明显：我们对何谓象喻和明喻毫无知觉；每件事物都作为最直接、最精确和最简单的表观手段而呈现其自身。

"我们对何谓象喻和明喻毫无知觉"——这就是说，象征本身取代了思想，因为它的意义更为丰富。

尼采最抒情的书《查拉图斯特拉如是说》也表达了最孤独的尼采。全书弥漫着冰冷干燥的气氛，不仅有查拉图斯特拉留居的象征性山巅的气氛，而且也有实在山巅的气氛。当阅读这本书时，我们有时觉得差不多好像是在欣赏一部攀登埃佛勒斯峰①的影片，听到攀登者挣扎着慢慢攀向越来越高的险崖时所产生的欷欷歔歔的喘息。登山就是对超越常人的最贴切的比喻，而这种超越正好也是查拉图斯特拉-尼采奋力以求的。我们从整本书里都听得到（虽然是在攀登者的喘息声中听到的）尼采这个人的悲叹。

这本书一开头就承认同世人的这种关联，因为查拉图斯特拉即将离开他所隐居的深山时，宣布他要下到人群中间来，

① 埃佛勒斯峰（Mount Everest），1855 年英国人曾用此名命名此峰，1952 年中国政府改称珠穆朗玛峰。——译者

"再次成为一个人"。这山象征着精神的孤独，而低地则代表凡人世界。这同一个象征性对照也出现在查拉图斯特拉的宠物鹰与蛇里：一个翱翔在高空，另一个则贴着地面爬行。查拉图斯特拉，作为第三要素，象征着这两种动物、高与低、天与地的统一。他说，他要下到人群中间，就像红日西沉没入地平线下的黑暗中一样。但是，红日西沉，为的是再生出第二天清晨，像一尊年轻而辉煌的神。因此，这部书以再生和复活的象征开始，而这其实正是《查拉图斯特拉如是说》的主题：人如何能够像凤凰那样，从自己的灰烬中再生？他如何能够真的变得健壮和完整？在这些问题背后，我们隐然见到了尼采自己的疾病以及他为恢复健康长期斗争的个人影子。尼采自己在有生之年，虽然努力奋斗，终究未能如愿恢复健康和完整，查拉图斯特拉则是他自己理想化了的形象，同时又是一种胜利的象征。

尽管他这本书的主题有强烈的个人根源，尼采在书里还是讨论了一个已在德国文化里占据中心地位的问题。席勒早在1795 年他著名的《美育通信》里，歌德在他的《浮士德》里都已经讨论过这个问题。席勒对这个问题曾有过非常明确的表述，对他来说，这个问题从其全部显著特征看，都与后来尼采提出的问题完全相同。席勒说，对于人类来说，这个问题就是塑造个人的问题。现代生活已经部门化、专门化，从而把人的存在撕成了碎片。我们现在面临的问题，就是把这些碎片收集到一起组装成一个整体。在阐述过程中，席勒像尼采一样，甚至回溯到希腊人的榜样，希腊人创造的是真实的个人，而不是像现代的人那样，只是个博学、抽象的人。歌德甚至更接近尼采；《浮士德》和《查拉图斯特拉如是说》确实算得上兄弟作品。这两部作品都力图以象征方式精心阐述超人——完整无缺，体魄健壮——形成的过程；而且，如果道德按照其通常的传统术语来衡量的话，则这两部书在内容上又都同样是"非道德的"。

实际上，一旦把尼采的非道德主义放进德国文化环境里面，则它看上去便比一般想象所认为的极端程度要小得多。它甚至也不像在他最后一部作品《力量意志》里，由他过热想象力的血腥创造使它显得那样极端。歌德在《浮士德》里和尼采一样，在每一点上都同传统道德相左，但是，魏玛的这位外交老手是个比较老练世故善于权衡利弊的人，知道如何使他的观点不显眼地表述出来，而不是像尼采那样爬上屋顶发出尖叫格外容易惹是生非。歌德诗里（第二部分）的浮士德，如我们已看到的，已经有点像尼采的超人，超越了一般的善与恶。除了歌德的非道德的浮士德，还有一个道德的浮士德。这后一个浮士德的故事是古诺①在他写的一出很流行的感伤歌剧里讲述出来的；在这部歌剧里，主人公把自己出卖给了恶魔，还玷污了一

---

① 查理斯·古诺(1818—1893)，德国作曲家。1859 年 3 月 19 日他创作的歌剧《浮士德》首演。——译者

位少女；全剧以这位少女悲惨之死而告终。但是，歌德不能让事情就到此罢休。在塑造浮士德的整个过程里，一直盘结在他脑海里的问题，使他把少女的悲剧只当作浮士德人生道路上的一个阶段。像他这种自我发展的过程，并不会因为他诱奸过的少女发疯乃至死去而告终。意志坚强的人经受得住这种祸患，并且因此而变得更加坚强。这恶魔，由于浮士德已同他签了约，便实实在在地成了他的仆人和部属，正像我们的恶魔，如果同我们自己结合起来，就可能成为一种富有成果的积极力量一样；同在他之前的布莱克一样，歌德完全知道传统的恶魔象征内蕴着的模棱两可的力量。尼采的非道德主义，虽然表述得激烈得多，却不过是在精心发挥歌德的论点：人必须把他的恶魔与自己融为一体，或者如他所说，人必须变得更善些和更恶些；树要长得更高，它的根就必须向下扎得更深。

如果说尼采不能像歌德那样老练地控制住自己，但他在这方面却还是有些东西值得四处喊叫的：他认为，整个传统道德都没有把握住心理实在，因而是片面的和虚假的，这很危险。诚然，人们向来知道这一点，人类虽然有种种理想，但对这样一些实在不是视而不见，就是采取决疑法。如果一个人打算完全严格依照"耶稣登山训众"①或佛陀的"法句经"②过日子，

---

① 参阅《新约·马太福音》和《新约·路加福音》有关部分。——译者
② 法句经，巴利文佛经，是宣传基本教义的箴言集。——译者

他却还是成不了一位圣徒，则他就将把自己弄得一塌糊涂，到最后会追悔莫及的。尼采的观点已经产生了很深广的影响，以致今天在日常价值评估中，我们实际上是生活在一个后尼采的世界里；在这个世界里，精神分析学家有时发现有必要告诉病人他"应当"更加放肆、更加自私才对。此外，对于人类的一半，甚至还不只一半，以完全不同于男人的术语来讨论道德问题的女人来说，一整部伦理学史又算得了什么呢？伦理学史毋宁是男人干的一件蠢事，同实际生活事务几乎没有关系。基于这一点，尼采用非常忧郁又非常直接的实例，来反驳柏拉图以来所有那些把普遍观念加诸个人心理需要之上的唯心主义者。道德本身对它自己心理动机的缠结视而不见，而尼采则在他的一部最有影响的书《道德的谱系》里昭示了这一点，指出，归根到底，唯有权力欲和怨恨的驱使才是道德的本源。当然，还有尼采没有看到或他不愿意承认的别的动机，但是无可否认，权力欲和怨恨这两者在历史上一直是道德家严肃面孔背后阴影的一部分。

但是，对作为人和道德家的尼采来说，首要的问题恰恰就出现在这里，出现在浮士德-查拉图斯特拉类似的环境里。假如伦理问题变成个人的问题，则伦理问题就会跟着变成：个人如何滋养自己以图生长？一旦我们自己开始回收人性中传统道德加以拒斥的那一部分（象征性地说就是人的恶魔），我们就会面临一个十分重大的问题：驯服那些冲动，使之社会化。在这里，浮士德式的人的想象力容易变得过分夸张。在西方人眼里，浮士德已经成了奋力拼搏的个人的伟大象征，以致连历史学家施本格勒①也能用"浮士德式文化"这样一个字眼来指称我们整个现代对自然的有力征服。在尼采的超人那里，这种精神的紧张甚至更强烈，因为这种个人生活的层次在人类历史上最高。但是，超人心里的个体恶魔又怎么样呢？查拉图斯特拉心里的恶魔又怎么样呢？一旦尼采企图把这种比较高级的个人的目标当作人类的目标，他的理想本身就会出现一种致命的模棱两可性。超人是非凡的人，还是完整的人？心理上的完整并不必然地伴有非凡的力量，而伟大的天才却可能像尼采自己一样，也是个残缺不全负有重伤的人。当然在我们自己时代里，由于人越来越多地成为可怜的碎片，完整的人（如果这种人存在的话）就可能很突出，就像一个疼痛肿大的拇指很突出一样，但是他却可能完全不是一个具有天赋或非凡力量的人。那么，超人将是那居住在精神山巅奋力拼搏的个人，抑或将是那号在今世就已实现了他自己完整个人能力的人？这两种理想互相矛盾，这是一种在尼采那里以及在现代文化本身范围内尚未解决的矛盾。

　　事实是查拉图斯特拉-尼采并没有向他自己的恶魔妥协，

---

① 奥斯瓦尔德·施本格勒(1880—1936)，德国历史哲学家，名著《西方的没落》的作者。——译者

而这是书里面的查拉图斯特拉的致命失败，也是生活中的尼采的致命失败。所以，这也是作为思想家的尼采的失败。并不是查拉图斯特拉-尼采没有见到他的恶魔；后者再三用手指警告查拉图斯特拉，而且像一个好的恶魔一样，他知道如何采取许多形象，披上各种伪装。他是那个在这部书开头出现的从走钢索演员头上跳过去的小丑，他是最丑陋的人，他杀死了上帝；他又是重力之精灵，查拉图斯特拉本人把他叫做自己的恶魔，实际上就是把他飞翔得太高的精神拉回大地的重量的精灵。每次查拉图斯特拉都把警告的手指推向一边，发觉这只是攀登一座更高山巅以便摆脱它的一个理由。然而最有决定意义的启示来自"幻象与谜"这一章（第 3 部第 46 章），在这章里，警告的手指变成了一个侏儒，当查拉图斯特拉在一条人迹罕至的山路上攀登时，这个侏儒就骑在他的背上。查拉图斯特拉拼命想往上爬，但是这个侏儒却要把他拉回大地。侏儒对他低声耳语，"哦，查拉图斯特拉，你确是把自己抛到高处，但是抛出的每一块石头都一定会落到地面。"然后他又用一个预言（当用到尼采自己身上时威胁性更大）说："哦，查拉图斯特拉，实际上你确实把你的石头抛得很远，但是它将反弹回到你自己身上！"这是希腊神话的古老模式：飞得太高的英雄坠落到地面；而尼采，作为一个研究希腊悲剧的学者，本来应该更加洗耳恭听这位侏儒的警告才是。

但是，为什么要有这么一个侏儒呢？查拉图斯特拉-尼采自我吹嘘，把自己估价得过高了。因此，幻景中的这个人物，为了恢复平衡，便把他作为侏儒显现给他自己。侏儒是潜藏在查拉图斯特拉-尼采身上的平庸形象，而平庸正是尼采想在自己身上看到的最令人心悸最令人厌恶的东西。尼采已经发现了人性的阴影和里层，而且他已经正确地看到它是每个个人身上不可避免地要存在的一面。但是，他把这种认知转变成一种浪漫的恶魔行径；邪恶鲁莽地玩玩怪叫他开心。如果自己的恶魔冠冕堂皇地出现的话，他想必会准备去会会它的。我们最难以接受的，恰恰是以恶魔为我们人格中最下贱、最卑劣、最可鄙的部分的化身。陀思妥耶夫斯基对这一点理解得比尼采更好；在《卡拉马佐夫兄弟》里有一章篇幅很大，谈恶魔向伊凡显现的事，伊凡是一位受席勒浪漫主义滋养的文学才子，出现在他眼前的恶魔不是披着令人目眩的弥尔顿的路济弗尔[1]的伪装，也不是披着歌剧《浮士德》中昂首阔步、自鸣得意的墨菲斯托菲里斯的伪装，而毋宁说是披着一个已经衰老的、穷了还死要面子的人的伪装；他的审美观点有点不合时尚、滑稽可笑，这可以说是对伊凡自己审美心灵的绝妙讽刺。这个人物对于伊凡·卡拉马佐夫来说确实就是恶魔，一个最残忍地毁掉他的自负的恶魔；陀思妥耶夫斯基作为一

---

[1] 路济弗尔，即指弥尔顿名著《失乐园》中的撒旦，据基督教传统，撒旦在堕落前名叫路济弗尔，该词在古罗马神话中原指启明星。——译者

个心理学家的天才，或许从来没有比在这一节里发挥得更恰到好处的了。尼采自己在谈到陀思妥耶夫斯基时曾经说过，他是惟一的一位他自己曾从之学到一些东西的心理学家；这个评论非常真实，而且它的意义比尼采自己觉察到的还要深刻些。

现在再回过头来谈查拉图斯特拉，他敏感得一触即跳因而无法承认自己就是这个侏儒。他感到自己的勇气受到了挑战，因而认为除掉这侏儒是至上的勇敢行为，是最高的美德。"勇气最后吩咐我沉着地站着并且说：侏儒！要么是你要么是我！"其实，承认谁真正是侏儒，如果不是说"要么是你要么是我"，而说"你和我（自我）本是同一个自我"，想必会更加明智，甚而更显得有勇气。

这所见幻景转向了，并且中止了片刻；这时尼采给我们出示了"永恒轮回"的观念。这观念在尼采这里有一种模棱两可的地位。他努力把它置于理性科学的基础上，其前提是：如果时间是无限的而宇宙中的粒子是有限的话，则依据或然率，所有组合物都必定永恒地一遍又一遍重复出现。因此，包括我们自己在内的一切事物直至每一个细节都必定一再重现。但是，若把这当作一个纯粹理性假说，并不能解释永恒轮回的观念何以能够这样有力地支配尼采的情绪，尤其是解释不了这个观念为什么出现在《查拉图斯特拉如是说》里最紧张最空幻的时刻。圆圈是永恒事物的一个纯粹原始模型：英国诗人沃恩①说，"我在不久前的一个夜间看到了永恒，像一个纯净无垠的大光圈。"这样就正如乌纳穆诺所指出的，永恒轮回的观念表达了尼采自己对永恒及不死生命的憧憬。另一方面，一个思想家既然看出人类的整个意义在于未来，在于人将要变成超人，则这个意念就实在太怕人了；因为如果万物都在无限循环中自行重复，如果人必定照他现在的卑鄙笨拙的形态再次到来，则人还能有什么意义呢？对尼采来说，永恒轮回的观念成了勇气的至高检验：如果尼采这人必定要一而再再而三地重生，拖着同样的病体，承受着同样的苦难，面对着这种绝对无望的前景说"是"，这不就需要对生命有最大的肯定和热爱吗？

查拉图斯特拉在所见幻景中瞥见了一些可怖的内蕴，因为他在解释过永恒轮回之后说，"我这样讲，并且始终是比较软弱地讲：因为我害怕我自己的思想，害怕事后思想。"随后，梦中的他听到了一条狗在狂吠，看到一个牧童在地上痛苦地翻滚，有一条粗粗的黑蛇从他的嘴里垂下来。查拉图斯特拉喊着说"咬吧"，这个牧童便咬下了那条蛇的头，把它吐出了好远。这个离奇可怕的梦境向查拉图斯特拉提出了它的谜：

---

① 沃恩·威廉斯(1872—1958)，20世纪上半叶英国主要作曲家，英国音乐民族主义运动创始人。——译者

你们这些胆大之徒！你们这些勇敢的冒险者，你们全都驾驶过机敏的帆船，航行在从未探测过的海上！你们这些谜的欣赏者！

替我解释我刚才看见的这个谜吧，为我解说这最孤独者的幻象吧！

因为那是一种幻象，也是一种未来的先兆。我刚刚在这寓言里看到了什么呢？有朝一日必定来到的会是谁呢？

被这蛇爬进喉头如是咬着的牧童是谁？将来一切最重最黑的东西又会爬进谁的喉头呢？

——我的喊声提醒了牧童，他便咬了起来，他狠狠地咬了一口！他将蛇头吐得老远：——然后跳了起来——

不再是牧童，不再是人——一种变形的生物，一种光明环抱着的生物，他大笑；世界上从来还不曾有人像他那样笑过！

啊，我的兄弟们，我听到了一种绝对不是人的笑声的笑声。

"被这蛇爬进喉头如是咬着的牧童是谁？"他就是尼采自己，而且蛇和侏儒两个给他安排了同样的任务：认清"他身上最重最黑的东西"。我们通常把真理说成是我们不得不吞咽下的一粒苦丸，但是关于我们自己的真理，甚至可能像爬虫一般，更叫人厌恶。尼采并没有吞咽下这颗蛇头；他否定自己的影子，他看到一种变了形的生物从那里涌现出来了。这生物以不再是人的笑法大笑。我们都很熟悉这笑声：它是精神错乱的笑声。几年前，超现实主义者安德烈·布勒东①出版了一部《黑色幽默作品选》，其中收进了尼采精神错乱后写的一封信。如果我们不知道作者是谁，不知道他写这封信时的状况如何，实在会把这封信看做超现实派令人眩惑的笑声，一种高亢、空洞、疯狂的笑声。这是尼采在其梦幻中听到的笑声，而且当他说"那是一种幻象，是一种未来的先兆"时，颇有些像悲剧人物；因为他对自己的预言竟一无所知，这是很有讽刺意味的。这种笑声在《看哪，这人》这本书里就已经开始怪诞地响了起来。

在查拉图斯特拉所见的幻景里，有一种内在的连贯性，因为它的三个部分——侏儒、永恒轮回和吐出蛇头的牧童——中的每一部分都表明了尼采乌托邦式的超人概念的一种障碍和缺陷。它们预示了他自己的个人灾难；但是既然他是一位对他自己思想践履笃行的思想家，它们也就表明了所有这类乌托邦思想的致命缺陷。谁要想把超人发射到星际空间，就最好承认这侏儒会随他一起走。尼采对迄今存在过的人类厌恶地喊道，"人性，太人性了！"但是谁要是致力于改善人，他最好就不要

---

① 布勒东（1896—1966），法国诗人，超现实主义运动主要鼓吹者和创始人之一。——译者

让自己变成非人性的而毋宁使他更加人性一点。要成为一个完整的人——用中国人的话说就是一个完人——西方人可能须学会收敛浮士德精神。一点平庸气质或许是人性里必不可少的稳定因素。查拉图斯特拉所见幻景中歇斯底里狂笑的解药，可能是一种幽默感，这是尼采(尽管其才智耀人)明显欠缺的东西。

我们在这里得到的心理学层次上的结论，当我们进而研究尼采系统的力量哲学时，就能够得到进一步的证实。

3. 力量与虚无主义

许多哲学家都把尼采看做一个无体系的思想家。这是一个错误的观点，主要由于他作品的外在形式所致。他喜欢用格言形式写作，喜欢间接地、戏剧性地处理他的题材而不愿像写学术论文那样运用迂腐的直截了当一本正经的形式；他是运用德国语言散文文体的大师之一；而且在他的作品里，他不能或不愿否定他自己身上的艺术家气质。他甚而走得更远，乃至说他是通过艺术的眼光来审视科学和哲学的。但在所有这些纯文学的侵掠底下，并且贯穿这些侵掠，一个单一的吞噬一切的观念，在他心中正朝着系统发展的方向运行。既然思想逐渐支配了这整个人，而他生命的别的一切又都受到排斥，这思想就在所难免地趋向于一个体系，把自己作一个了结。暮年，他还在不停地做笔记，准备写一部完整表达其哲学思想的伟大而系统的著作。我们现在所有的这部著作，就是以未完成形式存在的《力量意志》。从许多方面看，尼采著作里系统性的增加，是心理学上的一种损失，因为为了追求他的主题观念，他就会看不到人类心灵问题的含混性了。然而，有所失也有所得，因为当他把他的观念推向终点时，他就使我们看到了它们最终有什么价值。海德格尔在最近发表的很值得注意的一篇论文里，提醒大家注意下面这个迄今未被承认的事实：尼采是位完全有体系的思想家。事实上，根据海德格尔的看法，尼采是西方形而上学传统中最后一个形而上学家，他是个同时既完成又摧毁了那个传统的思想家。

我们并不知道究竟何时尼采开始萌生出"力量意志"的观念，但却有一个引人注目的生动插曲（他后来曾把它告诉给他的妹妹）与此相关，这插曲就是：在普法战争期间，尼采在医院当勤务兵的时候，一天晚上，他看到自己归属的兵团从旁边骑马而过，走向战场，并且也许要走向死亡；那时他想到"最强最高的生命意志并不在于为了生存而进行的软弱无力的斗争，而是在于战争意志，力量意志"。但是，若把这种观念的产生归因于任何一个单一的经验，将是错误的；其实，它是由许多"支流"汇集而成的，由尼采同病体的斗争也由他对古典文化的研究"汇集"而成。尼采作为一个古典学者之所以伟大，就在于他有能力看出为墨守假斯文传统的学者所忽视的一些简单明白的事实。著名的英国古典学者 F·M·康福德谈到尼采时曾经说过，他领先他时代的学术界 50 年；这句颂词的本意是要表示言者慷慨大度的，但是我不敢担保我们自己时代古典学术界已经赶上了尼采。把握浅近的东西要比把握艰深的东西需要多得多的想象力，尼采所具有的这种想象力要比他同时代的古典学者们多得多。让我们用一个明显的事实为例来说明这个问题：高贵的希腊和罗马人拥有奴隶，他们认为这是非常自然的；而且由于这一点，他们同继之而来的基督教文明相比较，在存在的导向方面，很不相同。古典学者中间的人文传统已经把古人理想化了，并且因此也就歪曲了实在，同一切理想主义的观点一样。一个人不必成为古典学术专家，就可以看出，尤里乌斯·恺撒《高卢战记》第 1 页上美德这个词意指勇气和尚武的勇猛——这正是军事指挥官最惧怕敌人具有、而最欲求他自己的战士具有的那类东西。(这是历史的畸形发展，当一位爱开玩笑的哲学家谈到这一点时，讲了一个完全尼采式的笑话："美德"这个词，原本意指大丈夫气概，到了维多利亚时代却意指女人的贞洁。)我们也需更高深的古典学问，就可以在我们今天译成美德的希腊词 arete 里，听出战神阿瑞斯发出的刀剑铿锵的声音。古代文明是以把权力的承认及权力的关系看做生活中自然而基本的部分为基石的。

尼采的观念也反映出司汤达和陀思妥耶夫斯基的现代影响，这两位 19 世纪小说家是他最钦佩的。司汤达表明，自我与力量这两种因素交织在爱神厄洛斯的全部"英雄业绩"中：交织在诱惑与征服的技巧中，交织在两性之间的战斗中。陀思妥耶夫斯基揭示了人的最自我贬抑的谦卑行为如何能够变得野兽般地肆无忌惮。然而尼采自己心灵敏锐，一旦踏上这条道路就无须多加提示。他能够看出在道德史上力量意志到处都在暗中起作用，不仅原始立法者的残忍，而且圣徒的苦行及宣告人本有罪的道德学家的仇恨，都是明证。他这个主题上所有不相关联的见解，最终都堆积成一个具有涵盖一切普遍性的单一的铁板一块的观念：力量意志实际上是所有存在物最内在的本质，是存在本身的本质。

不过，看出人类一切心理冲动都以某种方式同力量冲动交织在一起是一回事；若说这种趋向力量的冲动是惟一的基本冲动，所有别的冲动都可以还原成它，则是完全不同的另外一回事。我们立刻面对着还原问题，这是现代心理学派别斗争特别明显的焦点之一。众所周知，阿弗勒德·阿德勒①的个体心理学正是由于这一点才同弗洛伊德的精神分析学决裂的。阿德勒读过尼采的书，他宣布力量意志是基本的，而弗洛伊德则主张性欲和爱神厄洛斯是基本的。但是，倘若我们悖论式地说：两个都是正确的两个又都是错误的，事情会怎样呢？倘若人的心

---

① 阿德勒(1870—1937)，奥地利精神病学家，致力于把弗洛伊德学说尼采主义化，建立了个体心理学体系。——译者

灵不能够划分成几个分隔间，也不能够把一个分隔间搋入另一个更为基本的分隔间里，事情又会怎样呢？倘若这样二分真的忽视了人类心灵的有机统一，所谓有机统一是说人的心灵如此统一以致一个冲动能够一方面趋于爱，另一方面又趋于力量，这又会怎样呢？陀思妥耶夫斯基，至少作为一个小说家，保留了这种二元性和两重矛盾情感的意义；而尼采，在他的直觉像小说家一样具体发挥作用的地方，也看到了存在于力量和别的动力之间的相互影响。（在《善恶的彼岸》里，他毋宁是作为一个高明的弗洛伊德主义者而非阿德勒主义者评论说，"一个人肉欲的本性和程度扩展到他精神的最高处"。）但是，后来他又让无爱者查拉图斯特拉宣布"爱是最孤独者的危险"，从而贬抑爱情和同情；这样，尼采就对力量意志下了定论，使它成为每一种别的心理动机的基础。他成了还原心理学派的一员。

最值得注意的是这种力量意志竟然由他弄成了存在的本质。它之所以值得注意，乃是因为尼采曾经嘲笑过存在概念本身，说它是由哲学家头脑"孵化"出来的最骗人的鬼影，是个最一般因而也是最空洞的概念，是从具体感性实在里提炼出来的薄弱得感触不到的那种心灵学上假想灵媒体放射出来的物质。他正确地看到了，西方哲学里面的基本冲突，在于当它刚刚开始时，柏拉图谴责诗人和艺术家，说他们生活在感觉世界而非抽象概念即理念的超感觉世界；在柏拉图看来，这种抽象概念即理念同感觉世界里"生成"的恒常之流相反，代表着真正的"存在"。尼采则站在艺术家一边：他说，真实的世界，没有别的，只有生成的和感觉的世界。然而，为要成为一个系统的思想家，尼采就不得不成为一个形而上学家，而形而上学家就只好诉诸存在概念。诚然，尼采的思想里还保存着他的动力论，因为"存在"变成了"生成"——其实，从根本上讲，是变成了"力量意志"。

但是，力量又是什么呢？根据尼采的观点，它不是万物归趋的静止或停滞的状态。正相反，力量本身是彻底动力性的：力量就在于力量的"发射"，而这意味着力量意志在力量的越升越高的层次上实施的。力量本身就是力量意志。而力量意志就是追求意志的意志。

正是由于这一点，尼采的学说对多数人说来开始显得十分吓人，似乎只是他自己狂乱、失常气质的表现。在《力量意志》的许多章节里，他确乎变得极端狂乱，他实际上跟他自己（在《查拉图斯特拉如是说》里）描绘的"苍白的犯罪者"，即那渴望鲜血的无爱的犯罪者[①]一模一样。但是在这里，也跟在别处一样，尼采的个人狂乱所具有的意义远远地超出了个人；正是由于这个力量观念，他成了历史上这个时代的哲学家，因为他向这个时代揭示了它自己的隐藏着的不幸的存在。无怪乎这个时代污辱他，说他是个邪恶的和恶毒的精灵。

---

① 参阅《查拉图斯特拉如是说》，第1部，第6章。——译者

其实，现代到处自夸的，正是它的动力论。在历史教科书里，我们把现代从中世纪的涌现归因于一种能动有力的意志的诞生；这种意志要征服自然改变生活条件，而不是像中世纪人那样一边等待着被送到来世，一边消极地忍受种种生活条件。我们一再庆幸我们自己有了这一切。但是，当一个试图探索潜藏在这一切动力论背后的东西的思想家出现在我们面前时，我们却大喊大叫，说我们从他绘画的形象里，根本认不出我们自己，从而指责他精神错乱，以便避开它。20 世纪的科学技术取得了巨大的进展，远远超过了 19 世纪，它现在与其说是人类福利的工具，毋宁说是赤裸裸的力量的工具。既然我们现在有了飞得比太阳还快的"飞机"、洲际导弹、人造卫星，首先是有了原子弹，我们便意识到科学技术本身已经表现成了一种力量，任何传统意义上的政治学都得从属于它。如果俄国人在科学技术上决定性地超过了我们，则所有通常的政治算计都将落空。古典政治艺术从希腊人以来一直被设想为呈送给人的一种完全属人的"艺术"，可是如今同大量积聚起来的科学技术力量相比，则成了一种过了时的脆弱无力的东西。世界的命运，现在似乎转向对事物的绝对主宰。政治学作为人类艺术的一切雅趣，诸如外交的机智和手腕、妥协、开明而自由的政策、亲善等，用来对付科学技术上的优势，就和人的衣饰及肉体的雅趣要用来抵挡一架推土机的撞击一样，毫无作用。人类成了机器的附庸，即使在传统人性的政治事务里也是如此。

在这方面，尼采比马克思更加尖锐地表达了共产主义的真正的历史意义，尤其是共产主义对所谓落后或不发达国家所具有的特殊吸引力的真正历史意义：它是这些民族的力量意志，一种自己掌握自己命运创造自己历史的意志。对共产主义的这种强大而神秘的吸引力，我们自己的一些政治家似乎一点也不理解。而美国本身又如何呢？是的，我们仍然怀有个人享有生命、自由及追求幸福的权利这类古老的自由主义理想。但是，我们现实日常集体生活的步伐却使我们卷入一种发狂的动力论中，对于它的终极目标，我们是不明确的。在世界各地，人类和各个国家都确切无误地依照尼采的形而上学行事：力量的目标无须加以规定，因为它就是它自己的目标，在追求它的过程里，即便停止甚至减速片刻都会落伍，都会跟不上别人。力量决不会停止不前的；正如我们现在在美国所说的，你要么在上升要么在下降。

但是从哲学上讲，现今时代这个著名的动力论的依据何在呢？现代哲学一般认为始自笛卡尔。笛卡尔哲学的基本特征，是在自我与外部自然界之间的一种二元论。自我是主体，本质上是一个在思想的实体；自然是客体世界，而客体是一些有广延的实体。因此，现代哲学始自一种彻底的主观主义，主体以一种隐蔽的对抗性面对着客体。（这种主观主义同基尔凯戈尔的"主观真理"观念无任何瓜葛；基尔凯戈尔只是不幸地选择了这个名词，因为他的初衷是同笛卡尔主义完全对立的。）因此，自然显得是个须加征服的王国，而人则显得是要成为它的征服者。这从新科学预言家弗兰西斯·培根的话里可以特别明显地看出来；他说，在科学研究中，人必须把自然拉到"拷问台"上，以迫使它回答他的问题；他这样说，是用来比喻强制和狂暴的对抗作用的。超越笛卡尔的决定性一步是由莱布尼茨迈出的；他宣布物质实体不是像笛卡尔所认为的是惰性的，而是具有一种基本的动力：万物都有某种驱动力（欲望），以便及时向前运动。这样，笛卡尔的存在于人与自然之间的对抗，便由于两个方面都加上了一种内在的动力而减弱了一些。尼采是这整条思想路线的顶峰：这位思想家使得种子结出累累硕果。他的观念集中指向了处于现代源头上的一个根本错误。他是否像海德格尔所认为的，超出这一点而指向整个西方传统源头上的一个根本错误，是另外一个问题；那是我们在讨论海德格尔自己哲学时结合上下文予以考察的问题。

作为追求更大力量的力量，不可避免地要沉没在力量本身以外的虚空里。力量意志招致虚无主义问题。在这里尼采再次以当代哲学家的面貌出现，因为他出乎寻常地预言虚无主义将披上许多伪装和形式，成为困扰 20 世纪的阴影。就算人不把自己和他的地球炸成碎片，就算他真的成了这个星球的主人。然后会怎样呢？他离开这星球而走进星际空间。然后又会怎样呢？为了力量而力量，不管这力量扩展到什么程度，它始终都还留有对更远处的虚空的恐惧。试图直面这一虚空，正是虚无主义的问题。

对尼采来说，虚无主义问题是由发现"上帝死了"产生出来的。在这里，所谓"上帝"意指基督教信仰的历史意义上的上帝。但是，若从更宽泛的哲学意义上讲，它还意指超感官实在（如柏拉图的理念，绝对，或别的什么）的整个世界领域，哲学传统地把它置放在感觉世界之外，而把人的最高价值安放到它里面。尼采宣告说，现在既然这另外一个较高层次的永恒世界已经一去不返了，则人的最高价值也就失去了它们的价值。尼采问道，如果人失去了他迄今一向"系泊"的"锚"，他不就要飘进无际的虚空里吗？现在，对当代人来说，他的最高价值已经失去了价值；为了取代这些最高价值，尼采能够提供的惟一价值就是：力量。

但是，我们今天真的有一个更好的答案吗？所谓答案，我的意思是指那些我们能够据以生活的而非仅是用以耍嘴皮的东西。尼采真正是我们时代的哲学家，对此我们往往是估计不足的。随着现代生活的日益世俗化，那些系泊于永恒的最高价值已经失去了它们的价值。只要人们还很幸福地对此一无所知，他们也就当然不会沦入沮丧和虚无之中；他们甚至可以做个坚定的常去做礼拜的基督徒。其实，虚无主义是我们今天能够像毕业典礼上的演说家那样自鸣得意地演讲的惟一题目。我们总是随时援引这个字眼，来反对有"否定"意见要说的一本新书和一出新剧，仿佛虚无主义总可以在别人身上找到而永远不会在我们自己身上找到似的。然而尽管美国生活显然自我陶醉地沉浸于新玩意儿和电冰箱，但是人们还是会怀疑，美国生活是极端虚无主义的。它连最后的"为什么"都不曾问起，更不用说回答了。

尼采认为，人是一种矛盾而复杂的生物，而他自己就是我们可以找到的复杂和矛盾的例子。我们在读他的作品时会产生一种感觉，觉得他所讨论的那些根本问题差不多足以把人逼疯。精神错乱像一条龙，盘绕在我们时代的底层；问题是：为了揭示这个秘密，是否非得把人弄疯不可呢？他对他所提出的这些重大问题并没有给我们作出任何令我们满意的解答，但他毕竟说出了对这个时代的人来说是中心的和至关紧要的问题；这是除他以外没有一个人做到的；他的伟大和他的挑战同时尽在于此。

尼采的命运可以很好地预示我们自己的命运，因为如果我们的浮士德式文明不能从某个方面减缓它的狂暴动力，那就很有可能患精神病。从原始人和东方人的观点看来，我们西方人似乎已经半疯了。但是，我们不能无动于衷地说说了事，我们总得以某种方式在某个地方把这种动力所造成的紧张缓解下来；我们有必要知道在我们的根本思维方式中有什么需要改变；以便这种狂暴的力量意志显得不再是我们能够赋予人生的惟一意义。如果西方历史的这一阶段，只是基于我们文明基础的根本思维方式命定的结果——尤其是那种把人同自然分开的思维方式的结果，这后一种思维方式把自然看做是控制和征服的对象世界，因此只能够以颂扬力量意志而告终——则我们就得去找出方法来纠正这种对力量支配万物的强调，因为这种强调是片面的，并且最终是虚无主义的。

这意味着哲学家们必须担当起责任，重新思考尼采提出的问题，穷究它们的本源；而这碰巧也是我们整个西方传统的本源。20世纪哲学家中，把这件事做得最彻底的，是海德格尔；海德格尔，如我们马上就会看到的，所从事的工作不是别的，正是赫耳枯勒斯①式的工作：勤勉地从尼采的废墟里掘出一条出路，就像劫后余生的人从炸成一片废墟的城市里逃出来一样。

---

① 赫耳枯勒斯，希腊神话中最有名的英雄。——译者

第9章 海德格尔

海德格尔告诫我们说，除非我们自己开始思想，否则，我们就会听不到尼采的呼声。惟恐我们以为要做的只是件轻而易举的事，他接着又说："只有当我们终于认识到，被颂扬了几个世纪的理性，其实是思想最顽固的敌人，只有这时，我们才有可能开始思想。"

把思想同理性这样耸人听闻地对立起来，有违我们全部文化的传统要旨。海德格尔不是个理性主义者，因为理性依靠概念、心理表象发挥作用，而我们的存在却避开了这些东西。但是，他也不是个非理性主义者。非理性主义主张感情、意志或本能比理性更有价值，甚至更为实在——从生活本身的观点看，它们也的确是如此。但是非理性主义把思想领域交给了理性主义，因此也就秘而不宣地分享了论敌的假定。需要一种更加根本的思想，把这两个对立方面的根基都挖了。海德格尔的陈述向后点穿了整个哲学传统（他自己打算从思想上同它作明确的决裂），同时又向前指向一个新的领域，他在谈到自己时曾经说过，他在这个领域里像是一个漫游者，虽然在一片树林里迷了路，却还是力图标划出林间幽径。他的陈述告诉我们，我们这些他的同代人要想吸收他的思想，也必须先学会思想，即使同我们继承来的全部僵化理性正相反对也在所不计；要学会比理性主义者更加严谨地思想。

基尔凯戈尔和尼采像巨型炸弹一样落在宁静的学院哲学界。他们是学院之外的哲学家，这事在现代还很新鲜，有革命意义，因此他们写作起来不是像教授而是像诗人。他们的书热情洋溢，五彩缤纷，富有魅力，是写给所有的人看而不只是写给专家学者看的。相形之下，海德格尔则完全是个学院之中的人物，是个教授，而这方面的烙印也打在他的全部作品上。他从来不曾像基尔凯戈尔和尼采那样激烈大胆热情地表达自己；但是，他的信息虽然可能裹在正式的学术行话里，到最后却还是表明他同他的两个先辈一样，也是一颗戏剧性的却又致命的炸弹。

我们在前面第6章里讨论过现代文化内部"逃离拉普特飞岛"的发展路线，海德格尔分明属于这样一条路线，这可以从我们在前面引用他说过的话里推测出来。但是，他逃离纯粹理性空幻王国，比起拉普特岛其他反对者来，都部署得更加周详又更加静谧；为了实现这一部署，海德格尔越过现代人的局面，一直追溯到希腊时代西方思想的发端。基尔凯戈尔和尼采两人都曾指出西方人的存在中已经发生了深刻的离散或分裂，这基本上是理性同整体的人的冲突。根据基尔凯戈尔的观点，理性威胁着要吞食信仰；西方人现在站在十字路口，被迫在或者成为宗教的或者陷入绝望的之间作出选择。如果选定了前者，由于扎根于基督教组织由来已久，且根深蒂固，他就必须彻底地更新基督教信仰。在尼采看来，理性和科学的时代提出了一个问题，这就是人的原始本能和情感究竟作何用处；如果把它推到一边，时代就有使全人类生命力衰退之虞。隐藏在这两个预言背后的，乃是对人同他自己的存在疏离的知觉。同存在本身的疏离现在成了海德格尔的中心论题。但他是以适合这问题本身的方式并且作为一个系统的思想家来着手处理这个问题的，因而他的作品并不闪耀着宗教和心理预言的大胆的和色彩斑斓的光辉。作为一个思想家，他对现代人情绪、活力和宗教信仰方面的再生一点也不关心。他对他自己提出的问题全然不同：假定现代人已经把自己连根拔起，那么其原因难道不可以追溯到比他想象的还要久远的过去吗？难道它其实不可以就在于他借以思考万物中最根本的东西即"存在"本身的方式吗？难道就不会有一种更加深刻的思想即扎根于存在的思想把无根的拉普特人领回大地吗？海德格尔以一种激进的方式讨论了现代人的异化这个热门问题，而且他事实上还讨论了人的一般问题，使它附属于别的东西，即"存在"本身，因为若不讨论这存在本身，人就永远不能重新获得他的根。

海德格尔的作品整个说来极严格地避免使用比喻，乃至当一个比喻破例地出现在作品里时，它在我们的记忆中就像单独一株大树挺立在平原上一样突出。在他的一篇较为通俗易懂的作品《关于人本主义的书信》(1947)中，海德格尔在结尾用了一个特别值得一记的比喻，非常贴切地描述了他自己思想的整个方向：他说，思想家在努力搜寻人类语言的轨迹，就像一个农民总要搜寻穿越田野的犁沟一样。海德格尔自己来自农民世家，对他的德国南部的故土感情深厚，我们也可以从他的思想里感受到他对故土的情感。"要保持对大地的真诚"，查拉图斯特拉曾经这样忠告过他的信徒；海德格尔作为思想家，尽管他的论题显得抽象，却比不幸的尼采更能遵从这个忠告。海德格尔作品里浮现出来的人的形象是个受尘世约束、受时间约束、极端有限的生物——恰恰就是一个我们可望从农民身上得到的人的形象；自然，在这种情况下，是一个手头拿着整部西方哲学史的农民。而且，如果不是为任何别的，便恰恰由于这层理由，今天我们这些离开大地已经很远的人，也应当在这种哲学里找到重大的意义。

就在《关于人本主义的书信》这一作品里，海德格尔还允许他自己做了一个简短的个人旁白，这在他严格客观的作品里也属罕见。他抱怨一些人误解了他的思想(在这方面他是完全有理由抱怨的），他说："由于我们回到了尼采关于'上帝之死'的话题，人们就决意信起无神论来。因为把一个已经经验到'上帝之死'的人看做一个无神的人，还有什么比这更合乎逻辑呢？"甚至在这里，个人的意义也是间接的；海德格尔总是客观地以第三人称谈到他自己。尽管如此，这也是他作品里最接近于个人精神上的自白了。海德格尔经验过上帝之死，这种死亡在他的所有作品上都投下了一重阴影。但是，对于这一点，尼采《欢乐的智慧》里的那个疯子是在集市上大声嚷嚷出去的，而他则是静悄悄地而且几乎是间接地宣布出来的。这种声调上的变化本身就说明了历史已经从尼采时代前进得多么远了；在尼采时代，上帝之死的发现是一种惊心动魄的预言式的洞见，而到了我们自己的时代，上帝之死已被平静地接受了，思想家也努力清醒适度地来估量形势。海德格尔的哲学既不是无神论的也不是有神论的，而是描述这个上帝不在场的世界。海德格尔援引诗人荷尔德林的话说，现在是世界的夜晚，上帝已经引退，就像太阳西下一样。与此同时，思想家若要挽回时间，就必须设法理解那离开人既是最近又是最远的东西，即他自己的存在和存在本身。海德格尔把荷尔德林的诗描写成一座"没有神龛的圣殿"，这种说法其实也很适合于他自己的哲学。如果这神再生之后回来了，那么多亏海德格尔，他就可以现成地使用他的圣殿。但是，这还是需要有人稍许多一点热情，肯构筑神龛、点燃蜡烛才行。而且要是这神不再回来的话，这圣殿还可以改成一座世俗的大厦，虽然有点凄凉，却还是十分威严，一如萨特这位"介入"世事的无神论者那里的情况一样。无神论和有神论两者都必须考虑海德格尔的思想，因为他在讨论的是这样一些问题：只要他们双方想在各自的信条里达到我们时代的高度，就不免要在这些上面达到妥协。无神论及有神论，作为公众的信条，甚至很可能还不及我们逐步领悟海德格尔奋力澄清的东西重要。

1. 存　在

但是，读者可能不耐烦地问，存在又如何呢？经过这许多世纪，这个显然非常遥远而抽象的题目，真的还能告诉我们一些新的有意义(首先是对我们繁忙的现代人有意义)的东西吗？这种不耐烦本身来自一种对存在的态度或倾向性，我们对此总的说来是无意识的。我们想要知道事物、存在物，尤其是我们想要获得有关这些存在物观察得到的确定特性的信息；至于隐藏在这后面、处于万物包裹着的背景中的东西，似乎同我们的实际需要极少相干，我们的实际需要所关心的，多半只是如何支配我们周围的事物。这无非是我们时代所特有的实证主义；无疑，实证主义作为一种哲学已经简明地表达了对存在的这种流行态度。

然而，存在一直是 2500 年西方哲学中心的和主导的概念；如果我们打算把过去统统抛弃掉，就理智上讲，我们至少应当知道，在那许多世纪的漫漫岁月里存亡攸关的东西究竟是什么。当代有些哲学家告诉我们，存在问题只是语言学上一起偶然事件，这一事件起因于这样一个事实：印欧语系的语言中有"是"(to be)这个联系动词，而别的语种则没有这样一个词，从而也就没有任何关于存在一词意义的空洞无谓的词语之争。这种说法加深了我们时代在这个问题上的偏见。但是，这印欧语系各语种在历史上曾经大出风头，因而它今天碰巧又是我们的荣耀，我们的传统，是我们所必须遵循的。

然而，那项传统本身也该为我们当代人漠视存在负责。恰恰在这个问题上充分表现出了海德格尔思想的勇敢品格：他在这个传统范围之内工作，但他却又力求摧毁它——要创造性地摧毁它，以便传统有可能超越它自己。他的最重要的著作《存在与时间》，发表于 1927 年，现在已经成了现代存在主义的一部系统的《圣经》，有时几乎是一部未经阅读的《圣经》；他在这部著作里提出了一项至少是"重复"存在问题的任务：这种重复却是彻底的更新，把这个问题从过去的淡忘状态中唤醒，就像最初的古希腊思想家遭遇到它时那样。然而，本书的这一方面却失落在由海德格尔对人类存在——对死亡、烦恼、焦虑、罪感等等——戏剧性的动人描述诱发出来的激动中；他的后期著作缺乏这样一些人类关心的题目，但批评家们却太过敏感，竟由此"看出"他的思想发生了"骤变"。这是一个错误，因为海德格尔的思想一以贯之，他后期的全部作品都可看做是对《存在与时间》中处于萌芽状态东西的评注和阐明。他从来就没有间断过那项惟一的工作，即"重复"存在问题，像最早的希腊人那样直接面对存在。他在《存在与时间》里开门见山地告诉我们，要完成这项工作，就必须摧毁整个西方本体论的历史，也就是西方人思考存在的方式的历史。

为什么必须这样做呢？如果再回到我们先前的论点上，就是：这传统本身当如何对我们当代人漠视存在负责？

首先，"being"这个词在英文里意义暧昧，模棱两可。作为分词，它同时具有动词和名词的特征。作为名词，它是存在者、事物的名称：一张桌子是一个 being，窗外的那棵树，等等也是。大凡"是"或"在"的东西都是一个 being。对于这一点，我们是可以辨认出来的，即使我们发现它是一个 being 这个事实是万物最空洞最抽象（因此也最无价值）的特征，情形亦复如此。但是，就它作为一个动词的方面看，"being"意指事物的"去存在"、"去成为"，而我们英文里却没有一个单一的词能表达这个意思，这或许是因为这一点甚至更难设想的关系。别的语言在这方面确实有更多的词汇成双成对地表达这两种意义：希腊文里，有"to on"（"存在者"）和"to einai"①

----

① "to on"、"to einai"为拉丁字母转写的希腊词，原文如此。——译者

（"存在者"的存在）；拉丁文里，有"ens"和"esse"；法语里，有"I, étant"和"I, être"；德文里，有"das Seiende"和"das Sein"。（海德格尔建议，我们在英文里找得到的这种用法的最好变通是：我们用"beings"意指"存在的事物"，即"存在者"；我们用"Being"意指"任何存在者的去存在"；下面我们将恪守这条建议。）

不过，海德格尔认为，整个西方思想史对这双双对对中的第一个，即"存在者"，表现出了一种排他的专注，而使第二个，即"存在者的去存在"渐被淡忘。因此，对哲学中人们想用来讨论存在（Being）的那个部分，传统上叫做"本体论"，而不是叫做"einai-Iogy"；前者是关于存在者的科学，而后者则是对同存在者相对立的"存在的去存在"（the to-be of Being）的研究。这种议论看上去好像是一派学究式的烦琐狡辩，其实不然。它所包含的意思无非是说：西方人的思想从一开始就指向事物，指向对象。西方的整个历史就是从这事实出发而开始其命定的进程的，而海德格尔也正是由此出发而能够（完全由于他对存在的专注）对这部历史从而对世界的当前情势给以新的烛照。

存在一旦只被理解为存在者（beings）或事物，它就成了一个最一般最空洞的概念：照圣托马斯·阿奎那所说，就是"理解的第一个对象，是理性设想事物时所设想的东西"。因此，一张桌子是一件家具；家具是人工产品；人工产品是物质的东西；然后，随着下一步概括的跳跃，关于这张桌子我便可以说它是一个存在者，一件东西。"存在"是我所能作出的关于事物的终极概括，因此是我所能用到它身上的最抽象的名词，但关于这张桌子它没有给我提供一点有用的信息。因此，如我们已经注意到的，普通人一听到人们谈论存在，就不耐烦，总觉得存在这东西同他或他的生命需要毫无关系。但是在这里，海德格尔再次推翻了这种传统观念：存在不是一种空洞的抽象观念，而是某种全都齐颈陷入其中而且实际上连头也没入其内的东西。虽然没有人要求我们对是或存在作出概念的解释，我们却全都理解它在普通生活中的意义。我们普通人生就是在对存在的这样一个"前概念"的理解范围之内运行的，而且也就是借着对于存在的这样一种日常的理解，我们生存、活动，并且拥有我们的存在的，海德格尔作为一个哲学家想要探究的，也就是这存在。存在，远非是最遥远最抽象的概念，其实它是最具体最接近的在，它确确实实地同每个人相关。对于存在的这种前概念的理解，大多数人都有；例如，我对一位邻居说，"今天是星期一"，对于"是"的这个意义没有任何要问的问题，也无须去问任何人；要是没有这种理解，人就理解不了任何别的东西了。但是这丝毫不意味着这种前概念的理解已经昭然于世了。正相反，它依然被遮蔽在暗处，因为就最普通的目的而言，我们无须对它提出任何问题。海德格尔思想的整个目标，就是要把这种存在的意义清楚明白地揭示出来。

2. 现象学与人的存在

但是，如何才能把这么平凡、接近然而又这么隐蔽的东西清楚明白地揭示出来呢？这里，海德格尔使用了从他的老师埃德蒙德·胡塞尔那儿借来的工具：现象学。但是，在采用这种工具时，他赋予它以不同于胡塞尔的意义和方向。这种不同或区别既是这两位哲学家的气质不同，也是他们哲学之间的根本不同。在胡塞尔看来，现象学是这样一门学问，它企图不带任何使人糊涂的预设概念或假设性的思辨推想，去描述经验给予我们的东西。他的格言是"面向事物本身"，而不是面向我们预先造好了的概念。正如胡塞尔所看到的，这种企图提供了一条出路，使哲学非如此便不足以摆脱它在 19 世纪末叶所陷入的绝境：在那个时候，实在论者肯定对象的独立存在，而唯心主义者则肯定主体的在先性，他们都专心致志于一场相持不下的战争。胡塞尔声明，哲学不该对整个实在作理智思辨，而必须转而对存在的事物作纯粹的描述。由于采取了这种立场，胡塞尔不仅对海德格尔而且对在第一次世界大战前后成熟起来的整个一代德国哲学家都成了影响最大的动力。

海德格尔接受了胡塞尔现象学的定义：他说，他将试图不使用任何让人糊涂的预设概念，描述人类存在的真相。但是，他的想象力却不会让事情到此收场；因为他注意到，"现象"这个词源于希腊文。语词的词源学，尤其是希腊文的词源学，是海德格尔的嗜好。他对它们的研究遭到非议，被说成是玩弄字眼；但是，我们如果意识到人类在其进化过程中把多少真理置放进它的语言里，我们就会明白海德格尔孜孜不倦地"挖掘"语词以探明潜藏着的意义"宝藏"，正是他最精彩的一面。尤其是希腊文，现在已成了一种死语言，但当它的整个历史摊开在我们面前时，我们就可以看出某些真理是如何潜藏在语言里面的：希腊人对这些真理，后来在思想上也渐渐淡忘了。现象这个词——到了我们时代，它在所有现代欧洲语言中都用得很平常——在希腊文里其意思是"显现自己的事物"。因此，在海德格尔看来，现象学的意思就是试图让事物替它自己讲话。他说，只要我们不强迫它穿上我们预先造好的概念的"紧身衣"[①]，它就会把它自己显现给我们。在这里，我们看到了他反驳尼采的最后根据：尼采认为，知识说到底是力量意志的表现，然而，根据海德格尔的观点，我们认知对象，不是通过征服它，而毋宁是通过让它成为它所是，并且在让它成为它所是的同时，允许它如它所是地显现它自己。同样，我们自己的人的存在，只要我们注意听取它的诉说，也会以它最直接最

---

① 原文为"strait jacket"，意即供疯子或犯人穿的用来拘束他们的衣服。——译者

内在的细微差别把它自己显现出来。

词源学的收获并没有滞留在"现象学"这一个词上。海德格尔发现围绕着这个词有一整簇词源，它们全都有一种内在统一的意义，把我们带到他的思想的中心。希腊词"现象"（phainomenon）既与"光明"（phaos）这个词有关，也同"陈述或语言"（apophansis）有关。这些观念的关联序列如下：显现—光明—语言。光明是显现的光明，而语言本身就在这光明之中。这些可能看起来像是纯粹的比喻，但是或许它们只是对于我们才是如此，因为我们的理解已经被弄得阴暗模糊了。而对于处于希腊语言拂晓之际的古人来说，光明与陈述（语言）之间的这种内在联系是一个简单而深刻的事实；我们之所以认为它只不过是个比喻，乃是我们故弄玄虚、迷恋抽象概念使然。

我们将会看出，这种"光明"的比喻，展现了通向海德格尔真理论的道路；在他看来，真理论是人类历史和人类思想中最重大的问题之一。其意义为真理的希腊词 a-letheia 的词源是打开海德格尔理论的又一把钥匙：这个词照字义讲是不隐藏，是无遮无蔽，是显现。真理当隐藏的东西不再隐藏时便出现了。如果我们把这同前面那"显现—光明—语言"的观念连在一起考虑，则海德格尔正在探明的观念的重要性就可能浮现出来了。事实上，这是一个向现在通常主张的真理观全面挑战的观念；通常的真理观认为真理只属于陈述或命题：一个陈述只要符合事实，在我们看来，就是真的了。但是陈述如果没有理解它们的心灵便不存在；因此，在现代用法里，真理只有在正确判断实际情况的心灵里才找得到。这种观点的麻烦在于它不能说明真理的别的表现形式。例如，我们讲一件艺术品的"真理"；我们发现一件艺术品里有真理，但是它里面实际上却很可能没有一条这种文字意义上的真的命题。这件艺术品的真理，在于它是一种显现，但是这种显现却不在于一个或一组从理智上看是正确的陈述。海德格尔提出的重大主张是：真理首要地并不属于理智，而是恰恰相反，理智的真理其实只是一种更基本的真理观念的派生物。

至于这种更加基本的真理观念是什么，我们马上就要充分讨论。然而，在我们做这件事之前，我们必须指出，当我们开始勾勒海德格尔关于人的存在观点时，真理问题立刻就出现了。批评家们通常假道一条更显得是煽情主义①的路线来接近海德格尔的思想。例如意大利评论家鲁吉利以富于色彩又十分浅薄的方式把存在主义描写成"以恐怖电影或犯罪小说的风格构建出来的哲学"；这无疑是因为学院哲学家听到人们谈论死亡、烦恼、焦虑等等一类急迫的人的问题，就感到愤懑。海德格尔确实讨论这些问题；但是，在我们能够讨论他对这些问题的态度之前，我们必须领会他对人的看法，也就是他把人看做总是同真理有某种关系的生命的看法。其实，人能够成为什

---

① 原文为"sensationalism"，也可译作感觉论、激情主义。——译者

么——在他的历史上也在他的思想上——全以他对真理是什么作出的决定为转移。那些批评家之所以能在海德格尔那里找到了煽情主义，恰恰是因为这正是他们希望找到的东西。

正是由于回到埋葬在希腊语言里的真理的原始意义，海德格尔使他的理论一跃而超越胡塞尔现象学的框框。胡塞尔依旧扎根于笛卡尔的观点，这是近现代哲学的流行观点，然而，海德格尔思想的全部意义却在于努力战胜笛卡尔。

笛卡尔经过怀疑一切而达到了惟一的确定性：他自己意识的存在——那著名的"我思故我在"。这是近现代哲学、随之也是近现代纪元的起始点：人被锁藏在他自己的我里。在他之外是一个可疑的事物世界，他的科学现在教给他的这些事物实际上同它们为人熟悉的外观一点也不一样。笛卡尔通过信仰上帝又取回了外部世界，因为要是外部世界实际上并不存在的话，则善良的上帝是决不会欺骗我们去相信它的存在的。但是，主观主义（还有唯我论）的幽灵尚在，并且还常常缠着整个近现代哲学不放。大卫·休谟，当怀疑情绪特别严重的时刻，待在书房里倍感孤寂，恐慌不安，从而不得不走出书房，到弹子房里和他的朋友们混在一起，以便消除疑虑，再度确信外部世界确实存在。而莱布尼茨当他说到他的单子即世界的终极实体时，用了一个生动有力的形象比喻把整个事情和盘托出；他说，他的单子没有窗户，也就是说，它们无法相互沟通。

至于笛卡尔，虽然他可能允许自己偶尔怀疑一下外部世界，但是，事实上，当来理解人的存在时，事物的存在却居优先的地位。什么是外部事物？诸多物体，有广延的实体。相形之下，自我即这个我是一个非物质的实体，一个在思想的实体。而正如各种不同的性质，像颜色、形状等等，为一个物质实体所"固有"一样，我们所谓精神状态的东西，如情绪或思想，也为一个精神实体所"固有"。虽然人和自然的分离无可挽回，但是暗地里发生的事是：对人的存在的了解总是借同物质实体的类比得来的。近现代思想虽然把人从自然中分离了出来，但同时它却还是试图按照物质实在来了解人。

海德格尔一举摧毁了笛卡尔式的人的形象：他说，人的本质特征在于他是"在世界中的存在"。莱布尼茨曾经说过，单子没有窗户；而海德格尔却回答说：人并不是从他的孤独自我透过窗户去看外部世界的，他本已站在户外。他就在这世界之中，因为他既生存着，他就整个地卷入其中了。根据海德格尔的看法，存在本身意即站在自身之外，超越自身。我的存在并不是某种发生在我的体肤里面的事件（也不在那体肤里的某种非物质实体之内）；毋宁说，我的存在扩展到一个领域或地带，也就是它所牵挂的世界。海德格尔的人的（以及存在的）理论可以叫做人的场论（或存在的场论），类似于爱因斯坦的物的场论；我们当然只能把这看做一个纯粹的类比，因为海德格尔会认为，从高度抽象的物理学理论推导出哲学结论，是一种假冒、伪劣的哲学思维方式。但是，爱因斯坦把物质看做一个场

（比如说，一个磁场）——这同牛顿的物体概念正相对立，牛顿是把物体看做存在于它的表层界限之内的——照此方式，海德格尔也把人看做是一个存在的场或域。如果设想有一个磁场，它的中心没有磁石这样一种坚实物体，人的存在就是这样一种场，不过，在它的中心也没有任何精神实体或自我实体向外辐射。

海德格尔把这种存在的场称作 Dasein。Dasein（在德文里从字面上讲是"在那儿的在"、"此在"的意思）是他用来指称人的一个词。海德格尔对人的存在描述的最显著的特征之一，就是他根本不用"人"这个词！这样一来他就省得假定：我们在讨论一个具有固定性质的确定对象，简言之，我们已经知道人是什么了。他对存在的分析也是在没有用"意识"这个词的情况下进行的，因为这个词有把我们带回笛卡尔二元论的危险。海德格尔能够说出他想要说的关于人的存在的一切而既不用"人"也不用"意识"，这意味着在主体与客体之间，或者说在心灵与肉体之间曾经为近现代哲学挖掘出来的鸿沟，要是我们不挖掘的话，本来是没有必要存在的。他的术语概念一点也不武断，而是经过充分深思熟虑制定的，很精明。

现在看来，把人或"此在"看做一个场，这个观念一点也不隐秘，一点也不抽象。这同我们对刚刚学会对自己的名字作出反应的小孩的日常观察相吻合。当人们呼唤他的名字时，他就会足够迅速地来到；但是，如果你要他指出这名字所属的那人时，他就完全有可能指向自己的妈妈或爸爸，使两位热切的父母大失所望。几个月后，再问他同一个问题时，这孩子就会指向他自己了。但是在他达到这阶段之前，他听到有人唤他的名字，一直是把它看做是同他相关他应对之作出反应的存在场的命名，不管这呼唤是叫他来吃东西，是来到他妈妈身边，或是叫他干无论什么别的事情。但是，这小孩是对的。他的名字不是在他皮肤所包范围之内产生的某个存在的名称：那只是极其抽象的社会约定，这种约定不仅把它自己强加到他的双亲头上，而且还加到哲学史上。这小孩的名字对他的基本意义等他长大成人后并不消失；它只是为这种比较抽象的社会约定所遮没了。每当他听到他生命攸关的存在的任何一个部分被人家喊到时，他私下就听到人家在喊他自己的名字。

要花费一些时间才能习惯于海德格尔这个场的概念；但是，一旦熟悉了，它就立刻变得无法规避，十分自然，从而整个地改变我们看人的方式。诚然，这种存在总是"我的"；它不是一个不具人格的事实，像一张桌子的存在只是桌子这个类的一个个别实证那样。然而，我的存在中的"我的"（mineness）并不在于我的场的中心有一个"我—实体"（I-Substance）这个事实，而毋宁在于这"我的"弥漫于我的存在的整个场里。

由于这个概念，海德格尔的双脚就坚实地插在我们大众日常平凡的经验世界里了。先前的哲学家一直以一种很不相同的观点——特殊的经验模式，孤独的反思——来解释存在。笛卡尔或休谟的思想就散发着这种孤独的气味，散发着一种私人书斋的气味，一个人可以躲在书斋里面一味地玩怀疑外部世界的游戏。在日常经验的光照下，这样一些怀疑就变得不实在了；它们无须加以驳斥，自然而然地就消失了，因为它们不适用于我们实际生活的存在。

我们生活于这个前哲学的日常世界里，即使淡忘了这一点的笛卡尔和休谟也不例外；在这个世界里，我们之中没有一个人是一个同外部对象世界相对的私有的"自我"。我们之中甚至没有一个人是一个"自我"。我们人人都只是众人中的一个，是我们的同学、同胞、社团的许多名字中的一个名字。我们存在的这种日常的公众的性质，海德格尔称之为"一个人"或"常人"。① "常人"是不具人格的公众的生物，我们中的每一个甚至在他是一个我、一个实在的我之前就是"常人"了。常人在生活里具有这样那样的身份，我们可望他以这样那样的方式来行动，做这种事，不做那种事等等。根据海德格尔的观点，我们因此就生存在一种沉沦状态之中，其意思是说，我们迄今还处于存在的水平之下，而我们是有可能上升到这水平的。只要我们还停留在这种公众的外在化存在的母腹中，我们

---

① "常人"，本书原文为"the One"，德文为"das Man"，泛指任何人，通常译作"一个人"或"人们"，或"人"等等。——译者

就免除了"成为一个自我"的恐怖和尊严。但是，正如在托尔斯泰小说里的伊凡·伊里奇身上所发生的，死亡和焦虑这样一类东西侵扰了这种沉沦状态，破坏了我们本来只是众人中一员的受庇护地位，并且向我们显示出我们自己的存在是可怖地和无可挽回地是我们自己的。因为成为"常人"要比成为一个自我引起的恐怖少一点，所以现代世界惊人地增加了自我逃避的种种手段。

不管是沉沦的还是提升的，虚假的还是本真的，是仿造的摹本还是真正的原本，人的存在都带有三个一般特性：（1）心情或感情；（2）领会；（3）言语。海德格尔把这些称为"存在情态"，并试图把它们当作存在的基本范畴。作为范畴，它们乍一看似乎相当稀奇，因为别的哲学家的范畴，如量、质、空间、时间等等，与这些大相径庭。后面这些范畴，自亚里士多德以来的哲学传统都把它们当作存在的基本范畴，统统都是关于物质对象的范畴。但是人的存在不能理解为一个物，因此便不能以导源于物的范畴来刻画其特征。然而，这也不是说海德格尔打算用他的三个存在情态表示某种纯粹精神实存或灵魂实体的内在状态。毋宁说必须根据海德格尔关于此在、人的存在的看法，把它们理解为一个场。

第一，心情。真正说来，心情到底是什么？我们打算把它设想成一种内在状态。但是，当我们这样做的时候，我们就还是把它想象成内在于我们自己的某种核心实体——一个灵魂或自我——中，就像一张桌子的颜色内在于桌子一样。其实，我们并不是以这种方式拥有我们的心情的。严格说来，我们绝对不能像我们"拥有"储藏于阁楼里的家具一样地"拥有"它们。毋宁说，心情弥漫于我们所是的整个存在场。在德文里心情（Stimmung）这个词的根本意义是协调声音，因而所谓处于一种心情中，就是说我们的整个存在以某种方式协调起来。我们就是某种欢乐，悲哀，恐惧。心情像酵母一般，使我们的整个存在活跃起来并且弥漫其中。

不仅如此，在每一种心情或感情中，我还突然发现我自己此时此地处在我的情势里，在我的世界中。"Dasein"，如我们所已见到的，意即在那儿或此在——或许照我们在英文里更加通常的说法，是在此时此地——而在每一种心情中，我都以一定方式达到此时此地的我自己。不管心情是轻微得几乎感触不到，还是火山般地喷发出来，它所显现出来的，如果我们留意的话，始终是我自己的此在以某种方式处于它的世界里。根据海德格尔的看法，根本的心情是焦虑（Angst）；然而，他之所以要挑选出焦虑作为根本心情，这并不是出于病态的气质，而只是因为只有在焦虑中，我们存在的这种此时此地性才能以其全部不稳定的和充满空隙的偶然性呈现在我们面前。

请注意，海德格尔是把心情或情感当作存在的情态来讨论的。他提出来供人们考虑的不是心理学，而是本体论；但是这样一来，他也就彻底改变了我们对心理问题的整个看法。人是借听任存在显现自己的方式得到阐明的，而不是相反。整个研究方法断然不是人类中心论的。

第二，领会或理解。海德格尔在这里讨论的领会不是抽象的或理论的；它是对存在的领会，我们的存在扎根于其中，如果没有它，我们作出的任何命题或理论就都说不上是"真"的。这样看来，它处于我们作为普通概念的领会的基层。清早我们睁开眼睛，世界就展开在我们面前。在这种简单一看的动作里，究竟发生了什么情况呢？简单说来就是：当我们看的时候，世界就在我们周围展开，可我们对此并没有进行过足够的反思。世界的这种展开性或保持开放性必定永远是给予的；最卑微的人，其心灵可能十分缺乏观念，他甚至可能根本没有想过要对世界加以特别理性的了解，即使对于这种人，情况也是一样。因为倘若没有这样一种展开性，他就无法存在，因为存在总意味着超越他自己，站在一个在他面前展开的世界里。在这个摆在他面前的、在光明中展开的世界里，万物都处于无遮无蔽的状态(也都处于遮蔽状态)；但是无遮蔽，或无隐秘，在海德格尔看来，就是真理；因此只要人存在着，他就总是存在于"真理"中。(但同时，由于他是有限的，他也就必定总是存在于"非真理"中。)这样，真理与存在就始终是一起给予的，这简单的是因为在人存在的那一瞬间，一个拥有万物的世界便在他周围展开了。然而，当今时代人类多半没有让自己细心察看在看的动作中真正发生的情况。

让我们来看一个例子：一个知识分子想要告诉我他的一项新"理论"。这项理论可能是关于一本新书、另一个人或精神分析的某个新花样，这都无关紧要。（为使我们的说明至少对于某些读者显得更具体些，我们假定这个知识分子特别缺乏传统观念，与传统隔绝，因此属于那种特别有大脑的一类，即纽约知识分子。）我一听到他的理论，就知道是荒谬的。但是，倘若有人要我说出反对的理由，我却可能结结巴巴地说不清楚；在有些情况下，我发现其实根本不值得给以反驳，因为这些观念一传入我的耳朵，我就觉得荒谬。是某种无声的不赖言传的领会，某种似乎可以说是植根于我骨髓里的真理感，使我知道我听到的不是真的。那么，这种领会又来自何处呢？这种领会是由于我扎根于存在才有的。如果我们碰到一些观念，若要明确说出反对理由，花费很长时间，但我们却知道它们是假的，那么，在这个时候或在这种情况下，我们全都具有的便正是这样一种领会。如果我们没有这种领会，我们就永远无法说任何一个命题是真的或假的。领会存在于我们睁开眼睛观看世界的动作里，一旦我们掌握不了领会这种基本形式，我们在思想上就成了无根的了。

　　第三，言语。在海德格尔看来，语言主要的不是声音的体系或写在纸上象征这些声音的标记的体系。声音和纸上的标记之所以能够变成语言，只是因为人在其存在范围内，总是处于语言之中的。这看起来很像悖论；但是，这同对海德格尔的其他思想一样，要理解他的意思究竟是什么，我们就不得不抛弃我们通常的思维习惯，而让自己看到事物的本来面目，也就是让事物本身被看见而不是以现成的概念横暴地蹂躏它。

两个人正在一起谈话。他们相互领会，但他们有时却陷入沉默，而且是长时间的沉默。这种沉默也是语言；它可能比任何语词都讲得更加流利顺畅。他们以心情相互协调；他们甚至可能深入到我们前面所见到的处于清楚发音层次之下的那种领会。这三项——心情、领会和言语（这里是无声的言语）——因此是相互交织，合而为一的。这种有意义的、"说着话"的沉默告诉我们，声音和标记并不构成语言的本质。这种沉默也不只是我们闲谈的间断；它毋宁是一个生存者同另一个生存者的基本的协调；全部语言，如声音、标记和筹码等，都由这种协调产生出来。只是因为人有这样沉默的能力，他才能够有真正的言语。如果他不再扎根于这种沉默，则他的全部言谈就都成了喋喋不休的废话。

这种语言研究跟现在在美国、英国正在流行的种种语义哲学很不相同。在英美国家，语义哲学家把词当作符号或筹码来处理，有时又把这些符号的体系看做逻辑演算；海德格尔则毋宁指向产生这些符号的存在背景。语义哲学家艾·阿·理查兹[①]曾提

---

① 理查兹(1893—1979)，英国诗人和评论家，作品有《意义的意义》、《科学与诗》等。——译者

出一种诗的理论，在这种理论里，诗人成了词语符号的操纵者，一种情绪的工程师。但是，语义哲学对语言的解释不管可能多么有用，却是注定一开始就是不完全的，这是因为它们都没有把握住语言在人类存在中的根。就拿理查兹的丛书《基础英语》、《基础德语》等等来说吧，它们试图通过图画和语词把一门学生原先一无所知的语言教给学生：在《基础英语》教材的第一页上，我发现一幅画（想必是个男人）指着自己说，"我是个男人"，还有另外声言他们是一个女人和一个小孩的图画。假定我一点不懂英文，顺手拿起这本书：我可能很有理由认为所谓"我是个男人"这句话的意思是说"我是个男芭蕾舞演员"，因为在那小小的抽象图上画着的人看起来像是这样一个人。这些看起来可能有点琐屑无聊，其实不然。这样一些误会得以避免，只是因为双方有一种未加表达的相互理解的场景；教者和学生就是在这种场景里进行语言沟通的。领会的这样一种场景是未加表达的，因为所有的表达都发生在其中。教师可以延长他的开场白成为语言学教范，以期根绝这种误解；但是，无论他从哪一点开始，在他的语词背后或环绕着他的语词，都必须有这样一种相互领会的场景。

这种未加表达的领会的场景在于什么呢？如上所述，就在于我们的存在本身扎根于其中的领会。我们已经讲过海德格尔关于"存在的场论"；我们也可以把它叫做"存在的场景理论"。存在是一切存在物得以显现的场景——而这意味着声音或印在纸上的标记这样一些存在物也是如此。人由于置身于这种场景里，置身于这种存在的开放空间里，他便可以同别人"沟通"。人们在他们讲话发声之前就存在于"语言之内"了，因为他们存在于一种相互领会的场景之内；这场景说到底不是别的，正是存在本身。

十分遗憾，海德格尔的语言观在我们这个国家还不甚为人所知。它本来可以在文学批评中省却我们许多徒劳无益、自取失败的攻击；那些批评曾努力把诗歌拆散为组合成它们的语词。而且，海德格尔的语言观本来还可以对我们研究形式语言和逻辑的逻辑学家的种种讨论有所启发；因为依据这种语言观，我们可以指出：语言和逻辑任何形式化的尝试，都必须预先假定有一个领会得以在其中发生的语言场景。

3. 死亡、焦虑、有限性

人死。这是世上每天都在发生的事。死亡在世上是个公众事件，我们为此发讣告，为必要的社会葬礼出钱，而且有时情绪上也会深受触动。但是，只要死亡还是个我们身外的事实，我们就还不曾从"人死"这个命题过渡到"我要死"这个命题。对后者的觉知便带来了托尔斯泰笔下的伊凡·伊里奇那使人心碎的体验。

海德格尔对死亡的分析是《存在与时间》里最有力量又最为著名的章节之一[①]，它用思想显现了文学家托尔斯泰用故事显现出来的真理。（在这两个实例里，真理都须基本上理解为显现。）死亡的本真意义，即"我要死"，并不是存在于这世上的一个外在的和公众的事实，而是我自己存在的一种内在可能性。这种可能性也不像道路的尽头，我总有一天会到达。只要我这样想，我就依然把死亡保持在自己身外的一定距离。问题的实质在于：我随时都可能死，因此，死亡现在就是我的"可能性"。它像是我脚下的一壁悬崖。它也是我的可能性中最极端最绝对的：说它极端是因为它是关于不存在的可能性，因而也就是那种割断了一切别的可能性的可能性；说它绝对，是因为人能够熬过一切别的令人心碎的事情，甚至他所爱的人的死亡，但是他自己的死亡则把他整个了结了。因此，死亡是各种可能性中最个人和最内在的可能性，因为它是我必须自己去经受的：任何他人都无法代我去死。

根据海德格尔的观点，只有把我的死亡带进我自己，本真的存在对我才有可能。在受到这种内在的死亡天使震动之后，我就像伊凡·伊里奇一样，不再是不具人格的和社会的众人中间的一个了；我就自由地成为我自己了。把死亡带进我们自己，虽然十分可怖，倒也是一种解放：它使我们从那可能席卷

---

① 参阅《存在与时间》，第 2 篇，第 1 章，第 46—53 节。——译者

我们全部日常生活的、琐碎事务的奴役状态中解放出来，从而给我们展开本质的"筹划"，借此我们便能够使我们的生活成为仅属个人的、有意义的自己的生活。海德格尔把这种状况叫做"向死的自由"或"决断"。

接受死亡，认为它随时随地都可能发生，这就透露了我们存在的彻底有限性。海德格尔探究人类有限性的深度，超过了先于他的任何一个哲学家，甚至超过了在这个方面他从其身上获益甚多的康德。我们想到有限性时，总倾向于认为它主要同物质对象有关：物质对象总是有限的，因为它们包容在确定的空间界限之内。它们扩展到这个范围为止而不能更远些。然而，人的本质的有限性不是在它的边界被经验到，而是可以这么说，是在他的存在的真正中心被经验到的。他是有限的，因为他的存在弥漫着非存在。乍一看，这完全像是个悖论；而我们的理性，由于把自己严格放在矛盾律的基础上，所以领会不了它。但是，我们自己，作为存在着的存在者，当陷入焦虑的心情时，当非存在的虚空在我们自己的存在里展开时，就能够完全充分地领会到它。

焦虑不是恐惧，不是害怕这个或那个确定的对象，而是那种惧怕虚无的奇怪感情。那自行显现出来作为我们惧怕对象被感受到的正是"虚无"。这种基本的人类经验第一次是由基尔凯戈尔在他的《恐惧概念》里描述出来的，但那里只是简短地顺便加以描述的。海德格尔极大地拓宽和加深了基尔凯戈尔的见解。意味深长的是，基尔凯戈尔所描述的恐惧同"原罪"这一神学问题有关，所谓原罪，是指那从亚当所犯的最初的罪降到全人类身上的罪。基尔凯戈尔说，在亚当决定咬那个苹果之前，在他身上就已裂开了一个巨大的深渊；他是在以"虚无"为背景投身于一项未来行动时，看到自己自由的可能性的。因此，这个"虚无"是销魂夺魄的，同时又是令人惊骇的。在海德格尔看来，虚无是我们自己存在里面的一种在，它始终在那儿，带着一种内在的震颤，这种震颤发生在由于我们全神贯注于日常事物而显得平静的表层下面。面对虚无的焦虑虽然有许多形式和伪装：时而颤抖并富于创造性，时而惊慌而有破坏性，但是，它始终像我们自己的呼吸那样，同我们自己须臾不可分离，因为焦虑就是处于极不安全状态中的我们的存在本身。在焦虑中，我们是既存在同时又不存在，而这也就是我们的恐惧。我们的有限性正是这样：肯定和否定互相贯穿于我们整个存在。

人之有限并不只是他个人的或他的类的一个心理特征。他的有限也不只是因为分配给他待在这个世界上的年月的数目有限。他的有限是因为这"不"——否定——贯串于他的存在的核心。而这个"不"又来自何方呢？来自存在本身。人是有限的，因为他生活和活动在有限的存在的领域之内。这一说法最重大的意义之一是它告诉我们：人的真理也总是掺有非真理。在这里我们已经尽可能远地离开了黑格尔和启蒙时代的哲学家，这些人曾经希望把全部真理统统封闭在一个体系里。

4. 时间与时间性；历史

我们的有限性主要在时间中宣露它自己。我们存在着，如果从词源学上来看待存在这个词的话，其意思就是，我们站在我们自己之外，一方面对存在展开，同时又处于存在的开阔的垦殖地里；而这既发生在时间中又发生在空间中。海德格尔说，人是一个有距离的生物：他永远在他自己之外，他的存在在每一瞬间都向将来敞开。将来是"尚未"，而过去则是"不再"；这两个否定——"尚未"和"不再"——贯串他的存在。它们就是他的有限性在时间上的表现。

海德格尔说，我们确实知道时间，因为我们知道我们将来都要死。若对我们有死没有一种动情的觉知，时间就只不过是一种钟表运动（我们消极地观看、计算着它的进展），一种没有人的意义的运动。严格地讲，人在时间里并不像一个浸在激流里的物体。毋宁说，时间就在他之中；他的存在彻头彻尾、彻里彻外都是时间性的。他的心情，他的操心和关切，他的焦虑、罪感和良心——这一切都浸透着时间。构成人的存在的一切都不能不根据人的时间性——"尚未"、"不再"、"此时此地"——加以理解。

时间的这三个时态——将来、过去和现在——海德格尔称之为 ekstasies（"出窍状态"），采用希腊词 ek-stasis 的原意，表示站到自己外面并超出自身。海德格尔以前的哲学家一直把时间构想成一系列"现在"——当下瞬间——一个接着一个，像一条线上的许多点那样。这就是我们所谓钟表时间——由精密计时器和日历测度出来的时间。但是，海德格尔说，为了把时间构想成一连串"现在"，我们就必须能够领会"现在"是什么意思；而要做到这一点，我们又必须把它领会为划分开过去和将来的瞬间——这就是说，为了领会现在，我们必须把过去和将来合在一起加以领会。因此，每一个把时间解释为一连串溜进过去的现在瞬间的尝试，都预先假定了人已经站在他自己之外，站在时间的三个"出窍状态"之一里面。这样，他的存在就像它是一个在空间上绵亘的场一样，在时间上也是一个绵亘的场；他的时间性是这种存在的基本事实，是他所有测试计量时间方法的基础。钟表对人有用只是因为他的存在扎根于一种更为重要的时间性。

海德格尔的时间理论是新颖的，这在于他与先前哲学家把时间归结为"现在"集合的观点不同，而是给予将来时态以优先地位。按照他的见解，将来最重要，因为人总是筹划达到那个领域，而且他还在那个领域确定他自己的存在。如果稍事改变一下蒲柏的著名诗行，我们就可以说，"人从来不是（一个什么），而永远将要是（一个什么）。"①人永远向前看，向着将来的开放域，而在这样看时，他就自己承担起过去的重负（或者从过去选出一部分作为他所承继的遗产），并且因此而使他自己以某种方式适应他现在的实际生活情况。

对海德格尔说来，在这里时间显示出它自己本质上是历史的。我们并不是出生在一个一般的瞬间，而是出生在那个特殊环境里的那个特殊瞬间；而且在进入这世界的同时我们也进入了，不管是多么卑微，它的历史命运。我们越是具体越是人性地抓住人的存在的时间的根，我们就越是清楚地看到这种存在是在历史中并且本身也是彻头彻尾历史性的。历史性之于历史，也像时间性之于时间一样；像我们制造钟表去测度时间是因为我们的存在本质上是时间性的一样，人写历史或以他的行动创造历史也是因为他的真正存在是历史性的。在这里，海德格尔纠正了像黑格尔或马克思那样一些思想家的历史主义，对于他们来说，人之所以是历史性的，是因为他参加了世界的巨大历史过程。世界历史，对于黑格尔和马克思，就像一条浩浩荡荡的大河中携带着许多个人和民族。但是，海德格尔说，历史的这种意义其实源出一个更加基本的意义：人是时间性的，简单地是由于人是这样一种生物，他的存在本身是在时间中展开的。人是一种历史性的生物，这是对的；但是，其所以如此

---

① 蒲柏(1688—1744)，英国著名诗人。——译者

并不只是因为他在某个特定的时期穿着这样那样的衣服，有这样那样的"历史"习惯，也不只是因为他明显地受他所在时代阶级冲突的影响。所有这些东西，其意义都源出一个更基本的事实：即人是这样一种存在，他尽管是模糊地和半自觉地，但却始终是历史地领会着而且也必定历史地领会着他自己的存在。

那么，像海德格尔这样一位思想家又怎样呢？他也必须历史地领会他自己。其实，如果他的思想是有根的而非无根的话，则他就比谁都更须如此。他必须把自己的思想看做一项历史事业，一项行为，这行为筹划着某种将来，并审慎地把它本身同产生他思想的整个传统联系起来。海德格尔比当代任何一位思想家都更想把他的思想同西方思想历史联系起来；而且他不是从一种外在的纯粹学术性的意义上，而是作为一个发生在历史之内的事件来寻找这种联系的。在这一点上，他的思想比任何一个正式哲学史家的思想，都表现出本质上更具有历史性。因此，老实说，我们若要对他的哲学作出最后的总结，就非用他安置西方思想的整个历史，乃至西方存在本身的历史的视野不可。

他的两篇论文《柏拉图的真理论》（1942）和《论真理本性》（1943），尤其是第一篇论文，虽说简短却极有意义，把上面那种视野给我们最鲜明地勾勒出来了。在这里，我们不可避免地要回到真理问题，因为海德格尔哲学的中心问题，既不是时间、历史、操心、焦虑、死亡，也不是任何别的引起批评家们注意的那些戏剧性问题，而正是真理问题。对海德格尔说来，关于真理的决定是至关紧要的，因为它就是对存在意义的决定，而且因此也是人和整个文明历史绕之转动的枢纽。

海德格尔说，西方存在的历史发端于存在的沉沦。在这方面，他的观点同把亚当的沉沦看做是整个人类历史开始的《圣经》的观点很相似。希腊思想家为了清楚地判断事物，便把它们看做清楚明白的形，同环绕着它们的背景游离开来。海德格尔认为存在的沉沦就是从这个时候开始的。格式塔心理学①用图形与场地这样两个词，在这里可能有帮助：通过图形从场地游离出来，就能使对象出现在人类意识的光照下；但是，这样一来，场地即周围背景的意义也就会随之丧失。这图形趋于得到更加鲜明的焦点，但场地却退远了，看不见了，被人忘却了。希腊人把存在者同存在的巨大四周场地游离开来。对希腊人说来，伴随着这种游离活动，真理意义发生了巨大转向；海德格尔曾确切指出，这种转向在柏拉图《理想国》里有关著名"洞喻"的一节里，就发生了。无遮无蔽性质曾经被看做真理的标志；但是随着这一节里柏拉图所说的，真理毋宁已被定义

---

① 格式塔心理学，心理学中的一派，主要信条是无论如何不能通过对各个部分的分析来认识整体。有人曾译为"完形心理学"。19 世纪产生于奥地利及德国南部。——译者

为理智判断的正确性了。从此以后，只要理智真实地判断了事物，真理就存在于人类理智中。由于采取了这种意义作为真理的基本的和本质的意义，希腊人便有能力发展科学，这是西方文明独一无二和最为显著的特征。

东方文明中没有一种文明产生过存在者同存在的类似游离。虽然海德格尔一点也没有提及这些东方文明——他总是从西方文明中取材，即使在试图超越它来进行思考的时候也是如此。但是，我们在给他的思想定位时，却不能不参照它们。无论在印度或中国，还是在这些文明所产生的哲学里，真理都不是被放在理智中的。恰恰相反，印度与中国的圣贤们所坚持的正是其对立面：也就是说，人只要还被禁锢在他的理智里，他就不可能获得真理。一个人若把真理放在心灵里，这些圣贤不仅会认为他犯了错误，而且还会认为他心理失常。西方人和东方人之所以在历史上会分道扬镳，乃是因为他们各自对"真理是什么"作出了不同的决定。

然而，我们也不应当像有些信口雌黄的全盘东方化论者那样，十分肤浅地把这解释成西方人偶犯的一个错误，只要稍稍用点智慧就可以纠正过来的。必须把历史看得比这更加命定些。希腊人定义真理的筹划（在海德格尔的意义上使用"筹划"这个词），在某些方面从本质上看跟所有人的筹划一样，也是有限的，因此它本身也就带有它自己的否定方面。我们如果不否定我们未变成的另一选择，就不可能来定义我们自己。要是希腊人不曾把对象同它们四周的存在场地游离开来，那么我们所谓西方理智也就不会产生。缺乏这种理智是东方文明历史筹划中的否定方面，是阴影。每一束光都有它的阴影。

然而，希腊人自己并没有变成现代意义上的主观主义者。他们在市场上、在户外讲哲学，他们还足够接近存在，只是他们的思想已经开始淡忘了。要留待近现代科学，在我们时代之初，在人和自然之间来作出更加清晰的分割；而笛卡尔的思想正是对这种分裂的表达。我们虽然能够对从存在四周场地游离出来的客体加以测度和计算，但是这种客体即物自体的本质却变得对人越来越疏远。主体逐渐意识到他自己同客体的隔绝，即使当他操纵客体的力量几乎不可置信地增殖起来的时候，也是如此。"客体"（object）这词本身在这里是很有教益的：它来自拉丁词 ob-jectum，意即眼下就抛到或摆在面前（before—hence）的东西——因此，是一种必须加以征服，进行操纵和改变的障碍。人支配着存在物，但是却忘记了存在，忘记了这个由主体和客体两者共同支撑着因而不能分开的开放域。这样，今天留给人的便没有别的什么，只有支配客体的力量意志；海德格尔说，在这方面，尼采是西方形而上学的顶峰，而这种形而上学又是在当今世界力量至上的局势下达到顶峰的；他的这个说法是正确的。

这里，海德格尔是在谈论当今世界最流行的一种态度，这常常从我们对各个生活领域的组织性有出奇的热情表现出来。

飞到乡下度周末的商人，匆匆忙忙地打高尔夫球、打网球、航行，成功地款待宾客，一切都根据争分夺秒的日程表进行；而到临近周末终了，又飞回城市，却从来不曾有机会或兴致沉湎于乡间小道上的散步——我们说，这样一个人的组织能力很惊人，真正知道如何去安排事情。诚然，他的确显现了值得赞赏的支配事物的能力；但他支配的是存在物而非存在，他从来没有接触到过存在。我们沉湎于乡间小道的散步，从字面上讲，就是失去了那同自然分离开来的自我：进入那个主体和客体不再相互杀气腾腾地分立对峙的存在域。诗人对存在的关系不是有力量的忙人对存在者的关系。后者虽然来往乡间，但是却不曾真正地在那儿"存在"过。当今时代的人，技术人，是笛卡尔式的人的末代后裔，但是却没有笛卡尔对清楚明白观念的热情。笛卡尔被禁锢在他自己的发光的自我之内，面对着物质对象世界认为是彻底异在的，而且或许还是不可知的；像笛卡尔一样，技术人也面对着他世界里的对象，除了拥有那种为了控制它们工作需要揿那个按钮的知识外，再没有必要也没有能力跟它们发生亲密的关系了。

现在，海德格尔对尼采的最后回答是什么，应该很清楚了：这就是西方人必须把"存在"从淡忘状态中取回来。人必须学会让存在存在，而不是扭曲它，扰乱它，让它全力报答我们对力量的需要。艺术界里有这种扭曲的一个简单例子。为了勉强建立一个体系，尼采甚至把艺术家也包括在权力意志之下：他说，艺术是艺术家的生命力和力量的宣泄，而伟大艺术的经验又转过来增强了我们身上的这种生命力和力量。安德烈·马尔罗在他关于心理学和艺术史的长篇论著《沉默的声音》里，最近对尼采的这一观点作了最动人的表述。马尔罗的书充满了斗争、征服、胜利的隐喻；世界艺术被看做是一个想象的博物馆，里面的意象完全是尼采的风格，代表人类对虚无的胜利。马尔罗，这位代表我们时代那种神经质的最高典型人物，为尼采力量意志的魔鬼耗尽了精力。但是，他的一切战斗性的隐语确实显示给了我们艺术的另一面吗？它们确实向我们表明，艺术家以及观众必须耐心地消极服从艺术进程？难道他必须躺下静待意象自己产生出来？难道他一试图强行干什么事，他就会制造虚假不实的东西吗？简言之，他必须让他的艺术真理对他发生吗？所有这些论点都是海德格尔所谓"我们让存在存在"的意义的一部分。让它存在，艺术家让它通过他对他讲话；同样，思想家也必须让它被思想。

像这样借重"被动性"反对"能动性"——这些词用得不太贴切，但在这里暂时还能用——海德格尔似乎又把我们引向东方了。他一再重复说，西方传统发端于存在的淡忘，这个传统已经走到一条死胡同的尽头而臻于完结，他还说我们现在在思想时必须超越这个传统而达到它由之涌现出来的源头；当我们听到他这些话时，不禁会想到在东方出现的另一种伟大人类文明。无疑，在海德格尔的思想和东方思想之间有明显的对应点。海德格尔之前的西方形而上学一直没有想透"非存在"的本质，但是佛学的形而上学却想透了；西方人的心灵由于听到一片反对"虚无主义"的激愤呼喊便对存在和非存在的关系问题望而却步，但中国的道家，却欣然接受存在与非存在必要互补的观点。老子说：

> 三十辐共一毂，①
>
> 当其无，有车之用。
>
> 埏埴②以为器，
>
> 当其无，有器之用。
>
> 凿户牖以为室，
>
> 当其无，有室之用。
>
> 故有之以为利，无之以为用。③

我甚至斗胆设想，如果我们要在过去历史中找到同海德格尔存在概念最接近的东西，可能就是中国哲学的道了。但是这样一些联想什么也证明不了，因为海德格尔，如我们所见到的，在思想着超越西方传统的同时却又断然停留在这个传统内部。他

---

① 毂（gǔ），车轮中心的圆孔。——译者
② 埏埴，指用水和土成泥。其中埏（shān）指用水和土，和泥；埴（zhí）指黏土。——译者
③ 《老子》，第11章。——译者

这样做，很可能是对的。把东方语言的困难撇在一边不谈——海德格尔也充分地证明了我们若离开表达它们的语调，就理解不了希腊或拉丁哲学——我们甚至也不能够保证我们领会了产生东方哲学的经验：它同我们还是隔得太远了。如果西方思想要从它现在的死胡同里走出去，很可能需要通过使它本身东方化才做到这一点，但是其结果却会同东方人曾认知的大不相同。

　　"但是，究竟什么才是存在呢?"可以想见，读者会困惑地发问，因为我至少已经勾勒出海德格尔的思想，"我们却还是没有听你讲到那个"。我们喜欢以"紧凑的公式"明白地告诉我们一件东西是什么。一个三角形就是一个为三条直线所围成的平面图形——那么，好，我们知道什么是三角形了。我们需要可以作为准则的概念，然而，概念就是对事物的表象，或图画。但是，存在和三角形不同，我们心里不可能有它的图画或表象。我们达到它靠的是一种与概念理性不同的思想。"思想"（think）和"感谢"（thank）是同源词根；在德语里，词an-denken——从字面上讲，就是"去考虑，去思量"——其意思是回忆；因此，对海德格尔说来，思想、感谢和纪念都是同源概念。真正的思想，扎根于存在的思想，它同时就是一种感谢和回忆的行为。当一位亲近的朋友在分别时说，"想想我!"这并不意味着"请你有一张我的心理图像!"而是："让我（即使当我不在时）同你在一起。"所以，我们思考存在也必须让存在对我们在场，尽管我们不可能有它的心理图像。存在其实就是这个在场，虽然看不到却又弥漫于一切，不可能把它封入任何一个心理概念里。思想它就是感谢它，以感激的心情铭记它，因为我们人的存在归根到底是扎根于它的。而且，如果我们只是因为不能以任何一种心理概念表象它，我们就甘愿忘却它，那么我们一切人类和人文事业就都有遭受虚无之虞，因为我们的存在本身因此会被连根拔起。

海德格尔不曾说这么多话告诉我们什么是存在；但是任何一个把他的原著读了一遍的人都会从中获得一种对存在的具体感受，这跟我们哲学传统至今阐发出来的任何东西都很不相同。我们从一部《存在与时间》这样的书里获得一种感受，体会到人是个他生命的每根神经和纤维都是透明的和对存在开放的生物；对存在这一不可言传者的感受，海德格尔的这样一种表述大概在西方思想家中算是最清楚的了。老实说，这部书对人的存在的分析十分丰富又十分精密，我们上面引述的几点差不多只能说是对其实际的范围和深度的一个相当粗略的说明。海德格尔写这部书的时候，是在 20 年代初期，那时他是马堡大学的年轻教授，在这些年月里，他准是十分紧张地思想着，也可以说他十分紧张地思考了一辈子，因为他的作品多半是对这部历史丰碑般的著作的阐释。

对"海德格尔的人"的最为常见的批评，是说他是一个孤独的生物而不是社会的生物；他之获得本真的存在，只和他自己一个人有关，本质上同别人无关。存在主义者，如雅斯贝斯、布贝尔、别尔佳耶夫、马塞尔，都曾这么批评过——萨特也曾经这么批评过，只是方式稍有不同。布贝尔的批评（在《人与人之间》）提得最强烈，又因为布贝尔现在在美国小有名气，所以看来在这儿是最有影响的。然而，他的批评却完全忽略了一点：海德格尔的人或者说本真的海德格尔的人是不仅与他自己相关，而且也与存在相关的，并且正是由于后者，这种生物才能够获得本真性。布贝尔，这位宗教人本主义者，没有真正看到海德格尔关心的是存在，因而不是在创立一种哲学人类学。人，对于海德格尔来说，只是接近存在问题的工具和入口；因此，这种思想筹划很可能没有适当处理人的存在的所有具体层面——心理的和社会的层面。海德格尔并没有像雅斯贝斯和布贝尔那样人本地（他所谓为"生存状态上地"①）进行哲学探讨，他们毋宁像存在的抒情诗人，寻求唤醒他们听众的本真存在。海德格尔是位思想家，不多一分也不少一分；因而作为他的生命的筹划，是对存在的一番严肃忧郁的沉思。

尽管从形式上讲，布贝尔的反对意见不中肯綮，但是，这位犹太老先生还是有出奇的天生本能，他嗅出了麻烦的真正所

---

① 原文为 existentielly，来自德文 existenziell，与 existenzial（"生存论上的"）有别，可参看《存在与时间》中译本，第 16 页注②。——译者

在：麻烦在于这位思想家和这个人相遇并合二而一的那个昏暗的域。海德格尔但求做个思想家；作为思想家，他同雅斯贝斯和布贝尔一类人相比，可说是鹤立鸡群：用粗鲁的美国话直截了当地说，就是作为思想家他们甚至同海德格尔也不是一伙的。但是，是一个思想家（甚至在颂扬的意义上，海德格尔也是其中之一）也还不足以是一个人。如果思想能够把我们的根还给我们的话，海德格尔的思想就会做到这一点，因为还没有一个思想家曾如此扎根于日常生活；但是，思想显然做不到这一点。海德格尔已经领着我们（任何一个别的思想家都还不曾做到这一点）回头看到光明景色所包含的内容，但是，我们还需要再向前迈出一步，看到凡是光都需要火。因此，尽管有了海德格尔，我们感到还是需要一个新的基尔凯戈尔，以便把活血注入海德格尔"此在"的本体论的骨架。

基尔凯尔戈与海德格尔的对立——这就是布贝尔一类的批评要告诉我们的主要对立。这种对立，正如海德格尔会希求的，取决于这两人不同的真理概念：基尔凯戈尔认为它在于个人的伦理和宗教热情；海德格尔却认为它在于存在本身；这存在本身是一个开放域，主体和客体能够在其中共居，并且因此而能够相会，如果没有它便既不可能有主体，也不可能有客体。存在主义哲学还不曾把这两个真理概念调和起来——这是一项留给将来完成的使命。但是，对存在的追求难道就不能像东方人所主张的那样，同个人热烈渴求自己得救是一回事吗？

思想本身如果不把两者结合起来，或者毋宁说不再分开它们，它就会永远不完善吗？海德格尔对希腊文真理一词 a-letheia 大加发挥，但是，难道它不是终究起源于一个更具体的形容词 alethes 吗？alethes 这个词用在个人身上时，是指一个真正的、开放的、忠诚的人。简言之，真理说到底是仅仅同真人连在一起的。

在精神上，海德格尔同尼采要比他同基尔凯戈尔接近得多；而且他的思想，虽说克制得多，还是散发出查拉图斯特拉冰冷孤独的超人气息。海德格尔找到同荷尔德林的这样一种亲和性也非偶然，这位伟大诗人具有强烈的孤独感，竟也和尼采一样，不知不觉地陷入了精神分裂症。海德格尔太过平静地默认"上帝之死"。如果他确实经验过这件事，那么，我们就会觉得他的思想当更加苦恼，或者从另一方面看会更加欢愉，因为他已经幸免于死。荷尔德林和尼采是体验"上帝之死"的伟大诗人；海德格尔不曾遭遇他们那样的悲惨命运——或许是因为他，如基尔凯戈尔想必会说的，不是个诗人，而只是个教授。

然而，德国教授可是些了不起的人物。一个多世纪以前，有个名叫黑格尔的德国教授，他的思想在一个普通的观察者看来，就像是最最学院式的胡思乱想，除了其他专门胡思乱想的人外，谁对它也不会感兴趣。然而，黑格尔的思想在学院围墙外面却扩散得很广、很远，最后竟产生了马克思和共产主义。海德格尔可能被证明是具有同样深远影响的人物。他已经彻底改变了我们对西方历史的整个看法；将来的历史教科书可能建立在他的历史观之上，就像在前面几代人那里历史教科书建立在黑格尔的历史观之上一样。有限论在现代数学里已经开始占上风。海德格尔把非存在或虚无带进思想，从而强调指出了西方人终将会面临虚无主义问题这样一种可能性，这既不是惊世骇俗的谤语，也不是洋洋得意的自欺之谈。而且，他的思想已经影响到学院以外的世界，因为通过萨特，他成了法国存在主义的主要推动者。虽说在这个例子里，如我们下面将要见到的，这"孩子"对他的"父亲"并不十分忠诚。

第 10 章　萨　特

我们很可以从萨特的英雄气质谈起。虽说他的作品有许多本质上显然是非英雄的，但是其中也确实回响着英雄主义的音调，下面选自《沉默的共和国》的文字就是如此。这里，萨特描写的，是 1940 年到 1945 年法国抵抗运动的生活：

> 我们从来没有像德国占领期间这样自由过。从说话权利起，我们已经失去了一切权利。每天我们当面受辱，又不得不忍气吞声。随便找个什么借口，例如说我们是工人、犹太人或政治犯，就把我们成批地驱逐出国。广告牌上、报纸上、银幕上，我们到处都看得到我们自己枯燥可厌的、我们的镇压者想要我们去接受的图像。然而，正是

由于这一切，我们才是自由的。由于纳粹毒液渗透进我们的思想，每一个正确的思想都成了一项战利品。由于近乎全能的警察机构企图迫使我们闭口不言，使得我们讲的每个词都有宣布基本原则的价值。由于我们遭人搜捕，我们的一举一动都有庄严献身的分量。……

　　流放，囚禁，尤其是死（这在比较幸福的年代，我们通常是十分害怕面对它们的）成了我们习以为常的关注对象。我们懂得了它们既非逃不脱的偶然事件，甚至也非经常逃不脱的危险，而是必须把它们看做我们的命运本身、我们作为人的实在性的深刻根源。每一瞬间我们都在充分的意义上实践着这句平凡而简短的话："人必有死！"我们每个人对自己生命所作的选择都是本真的选择，因为它是面对死亡作出来的，因为它总是可以以"不……毋宁死"这些词语表达出来的。我在这里讲的并不是我们当中堪称真正抵抗者的精英，而是指所有那些在这四年间日日夜夜每时每刻都回答"不"的法国人。

几年以后（1947），在他的《什么是文学》里，萨特从这种经验又得出了另外一条哲学结论：

　　我们已经被教会了如何认真地对待"邪恶"。如果我们生活在遭受折磨成了日常事实的时代，这既非我们的过错，也非我们的功绩。夏多布里昂、奥拉杜尔①、索塞耶街、达豪②和奥斯威辛③全都向我们证明，邪恶并不是一种表面现象，知道了它的原因并不一定就能消除掉它；邪恶同善良，也不像混乱观念同清楚观念那样对立；邪恶既不是可以消除的情欲、可以克制的惧怕的结果，也不是可以谅解的偶尔过失、可以开导的愚昧无知的结果；它无论如何也不可能转移、返回、还原或合并进唯心主义的人本主义，就像莱布尼茨关于阴影曾说到的，它对于反衬日光的耀眼是必需的……

或许将来会有这么一天，那时，幸福的时代在回首往昔时，会把这种苦难和羞辱看做导向和平的途径之一。但是我们并不站在既成历史一边。正像我所说过的，我们是这样置身于情境中的：我们活过的每一分钟在我们看起来都像是不能化简的。因此，尽管我们自己不愿意，我们还是要得出这个将会使高尚的灵魂感到震惊的结论：邪恶是无可救赎的。

对于希望领会萨特的美国读者来说，强调这些段落是必要

① 奥拉杜尔，法国格拉讷河畔一村庄，1944 年 6 月 10 日德军在此进行过大屠杀。——译者
② 达豪——德国第一个纳粹集中营，1933 年 3 月 10 日建立。——译者
③ 奥斯威辛——纳粹德国最大的集中营和灭绝营，设在波兰奥斯威辛市，在此地遭到惨死的高达 400 万人。——译者

的，因为美国人还不曾领略过法国人熬过来的生活：我们终于到达了诗人兰波所预言的"刺客时代"。萨特在20世纪30年代变得成熟了。左派政治气氛笼罩着一切，在政治上，萨特从来没有停止过站在左派一边。但是，笼罩着法国的，还有一个注定败北世界陈腐、倦怠的气氛。雷昂·布鲁姆[①]的人民阵线政府犹豫观望，无所作为，毫无生气，软弱松弛，无法应付时代的危机；法国资产阶级依赖成性，明哲保身，心胸狭窄，甚至想象不出任何重大行动的可能性。"下流胚"成了当年萨特最有力的字眼——"下流胚"，卑鄙小人，夸夸其谈和自以为是的人龟缩进他们善恶不分的虚情假意之中。这种腐败气息透过萨特的第一部小说《恶心》满篇散发出来，这书扉页上的引语出自塞利纳绝非偶然，因为塞利纳是地狱诗人，是表达那个时代的虚无主义和厌恶情绪的诗人。萨特书中的"恶心"是对存在本身的恶心；而对于那些想用这个词作为抛弃整个萨特哲学借口的人，我们倒可以指出：以厌恶的态度面对自己的存在总比从来不曾面对过它要好些，像那些裹在学院或资产阶级或政党领袖的紧身衣里的下流胚们，就从来不曾面对过存在。抵抗运动对于萨特及其一代人起了从恶心解放出来以达到英雄主义的作用。这是一种行动的号召，一种使人达到他们存在的极

---

① 布鲁姆(1872—1950)，法国犹太人，在20世纪30年代，曾任由社会党和共产党发起成立的人民阵线政府总理、副总理多年，是法国抵抗运动的支持者。——译者

致的行动，而听着这种号召，人自己是不会发觉其不合需要的。当面对着占领军不可抵抗的强权说"不"时，他甚至能够重新发现他自己的不可剥夺的自由。

那无法从一个人身上取走的实质性的自由，基本的和终极的自由，就是说一声"不"。这是萨特的人的自由观的基本前提：自由就其真正本质而言是否定的，虽然这种否定性也是有创造力的。在某个时候，或许虐待者加害于人的麻醉剂或痛苦会使受害者失去意识，从而供认不讳。但是只要他还神志清醒，不管他可能活动的范围多么微小，他还是可以在自己心里说："不。"意识和自由因此是一起给予的。只有消灭掉意识，人的这种余下的自由才能被剥夺殆尽。如果一个人的所有行动途径都被堵塞，这种自由看起来就会微不足道；但是，实际上它却依然是完全的和绝对的。萨特这么坚持原是对的，因为他把人之为人的最后尊严给了人。

对这种自由的体验，在哲学上并不像它看起来那么新奇。其实，正是这种自由始终伴随着笛卡尔著名的有系统的怀疑过程。在这个过程里，对任何一个信念，只要他看到了怀疑它的一丝可能性，不管它看起来多么言之有理，他都建议对它说"不"。对于才华横溢、年轻有为、第二次世界大战前就教过哲学的萨特来说，笛卡尔是特殊的英雄——如果算不上行动人生上的英雄，也是个思想上的英雄。抵抗运动的经历使得笛卡尔对萨特更加重要起来，因为在抵抗运动期间，笛卡尔的学说可以实现在行动人生上。当那个想象中的魔鬼诱使笛卡尔承认一个不完全清楚明白及无可怀疑的命题时，尽管他周围社会和自然界的每件事物都在敦促他表示赞同，但笛卡尔却还是决心对这个魔鬼说"不"；同样，我们这位抵抗主义者也能够面对着占领军的淫威说"不"。

　　萨特是一个阅读过普鲁斯特①和海德格尔作品的笛卡尔主义者，他对人的心理探讨远远超过了这位 17 世纪的哲学家；更为重要的是，他是一个经历过现代世界战争和恐怖的笛卡尔主义者，因此，他在历史上对世界的关系完全不同。可是，他照样还是个笛卡尔主义者；因为当真正的危急关头，或许没有一个法国人或者说没有一个法国思想家能够有办法不成为笛卡尔主义者的。笛卡尔和法国抵抗运动——法国抵抗运动中的笛卡尔——这些就是打开萨特显得纷繁复杂的整个哲学之门的简便钥匙。

　　要清楚地看到这一点，我们只需要回溯到笛卡尔"系统怀疑"中的某一特定阶段。他决心拒绝承认一切信念，只要它们有丝毫可疑之处，他也决心"抵抗"所有说"是"的诱惑，除非他的理智根据它自己的光明已得确信；所以，他也拒绝相信外部世界、他自己之外的其他心灵、他自己的躯体、他的记忆

---

① 普鲁斯特(1871—1922)，20 世纪法国小说家。作品有《追忆逝水年华》、《在花枝招展的少女们身旁》等。受柏格森哲学影响较大。——译者

和感觉的存在。他无法怀疑的是他自己的意识，因为怀疑就是意识；因此，他怀疑自己意识的存在也就等于肯定它。在笛卡尔盘旋的昏暗虚空里，只有他自己的心灵之光在闪烁。但是在这种确信(certitude)对他闪光之前(甚至在这之后，在他过渡到另一些真理之前)，他都是一个虚无，一种否定性，存在于自然和历史之外，因为他已经暂时地废除了对一个具有物体和记忆的世界的一切信念。萨特说，因此，我们不能够把人解释成一个坚实的实体性事物，存在于构成世界的万千事物之中；他在自然之外，因为他以他的否定能力超越了它。人的自由就是说"不"，而这意味着他是那虚无赖以产生的存在。他能够把自然和历史中一切可疑的东西悬置起来，放在括号里，同我们这位笛卡尔式的怀疑论者盘旋其前的虚无背景相比较。在这里，萨特只不过是从笛卡尔的怀疑里所蕴涵的生存论上的东西引出了结论。

当然，笛卡尔是位虔诚的基督徒，也是一位天主教徒；而且，从实际情况看来，当他的理智在虚无中盘旋时，他根本无意于把他的宗教信仰置于怀疑境地而使其不死的灵魂大受其害。作为一个精明睿智的法国人，他决定服从他的时代和环境的习俗(包括宗教习俗)。因此，当他开始从事怀疑的时候，他确实保证了他身后的"交通线"；当他下降到痛苦的虚无夜幕里时，他并没有冒任何风险。这样，在确信了"我思"之后，下一步就是对上帝存在的证明；并且靠上帝作保证，整个自然界、众多事物连同心灵现在可能认知的它们的固定本性或本质，便都在笛卡尔的周围重新建立起来了。然而，萨特是处于不同时空下的笛卡尔式的怀疑者：上帝死了，因此，对这个热情、正直的无神论者来说，上帝便不再能够为那本质的巨大结构即世界提供保证了，然而他的自由却必须对这个世界表示同意。作为一个现代人，萨特一直滞留在对虚无的焦虑里，笛卡尔则从虚无里漂流到了上帝神奇的光照面前，他也正是在上帝光辉的指引下才走出虚无的。对于萨特来说，根本没有什么"永恒不变的本质或价值结构"是被给予的，是先于人自己的存在的。那种存在之有意义的，最根本的是由于有说"不"的自由，并且由于说"不"而创造一个世界。如果我们从这幅图画中拿开上帝，笛卡尔的怀疑表现出来的自由就是完全的和绝对的了。但是，我们却会因此而更加焦虑，因为这种焦虑正是人的无可化简的命运和尊严。在这里，笛卡尔主义已经变得更具英雄气概也更加疯狂了。

这样，萨特最后就把笛卡尔仅仅归于上帝的那种自由拨给了人类。他说，如果笛卡尔不是囿于当时当地神学信念的话，他私下里会愿意把这种自由拨给人类的。笛卡尔的上帝导源于邓斯·司各脱的绝对自由的上帝，而不是源于圣托马斯·阿奎那的身受逻辑法则束缚的上帝。萨特说，这个笛卡尔式的上帝在人所发明的上帝中是最自由的。他并不从属于本质王国：毋宁说他创造了本质，并使它们如其所是。因此，这样一个上帝便超越了逻辑和数学法则。像上帝的存在先于所有的本质那样，人的存在也就先于他的本质；他存在；由于他的存在能够成为自由筹划，他便可以把他自己造成他所是的这个样子。上帝死了，人便取代了上帝的地位。这些曾经是陀思妥耶夫斯基和尼采的预言，而萨特在这一点上是他们的后嗣。不过，差别在于陀思妥耶夫斯基和尼采是疯狂的预言家，而萨特却是完全以笛卡尔的清醒理性提出他的观点的，他还进而把它作为人道主义和民主社会活动的基础提了出来。把人放在上帝的地位，这在传统派看来，就像是一种恶不堪言的魔鬼行径；但是，就萨特而论，既然这事是由这样一位思想家干出来的，情况就不同了；我们从他的作品判断，知道他是一个极其亲善、慷慨大度的人。

1. 自为的存在与自在的存在

萨特的哲学基于一种二元论，如果从细节上看算不上的话，那么，从精神上看肯定是笛卡尔的。萨特说，存在分为两个基本类别：（1）"自在的存在"；（2）"自为的存在"。自在的存在（即萨特的 en-soi）是一件事物自足的存在。一块石头是一块石头；它是其所是；而且，就恰是其所是而言，一点不多也一点不少，这件事物的存在总与它本身相合。自为的存在

（pour-soi）是与意识领域同属一个范围的，而意识的本性则在于它不断地超出它自己。我们的思想超越它自己，走向明天和昨天，还走向世界的外部边缘。人的存在因此是一种不断的自我超越：在存在时，我们总是超出我们自己。因此我们绝不是像拥有一件东西那样拥有我们的存在。我们的存在每时每刻都在不断飞出我们自己，否则就是不断落于我们自己的可能性之后。在任何情况下，我们的存在都决不会精确无误地同它自身重合。要想成为这个样子，我们就只有陷进事物自足的存在形式；而这又只有当我们不再是有意识的，才有可能。

自为这个概念好像很晦涩，但是我们在最普通的场合都碰得到它。我参加了一个聚会；我离开了一瞬间，一阵悲哀感袭来，我说，"我不是我自己了。"我们必须把这个命题确确实实地当作只有人才能对自己说的，因为只有人才能"对"他自己说这话。在一次社交活动中，我疏离了自己，一瞬间，我失去了我的存在，此后，我萌生了回到我自己的感觉。这是自为这个名词给予的第一层意义或表层意义。但是，如果这种悲哀感还使我自责地认为我在一个更根本的意义上不是我自己：构成我的存在的许多计划或筹划都尚未实现，我不是我自己，乃是因为我够不上我自己；那么，到了这个时候，自为这个名词的第二层较深的意义就出现了。然而，在这个层次之下，还有另外一个层次更深的意义，扎根于我的存在的本性中：我不是我自己，我永远无法是我自己，因为我的存在不拘什么时候都伸出它自身之外，超出它自己。我总是同时既多于又少于我所是。

对萨特说来，人类状况的基本的不安或焦虑正在于此。由于我们不断地飞越自己，或是落在我们的可能性后面，所以我们就总是想法稳固我们的存在，使它更加安全。在寻求安全时，我们总是设法把一件事物的自足存在加诸我们的存在。"自为"挣扎着要变成"自在"，以期获得那种属物的磐石一般不可动摇的坚实性。但是，只要它还有意识，还活着，它就永远无法做到这一点。人的存在的极端不安全和偶然性是他命里注定的；因为舍此他就不成其为人而只是一个物，从而也不会具有人类超越其既定处境的能力。这里有一种奇怪的辩证的交互作用：那种构成人的力量和荣誉的东西，那种处于他主宰万物的力量的中心的东西，乃是他超越自己及其当下处境的能力，但是，这项能力同时又是造成我们全人类脆弱、摇摆及逃逸、焦虑的原因。

萨特以非凡的智巧和艺术功力把"自在的存在"与"自为的存在"这两个概念交织起来，以阐明复杂的人类心理。他从事这项工作的主要著作是《存在与虚无》，这是一部伟大、参差不齐、才华横溢却也有些累赘冗长的大部头著作，写于抵抗运动期间，1944 年出版。萨特大大地受惠于海德格尔，但他自己的创造性却也不容置疑。他是今天健在的①最伟大的才子之

---

① 萨特已于 1980 年逝世。——译者

一，有时我们甚至觉得他的才气太大了，因为最伟大的才子在某些方面往往需要保留那么一点世俗的傻气，这样，他的双脚才能牢牢地插进不可动摇的事实的泥土里。萨特懂得黑格尔的全部辩证技巧，他可以随心所欲地露一手，只是有时显得太过分了些。当然，这只是运用黑格尔的方法，以达到存在主义的而非唯心主义的目的，因为萨特绝不可能走黑格尔的路：同唯心论者相反，他相信"邪恶"是实在的，是无法救赎的，那否定绝不可能升华为"绝对"的纯粹肯定的存在。达豪和贝尔森①已经把这教给了他。萨特超越海德格尔之处在于他对人类存在的否定方面作了更为详尽的阐述。对海德格尔说来，人的本质上为时间性的存在总是弥漫着"尚未"和"不再"这些否定方面；但萨特却远不止此，他把虚无所有的龌龊和下流全都张扬了出去，说它们像一股难闻的臭气或狐臭，老是缠绕着我们的人类境况。在西方人的思想里，自我从来不曾这样为否定所弥漫。一个人也许必须到东方去，到佛教哲学家龙树②（大约公元200年前后）和他所主张的"无我"学说即自我的非实体性学说那里去，才能心怀敬畏地见到如萨特所列举的那一系列否定。自我在萨特笔下，和在佛学里一样，实际上也是一个泡，而且是一个在它的中心一无所有的泡。

---

① 贝尔森，第二次世界大战期间的一个纳粹集中营所在地。——译者
② 龙树（约150—约250），印度佛教哲学家、中观学派创始人。认为存在是相对的，没有不依赖相对关系的灵魂、事物和观念。——译者

但是，不论在佛学中或在萨特这里，讲否定弥漫自我，其目的都不在于说明：从人的角度讲，我们应当陷进否定中，陷进纯粹消极的虚无主义中。在佛学中承认我们自身虚无意在引导人去奋力追求神圣和悲天悯人——因为这种承认到头来会使我们认识到，没有任何东西支撑我们，从而使我们相互亲爱，一如同坐在一条救生筏上的幸存者，只有当他们觉悟到大洋无边无际，也没有营救船开来，才能相互怜悯和同情。而另一方面，对萨特来说，自我的虚无正是行动意志的基础：如果这泡是空的并且终将破灭，这样，除了使这个泡拖长些时间的活力和激情外，还能留给我们些什么呢？人的存在处于一个并不知道他的宇宙中间，是荒谬的；他能赋予自己的惟一意义是经过自由筹划，从自己的虚无中冲出去。萨特不是从虚无转向怜悯或神圣，而是转向在革命活动中实现出来的人的自由。在这种对行动意志的最后诉求中，有一种同尼采的秘而不宣的亲缘关系；海德格尔认为尼采是西方形而上学最后阶段的秘而不宣的大师；萨特的思想最后还是回到了尼采的形而上学，对海德格尔的上述观点，没有比这更充分的辩护理由了。

不管萨特最初多么依赖海德格尔，他的哲学最后毕竟走到了一个完全相反的方向。他没有达到整个海德格尔思想的根本，也就是存在本身。在萨特的哲学里，有"自为的存在"和"自在的存在"，却没有存在本身。如果"自为"和"自在"不都在存在的开放空间中站立起来，这两者如何能相会呢？在萨特这里，我们再次使世界分裂成笛卡尔的二元论，分裂成主体和客体、意识世界和事物世界。萨特已经把存在先于本质这个命题作为他存在主义的根本论题提出来了。人首先进入存在，然后使自己成为其所是；萨特的这个论题，如果从历史、社会和传记的意义上来理解，则对海德格尔也是真的。但是，海德格尔认为，还有一个命题甚至比这个更根本，这就是：存在先于生存。因为如果没有那个开放的存在开旷地让人超越自己进入里面，他就无法生存，即站到他自己之外。人之所以能够使自己成为他所是，只是因为他的一切筹划都向他显示出是发生在存在的敞开着的场或域里面的。这就是为什么海德格尔曾声言"我不是一个存在主义者"的原因——因为萨特派的存在主义者并不懂这种存在的在先性，因此，他们的思想也就像笛卡尔一样依然关锁在人的主体中。

诚然，萨特由于把超越性看做人的意识的本质而越过笛卡尔向前迈出了重要一步：这就是说，他使那"有意识的"这回事本身直接指向那孤立的意识行为之外，因此也就总是处在它之外或它之上。笛卡尔在思想极端的时候，直觉地认为意识是绝对自我封闭的，外部对象世界被关闭在外面，所有的过去和将来都被暂时地悬置起来。但是，如果超越的主体没有任何地方可去超越，换言之，如果没有一个敞开的存在场或域可结束主体与客体那种定命的二元论，则萨特向前迈出的这一步就并不十分重要。笛卡尔以来的现代哲学一直在反躬自问：主体如何能够真正知道客体？到了康德时代（尽管笛卡尔以来物理学知识进展很大），人类已自觉到它同自然相当疏远，乃至康德回答说：主体永远无法认知客体本身。而从康德到尼采仅只一步之隔，尼采声言对客体本身的知识实属多余——我们需要的仅仅是支配它的能力，因此力量意志是首先的和基本的。（在萨特的哲学里，基本的和首要的毋宁是行动意志。）

这样看来，海德格尔对近现代哲学这种发展的扭转很彻底，达到了问题的根基；我不认为萨特看出了海德格尔思想的这一方面。因为海德格尔提出的是一个比笛卡尔和康德更为基本的问题，这就是：主体存在何以可能？客体存在又何以可能？而他的回答是：因为这两者都在真理或未遮蔽状态中站立出来了。关于存在真理的这种概念是萨特哲学里面所或缺的；其实，他在《存在与虚无》这部巨著的无论什么地方，都没有以彻底的和存在主义的方式讨论过真理问题：就他领会的真理而言，他所接受的无非是普通理智主义意义上的真理，而这种真理观由于非存在主义哲学家的努力，一直是西方哲学的传统。这样，到最后（他最初也是如此）萨特就表明他自己原是一个笛卡尔派的理性主义者——诚然，他的材料是热情洋溢的，存在主义的，但是，虽说如此，若从他"自为"和"自在"之间终极二元论的方面看，却仍是个毫不逊色的笛卡尔派。虽说一般民众都把萨特的名字看做存在主义的同义语，但他这位存在主义哲学家竟不曾讨论过几乎所有存在主义者一向最热心讨论的首要问题，即不仅属于理性而且还属于人的真理问题。这实在是个绝妙的讽刺！

因此，萨特向民众大肆宣扬他的存在主义的"牌号"是一种新的人道主义，是完全能自圆其说的。同任何一种人道主义一样，它也教导说，人类的正当研究是人，或如马克思所说，人类的根本是人。①但是，它也同任何一种人道主义一样，没有主动提出过下面这个问题：什么是人的根本？为人寻根的活动，如我们所见，在近150年来一直吸引着思想家，并且使诗人们感到不安，但萨特却没有介入这种活动。他任凭人无根无基。这可能是因为萨特本人是都市知识分子的精英——或许是我们时代最杰出的都市知识分子，但是却还是带有这类知识分子不可避免的异化。他似乎呼吸着现代都市及其咖啡馆、郊区和市井的空气，仿佛人再无别的家园似的。

2．作为行为模式的文学

这也是他的较严格的文学作品留给我们的印象。虽说人们常常谴责存在主义者其实是文学家或诗人，算不上什么哲学家

---

① 参阅马克思《〈黑格尔法哲学批判〉导言》，《马克思恩格斯选集》，第1卷，第9页。马克思说道："人的根本就是人本身。"——译者

（在严格的学院意义上），但是萨特这位存在主义者的情况却并非如此：他充分发挥了自己作为一个文学家的才能，源源不断推出小说、戏剧、文学评论等，而且实际上现在又以职业作家谋生，然而，他的哲学却是所有存在主义者中最理智主义的。事实是，尽管萨特严格意义上的文学作品极其丰富，但像基尔凯戈尔和尼采这样的人却更有艺术家的气质。他们都是诗人，而在萨特身上不仅没有一丁点诗人的气质，而且当他谈到诗时甚至也看不出有什么真情实感。他的文学概念是彻底理智主义的：他的《什么是文学》(1947)是一部在文学批评理论中篇幅较长内容精彩的论著；他在里面发挥了他有关文学的基本观点，这就是：文学是一种行为模式，一种属于作家自由的行为，这种行为的目的在于诉诸其他个人的自由，而且最终诉诸全人类的自由集体。他的理论在剥掉了它的形而上学语言之后，引导他在文学上采纳了社会现实主义。因此，他告诉我们，现在健在的作家中，最伟大的是约翰·多斯·帕索斯。这样一个判断作为萨特文学鉴赏力(或缺乏鉴赏力)的明证是相当令人震惊的。但是，这位哲学家实际上作出反应的是多斯·帕索斯小说里面的观念，而不是作为艺术作品的小说。对萨特说来，多斯·帕索斯既是他认为一个作家当作事情的楷模，也是他自己在后期小说里努力仿效的完善的样板：也就是说，尽力解决他那个时代和环境提出的人的问题。萨特的小说，从技巧上说，属于炫目的、"流线型"（或最时髦)的那样一类社会现实主义。萨特所反应的始终是观念，特别是那导致社会行动的观念。因此，无论是他的文学批评理论，还是他的现实的文学批评实践，都不能公允地对待诗歌；因为正是在诗歌这种人的表现形式里，诗人以及想要进入诗人意境的读者，用海德格尔的话说，必须让存在是它自身那样，而不是企图用行动意志或理智化的意志来强制它。作为文学家的萨特之缺乏诗人气质，这是在哲学上他的存在理论有所缺陷的又一个明证。

尽管如此，萨特毕竟是位很有才气的作家，凡在那观念能够引发出艺术激情和生命的地方，他总能产生出那样的艺术效果。他的第一部小说《恶心》（1938）很可以看做是他的最佳作品，因为在这部小说里，理智型的思想家和创造性的艺术家最紧密地结合在一起了。观念和观念的详尽阐述在这本书里占的分量虽说很大，但是作者并没有因此而逃避小说家的任务；尤其值得称道的是，这些观念都被赋予生命，形成了主角经验和情感的内在结构。这个生命的情绪是恶心，它和任何别的情绪一样，都可能成为发现急遽投入一个人自己存在的机缘。这种恶心本真的是人的，而且在小说上也是很动人的，虽说它一点也不像塞利纳①的恶心那样，有广博的见识和丰富的意涵。从哲学角度看，萨特的处理比较自觉，也比较精细，但也比较刻

---

① 塞利纳(1894—1961)，法国作家。其作品富于抒情笔调，对世界流露出厌恶、仇视、绝望、狂怒情绪。代表作有《长夜漫漫的旅程》(1933)、《缓期死亡》(1936)、《从一个城堡到另一个城堡》(1959)等。——译者

板；他的"恶心"并不是像塞利纳的那样，体现于普通生活的绝望冒险及市井百姓的无以名状的深度。《恶心》与其说是一部完整的小说，倒不如说是其中一个特别精彩的片断。在后期小说里，萨特已经离开了这本早期小说狭隘而紧凑的形式转向比较开阔的视界，尽管艺术效果并不总是尽如人意。

如果萨特作为一个作家火山爆发般的活动持续下去的话，这些后期小说——原先是三部曲《自由之路》，而现在成了四部曲——就可能像儒勒·罗曼①的连续性长篇小说一样，没完没了地继续发表下去。人们确实希望萨特的写作活动能够中止一段时间，以便有机会重新部署他的力量。这人实在写得太多了。或许一旦文学成了一种行为模式，作家就难以"自拔"，再也搁不下笔了。他的这些后期小说包含着非常出色的内容——伟大的场面和段落——它们的主题也是萨特哲学的中心主题，即追求自由，或者毋宁说是追求自由在生活中的实现；我们始终是并且本质上是自由的，有时甚至不管我们自己是否愿意。然而，这些小说若就其取得的成就看，却参差不齐；我们遗憾地看到，萨特的伟大才能像开锅漫出的牛奶一样四处流淌，逐渐"淡薄"下去。

在他的诸多剧本里，也可以说他的两个较早、较短的剧本

---

① 罗曼(1885—1972)，法国小说家，剧作家，诗人，"一体主义"诗歌倡导者。其连续性长篇小说《善意的人们》长达27卷。——译者

《苍蝇》和《在密室里》是他的最佳剧本。无论如何，把它们推荐给那些只想把握萨特哲学的实际要旨而对《存在与虚无》一书的繁复的辩证法没有胃口的读者，是很合适的。

《苍蝇》首次上演①时，抵抗运动还在继续；它形式上是属于传统老戏一类的东西，因为它涉及俄瑞斯忒斯和复仇女神②的神话；但是它始终充满着由萨特自己个人信念所产生的激情和雄辩。俄瑞斯忒斯是萨特自由观的代言人。这出剧的结局和埃斯库罗斯的完全不同，因为在这里没有任何超自然的力量，可以把俄瑞斯忒斯从罪恶中解救出来。他必须自己承担那项罪恶，他是在这出剧快要收场的时候做这件事的；他当着宇宙盖世太保酋首朱庇特的面，以挑衅性极强的口气发表了一通演说。他声言，他接受自己的罪恶，虽然他知道这样做很荒谬，因为他是一个人并且因此是自由的。人在履行他的自由时，也就愿意去接受它的责任，这样他自己的罪过便更趋深重。海德格尔曾经说过，良心就是自觉有罪的意志——也就是说，去接受那项我们知道我们不管采取什么样的对策都还是属于我们自己的罪过。

《在密室里》在萨特戏剧成就中是最大的，它或许最充分

---

① 萨特 1941 年秋写剧本《苍蝇》；该剧本 1943 年 4 月出版，6 月首次演出。——译者

② 俄瑞斯忒斯和复仇女神——据希腊神话，俄瑞斯忒斯是迈锡尼国王的儿子。其父曾为其母的情夫所害。他长大成人后为父报仇，杀死了其母及其情夫。后在雅典娜帮助下终于逃避了复仇女神的惩罚。——译者

地展示了他作为一个作家的特殊才华。我们可以看得出来，无论是这个剧本的强烈推动力量，还是它所表达的思想热情，都本真地是属于他的。《在密室里》的三个角色都被关进了地狱；他们毋宁说是以但丁的方式罪有应得地在遭受惩罚。这三个角色由于在世时"自欺"①（用萨特的话说，就是放弃自己的人性自由，企图像占有一件东西那样去占有自己的存在），他们现在便都遂了他们各自的心愿。他们既然死了，便再无法改变过去生命中的任何东西；他们的过去生命，不多不少正如他们所是，就像事物的静态存在一样。这三个人除了每个人具有在别人眼里的存在外，再也没有任何别的存在；事实上，他们只存在于相互之间的注视中。但是，这也正是他们在世时所渴求的——把别人眼里的他们等同于他们自己，从而失掉他们自己的主观存在。人们在世上确确实实要选择，这实在叫人烦恼。萨特说，资产阶级的下流胚和反犹太分子已经选定他们在公众中的姿态或充当的角色当作他们自己，因此，他们实际上，不是作为他们自己的自由存在者而存在，而是作为别人眼中的存在者而存在的。

不管《在密室里》的表现手法多么动人、多么强烈，萨特文学才能的明显理性主义性质还是再次展现了出来。这三个角

---

① 原文为"bad faith"，其对应法文为"mauvais foi"，意即自欺，倘若照字面直译，便是"坏信仰"。——译者

色被勾勒得很单薄，几乎就只是单独一条紧凑的行动曲线，形象地列示了懦怯、女性同性恋、杀婴犯这三种罪恶。除了我们禁不住要大吃一惊外，它们是没有任何偶然性的；而这竟出自一个否定有固定不变"性格"存在的作家手里。我们前面对《恶心》的评论，用到这里也同样是真的：萨特的最成功之处无疑在于把理智型的作家同创造性的作家结合得最紧密、最热情。但这始终是靠这位作家私下借重他的哲学力量达到的。作为一个作家，萨特始终是他的哲学观念的热情洋溢的辞章学家；然而，辞章学家，不管他的辞章多么伟大、多么雄辩，都永远无法具有艺术家那种完备的存在。要是萨特真的是位诗人和艺术家，我们就可以从他那里得到一种不同的哲学。只要我们现在转回去讨论一下他的哲学，就会看出这一点的。

3. 一种存在主义心理学

既然自在的存在是自身同一的事物领域，人们便常常以为萨特会赋予它一种使人想到僵硬和刻板的形象。其实正相反，在他看来，这个广大的领域是同柔软、黏糊、黏滞、臃肿、松弛的形象连在一起的。它包含得太多了，很肥很沉，就像是马戏团里的胖太太一样。《恶心》里有一个著名的插曲，说主角洛根丁在厌恶的经验中发现了存在。他正坐在一个乡村公园里注视着一株栗子树：树根盘绕交错，实在是太多了；这树本身是太多，太过分了。既然"自在的存在"没有终极的存在理由。它也就是荒谬的：它的存在就是一种"异期复孕"。它的柔软有女性气质。在萨特的理智辩证法背后，我们察觉到这"自在"对他来说是自然的原型：过分、多产、繁茂的自然，即女人、女性。

相形之下，"自为"对萨特说来，是人性心理学的阳性方面：人是借助于它以其根本的自由来选择自己、进行筹划，从而把其所有的严格的人的意义赋予他的生命。

唤起人们注意那些在萨特比较正式概念背后流转运行的阴性和阳性形象，很有必要；因为在《存在与虚无》以及其他一些作品里，他试图概略地表述出一种新的激进的心理学。他自己称之为"存在主义的精神分析学"，这在欧洲已经颇为流行了；在那儿，已经有一批精神病学家采纳了他这种学说，甚至在我们美国，也有它专业上的信徒。萨特说，这种新型的"精神分析学"，将取代或至少要补充它的旧有形式。照这位法国思想家的看法，人的本质不在于俄狄浦斯情结（像弗洛伊德所主张的），也不在于自卑情结（像阿德勒竭力坚持的）；它毋宁在于那种人的存在的极端自由，人借此自由来自我选择，从而使自己成为他现在之所是。不应当把人看做是无意识力量的消极玩偶，让这些力量决定他将来之所是。事实上，萨特完全否定无意识心灵的存在；他认为，不管心灵出现在何处，它都是有意识的。我们不能认为，人的人格或人的生命是由某种假设的无意识在幕后起作用，拉着各种牵线，操纵着意识玩偶。萨特说，一个人就是他的生命；这意味着他不多不少正是组成他的生命的种种行为的总体。若要真正理解一个人的生命，我们就必须而且也只须把握那维系所有公开行为的既单一又复杂的构架——这种构架其实正是那惟一的不可置换的筹划，也就是那个人的生命。

　　萨特在一部 1950 年于我国出版的传记研究《波德莱尔》里，非常具体地运用了他的理论。按照萨特的观点，我们在理解波德莱尔的生命、他的诗歌、他的思想、他的争吵时，是不能把这些东西同他的性行为扯到一起的；正相反，他的性行为必须在其整个生命中获得其应有的地位，而且实际上还必须从整个筹划(就是那生命)中获得它的形式和方向。萨特说，是波德莱尔的自我选择使得他的生命成为日后的模样的；他的选择是在这样一种情况下发生的，那时，他还很小，被送到学校读书，第一次离开了母亲，受到同学们的冷遇和恫吓，他就退回到自己里面，于是，把自己作为孤独和与众不同的人的选择便开始了。萨特说明这种选择如何像一石激起千层浪那样扩散到他随后的整个生命：这位诗人的自我陶冶成了他寂寞孤独的一面镜子；由于他憧憬一个完全无机的世界，一座寸草不生的金属城市等等，他便从肥沃润滑的自然中撤了出去。萨特收集了许多细节，并使之相互很好地关联起来，这样我们对波德莱尔生命的形象就获得了一个统一而有力的印象。但是，若说他的描绘再现了波德莱尔的全部真理，这一说法能有多大说服力呢？他在这里付诸检验的新的精神分析学，又能有多大说服力呢？

首先，假定波德莱尔在大约12岁左右所作的自我选择，看起来几乎不像是一项有意识的和果决的筹划，一项在当时当地为终生所选定的筹划。如果这不是有意识的，那么，萨特就将被迫承认有一种无意识存在；因为如果波德莱尔的生命是一个单一的筹划（也就是说，一个对他自己将是其所是的选择），它要以他生命的全部细节反映出来，则它将借以反映的方式，对于年仅12岁的他来说，无论如何是不会清楚的，因此，这一筹划，作为一个整体，在很大程度上，便是无意识的。如果人的生命是一种具体的自由，向外扩散到我们行动的种种细节中去，那么，有些人便可能真的知道他们的筹划是什么，他们的生命意味着什么；但是，在任何时候，表现在我们全部行动上的这项筹划，其极大部分都必然对我们是隐藏着的。萨特不承认这一点；但是如果他承认了，他就不能不躲进无意识筹划的概念里。无论如何，一旦我们打算具体应用萨特存在主义的精神分析学，我们就必须立即把无意识重新引进来。

萨特理论心理学方面的是非得失，我们留待心理学家去评判；这里我们所关心的，是处于心理学根基中的哲学思想。而这个根基又一次是笛卡尔主义：心灵同意识、同"我思"的等同，是一种笛卡尔式的认同。当笛卡尔说"我思故我在"时，这个陈述——除了作为标志他推理一定阶段的纯粹功能性用处外——从人的角度讲，是在表明一个人把自己的实在同他的思想等同起来。无意识是某种异在的和相反的东西：意识是一个清楚明白观念的领域，但是无意识世界却是自然界的"自在"区域，它肥胖丰满、不成形状、果实累累。这后面一个世界可能被忘却，到最后甚至连它的存在也可能遭到否定。笛卡尔式的主观性（这也是萨特的主观性）无法承认无意识的存在，因为在他们看来，无意识是一个人自己里面的"他人"；就萨特而言，"他人"的一瞥，始终像美杜莎①的注视那样，不仅叫人害怕而且还会使人僵化变成石头。

对"他人"的这种关系是萨特心理学中最惊人、最著名的方面。他人从外面看我，对他来说，我似乎成了一个对象，一件东西。我的主观性连同他的内在自由都避开了他的视线。因此，他的倾向始终是要把我转变成他看的对象。"他人"的这种注视渗透到我存在的深层，冰冻凝结了我的存在。照萨特的说法，正是由于这一点，爱情特别是性爱，才成了不断的紧张，乃至事实上的战争。施爱者希望占有受爱者，但是这受爱者的自由（这是他或她的人的本质）是无法占有的；因此，这施爱者便倾向于把这受爱者变成一个对象以便占有它。爱情总是

---

① 美杜莎，据希腊神话，头上长毒蛇的恐怖女妖，视其者即变为石。——译者

在性虐待狂和性受虐狂之间摇摆，从而受到威胁：就性虐待狂而言，我只把他人当成一团肉，为我随心所欲地鞭挞和摆弄；而就性受虐狂而言，我奉献我自己作为对象，但是却企图诱使他人上圈套，从而暗中破坏他的自由。萨特以一种近乎恶魔似的辩证技巧揭示了这两种倾向之间的交互作用。毫无疑问，他对两个人相爱时永远必定出现的紧张状态有所揭示和说明；但是，当我们看完他所有"不容争辩"的分析之后，似乎难免要生疑：他对辩证法的过分运用本身会不会真的使爱情的可能性本身完全消失，因为爱情有时（不管他怎么想）确实发生在我们的日常生活里。这里所发生的，其实无非表明，萨特已经成了他自己哲学原则的牺牲品：他在自己的哲学里找不到一个存在场或存在域，好让主体（"自为的存在"）和客体（"自在的存在"）真正汇合在一起，同样，当他来讲心理学时，这自我也就无可挽回地与"他人"保持对立，因而没有任何中间地带，好让我们可以真正地对"他人"说一声"你"。笛卡尔的主观性（萨特的主观性基本上就是这一种）必然会产生出一种与萨特所提出的一样的关于情绪的心理学理论。

萨特所描绘的，本质上是两性之间的永恒战争；这个问题，阿德勒也曾讨论过。其实，如果剥除萨特心理学特有的哲学术语，我们就会看到它原来基本上就是阿德勒的心理学。阿德勒追随尼采，把他的心理学基础放在力量意志上；萨特也是如此，我们从他判定爱情是性虐待狂-性受虐狂的无限循环，就可以看得出来。爱神在力量意志面前消失不见了。萨特再次被驱赶进尼采的阵营：一旦失去了存在(这存在会把自为、主体同自在、客体联合在一起)，人便只有在他对对象的支配中去发现自己的意义了。萨特认为筹划构成我们的存在本身，但是他所谓的筹划除了证实阿德勒的"导线或动机"概念之外，还能有些什么呢？按照阿德勒的观点，我们正是用这个概念来统一我们整个生命，并赋予它意义的。同阿德勒一样，萨特的心理学基本上是一种男性心理学；它误解了或贬低了女性心理。人的人性在于"自为"，也就是我们借以选择、筹划并且一般投身行为生命的男性成分。套用阿德勒的话说，"男性的抗议"在萨特的作品里始终很强烈：不论是(在《自由之路》里)马蒂厄对他怀孕情妇的厌恶，还是在《恶心》里洛根丁对繁多臃肿栗子树根的厌恶(这基本上属同一种厌恶)，萨特在《存在与虚无》里对黏滞、混浊、黏糊物质的哲学分析，这种物质总是像女人肉体柔和的威胁一样，使人的自由陷入罗网。妇女是一种威胁，因为妇女是自然；而萨特式的人却总是存在于他筹划的自由中；既然这是未经证明的，而且到最后也是无法证明的，结果就把他完全同自然隔绝开来了。因此，萨特的整个心理学就是笛卡尔的二元论加上新的触目惊心的现代内容。

现在，我们处在一个比较优越的位置，可以比较恰当地来评估萨特的基本概念，即自由。他正确地使选择自由即一种有意识行动的自由，成为完全的和绝对的，而不管我们力量的范围是多么狭小：在选择时，我们必须有个场合让我们说"不"，而这个"不"本身是完全的，它没有给其他选择留有任何余地；它因此也是很可怕的；但是只有把我自己禁闭在这"不"里，才有可能产生出一种行动的决心。我的一位朋友，非常聪明，又非常敏感，很长一个时期患神经症，差不多碰到每个生活场合，他都优柔寡断；每当他坐在一个餐馆里盯着印好的菜单点菜时，他就不会不看到否定的深渊在他眼前敞开，面对菜单，他不免大汗淋漓。（他不是个萨特主义者，连萨特的书也没有读过；但是他在描述自己的经验时却准确无误地使用了"虚无的深渊在他眼前的纸上敞开"这样的措词。）批评家们也许会作出肤浅的评论，说这只能说明萨特的自由观多么无聊，多么神经质。但是，恰恰相反，这正证实了萨特对自由的分析，因为只有自由像萨特所说的那个样子，才可能吓坏这个人，使它退到优柔寡断的焦虑中去。所谓神经质在于这样一个事实，即自由这种完全的和绝对的东西，竟能够由于这样一些小小的机缘而使虚无的深渊张开。不过，这个例子还向我们指出了萨特理论的一个明显的缺陷：它没有告诉我们，我们人的主观性同哪一类对象相关联，才能进行有意义的而非神经质的自由选择，从而把自己表现出来。其所以如此，乃是因为萨特的自由学说是由极端情境的体验发展而来的，这极端情境在于受害者对于他的极权主义压迫者说"不"，即使你把我杀了也罢；然后，他就把自己禁闭在这个"不"里面，而不越出"雷池"一步。我们作出任一选择的决断都要求我们有这样一种完整的东西,虽然未必要求我们非处于这么狂暴、这么极端的情境不可。但是,像基尔凯戈尔曾经指出过的那样,一个人若把自己禁闭在"不"里,他会发疯的;他会对自己说"不",对自己的本性说"不"。萨特的自由学说其实并不真的涵盖具体的人,这种人是一个心灵与肉体没有分开的整体,正因为没有分开他就同时是"自在"和"自为"两者;它所涉及的毋宁是这整体状况的孤立的一面,也就是人永远处于他存在边缘的一面。

因此,萨特告诉我们,关键的问题是:在什么"例外"的条件下,人才会真正经验到他的自由?请注意这里的"例外"这个词。为什么他不去问:在什么通常、平常、日常条件下,人才能经验到他的自由呢?一个艺术家(尤其是那种不像萨特那样理智主义气息很重的艺术家),当他的工作进行得很顺利时,他经验中的自由,便恰如轻松自如毫不费力的发芽、胀大、流水一般,对他来说,具有大自然在所难免的流变这样一种性质。这很像在庭院里盛开的一棵梨树——跟洛根丁看到的那棵催人作呕的栗子树完全不同——轻松自如楚楚动人地把它结出的果实带到明媚的阳光下。既然萨特的心理学只承认意识,它也就根本无法了解在人格中意识和无意识相互渗透地起作用的那种自由形式。既然它囿于有意识的,它就势必要成为一种自我心理学;因此自由也就只能被理解为有意识的自我的果断筹划。

再举一个例子，在什么样的日常条件下，虔信宗教的人能够经验到他的自由呢？从萨特的彻底世俗的观点看，宗教信仰是荒谬的这一点并不属于这个问题；因为宗教心理学事实上确实存在，因而任何心理学理论，若不涵盖它，便都是不充分的。圣保罗那种人何以经验到他的自由？他已经死了过去，抛却了旧我的枷锁，现在他又活了，精力旺盛地组织了一个教会："然而不是我活着，而是基督活在我心中。"他的自由乃是向比他自己更伟大的救赎形象的投降。这是精神的人①的自由，而非笛卡尔的人的自由。构成圣保罗生命的筹划，首要地并不是他自己有意识的选择，而是他精神改变的结果，他的这种改变又是完全起因于他的无意识的内心深处的。笛卡尔的人既不知道精神的自由，也不知道自然的自由，因为在这两个方面，"自在"和"自为"的二元论都会失败的。

现在，我们再来考察一下普通女人的心理学，姑且当作第三个例子。我们这里要考察的女人，不是在萨特的小说或戏剧里碰上的女人，也不是他的那位女友，她写了一本女性抗议的书《第二性》，其实是抗议成为女性的。不，让我们找一位完全平常的女人看一看吧，她是许许多多女人中的一员，这许许多多女人的存在同家庭和孩子有关联，而且她们中有些是对此

---

① 原文为 "spiritual man"，亦可译为 "宗教的人"。——译者

感到幸福的，或者至少从中获得人性的满足，就像男人从他以男性为主的筹划中获得人性的满足一样。若说这种女人本身由她的筹划所构成，这有什么意义呢？她的筹划是家庭和孩子，而这些事实上也确实构成了一个人所献身的事情的全部；但是，这几乎算不上是有意识的自我产生出来的筹划。她的整个生命，连同它显现出来的所有自由，都毋宁是自然通过她的展现。我们一考虑到妇女心理学，萨特的心理学立刻表现出它实际上完全属于男性的性质；不过，这是一个孤独、得不到辩护、正处于存在边缘、已经同自然分割开了的男性。

萨特的整个理论，是他自己个人心理的一种投射，这是没有疑义的，或许任何一种心理学理论都必定如此。这在他自己的小说和剧本里有许多征象，可以说他把自己充分地展现在自己的这些作品里。但是他也是一位热切地同自己的思想打成一片的思想家；因而，对我们来说，他对人类心理所作的复杂但常常是很光辉的探究，其意义就在于这样一个事实，即它最后导源于笛卡尔的二元论，并且臻于完成笛卡尔借以开创现代纪元的人同自然的分离。萨特坚持认为，人只有把自己同自然分开，才能够达到存在，他既身处一个对他一无所知的宇宙，这就必定是他的命运；这当然是正确的；但是，问题在于：这种分离究竟走出多远，才不至于使人的筹划变得疯狂，变成精神病态，或是脆弱得不允许有任何人性内容。我们自己的生命，当在最好情况下进行时，那"自在"，无意识的，或者说自然，不断地流溢并且维系着我们意识的"自为"。

　　萨特的自由确是着了魔的。它是无根的自由。当然，这种学说碰巧由一个极其亲切、胸襟坦荡、有胆有识的人所主张；而他选择出来作为他自由的筹划的（他这是选择他自己），是人道主义的和自由主义的革命行动。萨特同共产党人的漫长而多变的关系，如果说它是一般当代悲剧的一部分这点还不很清楚的话，则它总算得上一件很富有喜剧色彩的事。萨特相信共产党人真的是工人阶级的政党，因此他愿意与这个党在实践政治领域共命运。与此同时，在哲学上，他打算保持自己的自由，包括他的自由学说。他靠拢共产党人，要为他们奉献出他的全部才智和精力，却遭到断然拒绝。在实践政治领域，萨特曾经表现得非常天真，但是他在同共产党人进行哲学争吵时，却提出了一些我们时代最好的理性论辩。这些论辩可以看做是笛卡尔式的人反对共产主义的机器人的一个典型例证；不管我们对笛卡尔式的人会有什么样的保留意见，但是他在一定程度上是人，并且使共产党的机器人相形见绌。此外，萨特这人的智力卓尔不群，他的共产主义知识分子对手确乎是比不上他的。那隐藏在论战背后的是马克思主义的人并没有正视的阴影：萨特把他的革命活动基于自由选择，马克思主义者则基于一种客观历史过程，前者承认人的不可让渡的主体性，后者则把人归结为处于一个过程中的客体。再者，萨特的无神论坦白地说出了共产主义的无神论(以及无神论的所有其他形式)没有足够的想象力或胆识去说的内容： 人在宇宙中是一个异在，这是未得到辩护的，也是无可辩护的，没有莱布尼茨的充足理由可用来解释为什么他或他的宇宙能够存在，在这个简单的意义上说，人是荒谬的。萨特的无神论——他据以在其中生存的方式——并没有放弃对人的本质上有问题的本性的把握。由此出发，萨特指出了马克思主义的人必须提出这个问题的方式，指出了如果无产阶级社会实现了，那时马克思主义的人必将面对的恶魔。

人们一直在批评基尔凯戈尔，说他对宗教态度的声明太过苛刻，致使许多认为他们自己是虔信宗教的人走向了无神论。与此相类似，萨特的无神论观点也太过严格和凄凉，致使许多人又转向了宗教。这正好是应当这样的。在这两种情形下，无论以何种方式进行选择都必然是困难的；因为人，作为本性可疑的生物，是无法自鸣得意、心情恬静地固守着他最后的承诺的。

很可能，随着现代社会的继续前进，萨特的那种自由会渐渐成为人类可以经验的惟一类型。随着社会日益"集权"，自由之岛将变得愈来愈小，它们和"大陆"以及各岛相互间将隔开得愈来愈远——也就是说，同自然或其他人类群体的自发交换离得愈来愈远。萨特的俄瑞斯忒斯对他的上天的压迫者说，"我是一个人，朱庇特。"我们可以想象，最后一次抗敌运动中的最后一个抗敌分子，站在卢宾卡的单身牢房里在说

"不"；他之说"不"没有任何利己的动机，也对将来的人继续他的事业不抱任何希望，他说"不"只是由于他是一个人，他的自由是无法从他身上剥夺掉的。伟大的笛卡尔当年在荷兰那个具有历史意义的小客栈里，曾把自己置身于一个漆黑的夜晚；那时，他静下心来进行形而上学的沉思，然后对着魔鬼说"不"；然而，萨特的这最后一个人现在却生存在一个更加漆黑的夜晚。因此，我们不能说，萨特没有对我们发出良好的警告。

第四编　整体的人对理性的人

第 11 章　复仇女神的地位

　　本书一开始先考察了当今时代人和哲学的情势；然后勾勒了理解这种情势必须面对的历史背景；继而考察了四位哲学大师，他们对那历史隐含的诸多问题作了系统而又明确的说明。现在，在本书的结尾，我们重新回到我们开始的地方：回到此时此地的世界情势，这是一切理解都必须由之发端又都必须回归的地方。因为在所有存在主义的思想中，最成问题的正是我们自己，正是我们这些发问者。

　　我们已经考察过的四位哲学大师——基尔凯戈尔，尼采，海德格尔和萨特——无论如何也代表不了存在主义的所有各个层面；在我们不曾详尽论述的存在主义者中，或许有些人物更合个别读者的胃口。然而，在我看来，从思想上说，这四个是存在主义运动涌现出来的最重要的人物。至少我认为他们提出了西方历史这一阶段哲学争论的、其实也是人类本身的主要问题。虽然这些思想家中有些——尤其是海德格尔——曾经拒绝承认"存在主义者"这个称号，但是这个事实不应当妨碍我们透过他们看到一个明确界定的运动。我们可能记得，康德一度抗议把"唯心论者"这个称号用到他的头上——这也很有道理；但是，历史在对哲学家进行分类时非常粗野，唯方便是图，因而置康德的抗议于不顾，现在所有的教科书还是把他列入唯心主义阵营——这也同样很有道理。或许历史的粗手受控于一种非常敏锐的现实意识，相形之下，哲学家则缺乏这种意识，从而为其当如何称号这样的细枝末节争吵不休。历史超越一切歧异和口角，在更深的层次上感觉到源泉、影响和环境的统一性；就像本书的读者到这个时候（如我所希望的）会感觉到，还是存在着某些明确界定的论题，乃至某些确定的彼此同意的主题，是我们所谓存在主义者的所有人物以及所谓存在主义哲学内容所共有的。

无论如何，我们考察过的这四位人物，对于我们在这里的目的来说已经够了，因为本书的目的不是要提供一个存在主义的通论或纲要，毋宁是讨论下面这个更加中心的问题：存在主义的意义究竟是什么？这里，我们使用"意义"这个词，不是取它的外在意义，认为无非是这些哲学家所谈资料的稍加整理；而是从一种较为内在的意义上使用这个词的：我们问过，在我们自己的历史存在中究竟发生了什么，竟然要以这种方式并由这些哲学家来表达？或者，用回应海德格尔的措辞讲，在西方人的存在内部究竟发生了什么？

这本来是本书一以贯之的论题和主题；现在它又把我们带回到我们由之出发的起始点，即当今时代的情势。

1. 无人居住的水晶宫

理性主义在本书里始终都被当作靶子，这看起来可能有点奇怪，美国读者尤其会感到如此。哲学教师在我们这个国家是一项意义不明的行当；我既身为哲学教师，便有可能看清楚理性对美国生活的统辖实在岌岌可危；这不仅对大多数学生是真的，而且对有教养的人、对知识分子也是真的；在这些人看来，在我们美国，哲学概念完全是一种异在的和令人困窘的东西。因为在实际生活上，美国人不仅是非理性主义的，甚至是反理性主义的。美国人作为一种新的人类类型的魅力，他不讲究精美但求方便的实用主义，他的天真自然及对经验的开放性，这些全都让他感到恰到好处，其所以会如此，完全是由于他天生不善思索。两个最伟大的美国当代作家——海明威和福克纳——之所以成为优秀的艺术家，乃是得力于他们驾驭物理事实的力量，而不是由于他们对观念和微妙心理有什么深刻的把握。那么，对于理性主义的种种批判——如基尔凯戈尔、尼采、海德格尔所提出的——今天对美国人会有什么意义呢？美国人现在绝不可能盲目接受古典的柏拉图主义——绝不可能像沿袭柏拉图传统的哲学家们那样，变成尊崇神圣理性的虔诚的"牧师"。

其实，一帖适度的理性主义——真正的理性主义——对美国生活会是十分有益。但是，存在主义抗议的实质在于理性主义能够弥漫整个文明，使得处于这种文明影响下的个人越来越不思想，甚至到最后可能什么都不思想了。理性主义只要支配着生活本身据以运行的基本方式和常轨，它就会造成这种情况。技术是理性主义的一种物质化身，因为它源于科学；官僚政治是理性主义的另一种化身，因为它旨在对社会生活进行理性的控制和安排；而这两者——技术和官僚政治——一直在越来越有力地支配我们的生活。

但是，成为存在主义靶子的，与其说是理性主义，倒不如说是"抽象性"；现在，在这讲求技术和官僚政治的时代，生活的抽象性确实也值得认真考虑。工业技术推广方面新近朝前迈出的巨大一步，是大众艺术和大众传播媒介的发展：机器不再只制造物质产品；它也制造精神产品。千百万民众都靠着固定老套的大众艺术为生，在种种抽象形式中，这种艺术是危害最甚的，因为它可能使民众把握任何一种人类实在性的能力迅速丧失殆尽。如果说在孤独的人群（在大卫·里斯曼很久以前就为基尔凯戈尔所发现）中，这里或那里尚有一张面孔闪烁着一缕人性微光的话，则它在对电视荧光屏的受催眠般的凝视中很快就又会变得茫然的。几年前，当电视转播一次月食时，E·B·怀特①在《纽约人》杂志上撰文说，他感到历史上某个急剧转折时刻已经到来：人们本来把头伸到窗外就可以看到真实的东西，但是他们却宁愿在荧光屏上凝视它的"映象"；基尔凯戈尔曾谴责过他那个时代的抽象性，说它是一个"映象时代"，但是他那时心里首先想到的却似乎是教授型知识分子的抽象性，这种人看不到实在生活，只看到自己心灵对生活的映象。然而，我们却为我们的时代造出了一种新的抽象性，这种抽象性带有群众性质；这是因为我们现在既然卓绝地控制着科学技术，便可以提供一套现成的映象来取代实在的事物，而我们这样做的目的，不只是为了大学里的青年学生，而是为了千百万民众。我们走上非真理的旅程比基尔凯戈尔想象所及的还要远些。

理性的同合理的不是一码事。我这一生听到过非常讲理性的人说出过一些最令人发指的、最疯狂的话；而且这些话是完全依照理性的方式推演出来的，从来没用过什么洞见或感觉来核对检验推理过程中的任何一点。如今，在我们的公众生活和

---

① 怀特(1899—1985)，美国优秀散文作家、儿童文学作家，20年代曾经在《纽约人》杂志任过编辑，曾为非正式社论专栏"市井闲话"撰稿，作品有散文、评论等，著有《夏洛的网》、《吹小号的天鹅》等。一生荣获多种奖金、奖章和荣誉学位，被誉为"散文大师"。——译者

政治生活里，接受了从人性角度看是最不合理的行为，只要它戴上理性面具打着"官腔"说出就行；这种"官腔"就是理性自身的修辞学。请看一下最近的一项通告：科学已经能够造得出一种"不产生放射尘"的氢弹——诚然，不是完全的"不产生"，但已经是"95％的不产生"，甚至是"96％的不产生"了。当然，这种计量数据使这个问题听起来非常合乎科学、合乎理性，致使人们不再反躬自问这整个事情的人的意义何在。无疑，他们会告诉自己说，必须有一连串完全合乎理性的论证，这些论证从必须有氢弹这个前提开始，一直推出必须有"不产生放射尘"氢弹的结论——否则战争本身就会变得不可能了！这件事很让我们犯疑，尽管现代生活的理性秩序极大增强了，但是，在"合理的"这个词的人性意义上，人却一丁点也没有变得更加合理些。完全的理性甚至可能同精神病也并非不相容。其实，精神病甚至很可能就是由完全理性一手造成的。

或许会有人提出反驳说，对我们时代的人类可能出什么事这样一种恐惧——就当今而言，就是对原子灭绝人类这种特殊恐惧——是一项经常出现的事件；人类在每个时代都曾有过这样一些恐惧，但却还是设法从种种大难临头的不祥预感中继续生存下来了。卡尔·雅斯贝斯引用 4 000 年前一个埃及人的怨言，说万物将要在他那个时代毁灭："盗贼蜂起。……无人耕作。人们都在说，我们完全不知道第二天会出什么事。"而奥尔特加-加塞特也引证拉丁诗人贺拉斯在罗马帝国鼎盛时期发出的哀叹说，"我们（贺拉斯及其同代人）是父辈们退化的后裔，而父辈们又是从他们的祖先那里退化而来的。"重返人类古代的美好状态，重返过去某个黄金时代，其实是人类本性的永久倾向。当今时代的情势，如果我们充分了解它的话，就必定总显得对人有很大威胁：我们认为，这是一种必须加以改变或补救的情势。对所有的人来说，今天永远是在从昨天的废墟里给自己掘出一条路来。然而，这并不是一个把我们的时代比过去的时代估价低些——或高些——的问题；因为在本书里我们自始至终都在指出，我们的时代在各个不同领域都获得了无与伦比的成就和力量。因此，这个问题毋宁是就当今时代的全部特性对它作一番估价。如果像存在主义者所主张的那样，本真的生活并不是用盘子奉献给我们的，而是牵涉到我们自己在我们的时空范围内自我决定（自我限定）的行为，那么，我们就必须从其威胁和允诺两个方面认识并且直面我们时代。当然，仅仅说每个时代都曾经像现在一样，人类虽然一向受到威胁却还是设法活了下来，这是不够的。因为问题恰恰在于每个时代都不相同：每个时代在其所允诺的和所威胁的这两个方面都是独特的；而且有时灾难也确实发生了。给人以前所未有的"力量"——包括最后把他自己及其星球炸成粉末的力量，就正是我们生活于其中的当今时代的独特性。但是，对立面的规律，人类这个最古老的悲剧性智慧，使人想到在达到力量的制高点之后人便像俄狄浦斯那样必然要经验到他的绝对的无能为力。

"山雨欲来风满楼"，如今已有种种迹象表明我们正朝那个方向运行，现代艺术的证言就是其中一例，这在前面我们就讨论过了。拿我来说，我个人深信，人类在喝干他自己无能为力这杯苦酒之前，是无法向前再跨出一大步的。然而，麻烦在于这种磨炼人的经验可能只会同他自己世界的毁灭一起到来，在这一场大灾祸中，那悲剧的主角也毁灭了他自己。这就是为什么当代所有落入俗套的政治学看上去都非常陈旧；它们如此可悲地落后于人的实际情势，甚至落后于我们现代关于人的知识。

当今国际局势中两个主要竞争对手都植根于启蒙运动，至少就他们各自文明反映出来的关于人的一般概念而言是如此。美国的独特性在于，当它建国时，适值历史意识的灵光非常强烈的时代；它不是从它自己的史前史的土壤中生长出来的。再说，它是在 18 世纪启蒙运动全盛时期建立起来的，而且还是由分享那个时期清楚明白理性的人们建立起来的。美国的土地在美国人看来，像是一块有待征服的异在的荒野，一种充满敌意的、与他自己相对立的东西，而不是他自己及其制度所谓赖以产生和发展的东西。由于在史前史和潜在无意识方面缺乏欧洲人那样的根，美国人在意识方面，尤其是在实用意识方面，表现出一种令人羡慕的自由和灵活性。但是，著名的美国式的"天真无邪"也就随之而来；所谓"天真无邪"，用哲学术语讲，简单说来，就是指对人类实在很有问题这一点一无所知这么一种性质；这给欧洲人留下了异国情调的印象，甚至还可能觉得有点不太老实。因此，美国人在处理对外政治人性方面就显得很笨拙，总是理解不了他的欧洲盟友为什么老是对他侧目相视，为什么老是怀疑他的慷慨和善意。萨特详细叙述过他在我国访问期间同一个美国人的谈话。那个美国人坚持认为，只要人们肯聚到一起又都讲理性，所有的国际问题就统统可以解决；萨特不同意他的这个看法，过了一会儿，他们之间的讨论便无法继续下去了。萨特说，"我相信邪恶的存在，而他却不以为然。"美国人还不曾意识到的东西，就是那包围着整个人类启蒙思想的阴影。

另一个竞争对手的哲学，如果只看它最好的、最"理想"的方面，也就是它至今还能唤起千百万人热忱的方面，就是马克思主义的人本主义。这种人本主义回复到了马克思那段非常出名也应当出名的话："所谓彻底，就是抓住事物的根本。但人的根本就是人本身。"[①]这里马克思是以费尔巴哈那一代以及青年黑格尔派一员的身份讲这段话的，这些人转而反对黑格尔及其国家观念而达到具体的人，有血有肉的历史的人。他们说，这种现实的和历史的人，就应当是人类的根本，是社会和国家的根本。但是，还有一个更深层次的问题，他们没有问，这就是：这个个体的人又扎根于何处？人是高度有问题的和自

---

① 参阅《马克思恩格斯选集》，第 1 卷，第 9 页。——译者

我发问的动物,他作为这种动物的彻底有问题的本性,被命定而又轻易地抛到视野之外了。马克思把他的注意力转到了社会问题上,设想人实现其充分人性道路上的惟一障碍,就是资本主义制度。这方面,他只是附和了启蒙思想的乐观想法:既然人是一个理性动物,则妨害他圆满实现其人性的惟一障碍就必定是客观的和社会的。共产主义,遵循马克思,因此总是表现出一种奇特的两重性:在理论上对人性抱着最天真的乐观看法,而在实践上却对人类持最疑心的态度。

马克思主义是共产主义的意识形态;但是在事实上,在其实际的历史展开中,共产主义或已变成共产主义的真正哲学家,如我们所已看到的,乃是尼采。权力问题变得至高无上;它僭越了其他一切东西,如在米洛万·吉拉斯①所著《新阶级》这部新近出版的值得注意的著作中揭露出来的那样。控制自然、驾驭万物的集体努力,要求一些人有权驾驭其他一些人;这项运动到头来就把下层人只当作物看待,因为它的思想很久以来就已抛弃了所有承认人的个性及其主体性的范畴。这件事的历史转折点是列宁这个共产主义运动的实践天才和圣保罗。在 1917 年流放回来之前,列宁曾写过一本小册子,叫《国家与革命》;他在这本小册子里依据最天真最乌托邦式的理性

---

① 吉拉斯(1911—1995),南斯拉夫政治评论家。曾任南斯拉夫副总统和国民议会会长。曾发表过《没有正义的土地》等批评南斯拉夫政府的著作。——译者

主义讨论人性问题；但是，一当他返回俄国投身于实际政治时，他这个有力的政治家，心里就有了一个问题并且只有一个问题：权力。马克思主义的哲学手册把讨论人性问题的各种哲学都叫作"非理性主义"。当然，他们的理性主义只在于科技智能，在于控制万物（以及简单地被看做物的人）；而且，这种把科技智能抬高到人的其他一切属性之上的做法往往演变成可怕的行动，就像最近历史所表现出来的那样。

当今时代，在政治问题的背后隐藏着人的问题，这正是一切对当代问题的思考变得困难和棘手的症结所在。本世纪 30 年代之后，我们美国知识分子就已经能够整个儿投身于一项政治行动计划了，然而在这个时期我们国家却出现了理智衰萎现象，这就表明再也不能把哲学简单地看做政治的附属品了。正相反，今天谁要是想涉及政治，他最好先搞清楚人是什么，以及人类生活最后究竟是怎么回事。我是经过深思熟虑后才用了"最后"这个字眼的，因为疏忽和混淆最初和最后的东西并非——像所谓"讲究实际"的人们所希望的——不受惩罚，而是会从后门带来灾祸，把事情搞得一塌糊涂的。我们从政治家们的演说里看不出他们对此有什么认识；然而在大西洋两岸这些人的手里，却握有原子能毁灭性力量。

存在主义是终于达到的以哲学方式表达出来的反启蒙思想；它比其他任何哲学都更能推证出：启蒙运动的意识形态是浅薄的、抽象的，并且因此也是危险的。（我只说它的"意识形态", 乃是因为我们依然有启蒙运动的实践任务: 在日常生活中, 我们必须继续作为社会秩序的批评家, 因为我们的社会秩序到处都还是以镇压、不公乃至野蛮为基础的——因此, 我们作为负有责任的人类, 今天不能不保持这样一种特别紧张的心理。) 人的有限性, 像海德格尔所确立的, 或许就是对启蒙运动意识形态的致命打击, 因为承认这种有限性就是承认人将始终既生存于真理中又生存于非真理中。有些乌托邦主义者, 还在盼望有朝一日, 阴云四散, 人类也将住进一座光辉灿烂的水晶宫里; 这些人终将发现这种承认会让他们泄气的。然而, 倘若再琢磨一下, 就会看到, 这件事对于把我们自己从对进步的偶像崇拜中一劳永逸地解放出来, 或许并不是一件坏事; 因为乌托邦主义——不管是贴着马克思的牌号还是尼采的牌号——都由于把人的意义放到了将来, 而使此时此地的人类以及迄今为止的全部人类失去了他们自己的意义。存在主义者已经告诉我们, 如果要给人一种意义的话, 那就必须是此时此地的。要彻底想通这个见解, 就得彻底改造西方思想的整个传统; 觉悟到人类的一切真理都必然不仅对着四周的黑暗闪耀; 而且这些真理甚至充满着它自己的黑暗, 这种认识可能会让人泄气, 不只是对于乌托邦主义者才是如此。但是, 这种认识也有个优点, 这就是他把人的环抱着万物的原始神秘意义又归还给了人; 人的闪闪发光的技术世界已经使他远离了这种神秘意义, 可是他若是失去了这种意义, 也就不再是真正的人了。

2．复仇女神①

同传统哲学，或同其他当代哲学学派相比，存在主义，如我们所见，企图把完整的人——整个日常生活场景里具体的个人，连同他的全部神秘性和可疑性——带进哲学。各种不同的存在主义者都做过这项尝试，只是成功的程度有别。但这项尝试本身，即使它完全没有成功，对于我们时代也是必要的、有价值的。尤其是近代哲学（笛卡尔以来的哲学），差不多全都把人设想成一个认知主体，设想成一个登记感觉材料，制造命题，进行推理，并且寻求理性知识确定性的理智，而不是把他设想成一个处于这一切表面形式之下的人，一个有生有死、受苦受难的人。很自然，要尝试着看到完整的或整体的人而不是只去看他的理性或认知的片断，也必须去看看某些很煞风景的东西。如今，尤其是在我们美国，许多人空谈"完整的人"或"完人"，这些名词在这种语境里唤起的只是一些惬意的神往，以为只要参加补习课程、培养有益嗜好或积极参与社会运动，就可以知书达理，拓展自我。但是，完整的人若是没有诸

---

① 据希腊神话，复仇女神指阿勒克斯（愤怒不止者）、提西福涅（谋杀的报复者）和麦格拉（嫉妒者）。她们都是大地女神该亚的女儿，生活在阴间，专门到世上追踪恶人。——译者

如死亡、焦虑、罪过、恐惧和颤抖以及绝望之类很煞风景的事，也就不再完整了；即使新闻记者和平民大众给任何一种注重人生这些方面的哲学都贴上"悲观忧郁"或"只是一种绝望情绪"一类标签，表明了他们对这些东西的真实想法，事情也是如此。我们在启蒙运动上的根子扎得太深了，不然的话，我们早就离开了它，也正因为如此，我们总觉得人生中这些很煞风景的方面就像复仇女神——我们总想逃避的敌对力量——似的。当然，逃避复仇女神最简易的方式，我们想，大概就是否认她们存在这一招了。现代深层心理学①和存在主义同时崛起，而且它们的起因也相同；这在我看来，完全不是偶然巧合：因为虽说启蒙运动把那些很煞风景的东西丢进了那无意识的废物场，但是现在这些东西已经开始死灰复燃，终于迫使现代人去关注它们。

人类面对安抚复仇女神问题，这回不是第一次了。在西方历史初露曙光之际，希腊人就已经有过类似的经验，其记录已经由埃斯库罗斯伟大的《俄瑞斯忒斯》三部曲②留传给我们；从这部记录里，我们还可以读到有关我们自己冲突（略有差别）的预言及其惟一合理的解决意见（略有差别）。

---

① 原文为 depth psychology，也可译作精神分析学。——译者
② 《俄瑞斯忒斯》是现存的古希腊惟一的三部曲。其中第一部为《阿伽门农》，第二部为《奠酒人》，第三部为《复仇女神》。其主题描写父权制对母权制的胜利和进步的法治精神对血族复仇观念的胜利。——译者

依照这出悲剧的情节，克吕泰涅斯特拉杀害了她的丈夫阿伽门农；于是，他们的儿子俄瑞斯忒斯，受命于极端支持男性的阿波罗神，替他父亲报了仇。俄瑞斯忒斯既杀了他的母亲，便立刻受到复仇女神的追究；这些年长的黑夜和大地女神，负责维护血统，因此她们必定要惩罚这个弑母的儿子，因为他犯了人想象得出的最可怕的罪过。这出戏剧处处都围绕着人旋转，神自然就总在背景里；但是，当到了这三部曲的最后一部《复仇女神》，俄瑞斯忒斯受最后裁判时，女神们自己成了舞台的中心人物，而俄瑞斯忒斯即这场冲突中的人的载体却站在她们的阴影里而相形见绌了。现在，冲突是在这些神之间进行的，一方是阿波罗这位新神或启蒙之神，另一方则是复仇女神这些掌管家族及土地、代表母权氏族制度的旧神。阿波罗维护俄瑞斯忒斯，而复仇女神则伺机毁掉他。因而紧接着，在雅典卫城的高地上，敌对的诸神之间展开了一场审判。公民组成的陪审团将予以裁决：是释放俄瑞斯忒斯，抑或无可挽回地把他交给复仇女神。

现代读者，如果看这个剧本时太过仓促，很可能会产生一个印象，觉得这场审判不过是一场相当乏味的法律案件，几乎不值得搬上戏剧舞台；然而，对希腊人说来，这场审判跟俄瑞斯忒斯弑母这一更加耸人听闻的场景一样紧张，一样震撼人心，实际上只有它才是整出戏剧的核心。埃斯库罗斯的悲剧记录了希腊史上旧有母系氏族神祇被奥林匹斯山新起父系氏族神祇取代这一历史阶段；但是，一般希腊公民仍然记得这些旧有神祇，所以当他被迫在新旧神祇之间作出抉择时仍然有点心情不安，左右为难。因此，在《复仇女神》中一开始，阿波罗神的女祭司就告诉我们，诸神中第一个女先知是年迈的母亲大地自己。阿波罗开始占据遍及希腊的神谕圣殿只是很晚才发生的事。这种从旧母系氏族神祇到新父系氏族神祇的发展同希腊意识本身的发展是并驾齐驱的，因为它也是迈向文明和启蒙的。经过这样一番解释，这出戏剧的问题便变成了：这种先进意识将必须对旧有世俗的无意识奉献什么样的一种敬意呢？

公民审判团的投票结果是双方平分秋色；于是，俄瑞斯忒斯（依据希腊规则）获准自由。那张造成平局的决定性一票是由雅典娜女神本人投出的，雅典娜是个立场暧昧不明的女神，从精神上看，她介乎男人和女人之间。复仇女神悲伤地号啕大哭，威胁着要把各种灾祸降到大地上。然而，后来听说她们还不至于完全地为阿波罗那个新崛起的启蒙神所取代，心里也就安慰了；她们将得到一个受人尊敬的地位，一座圣殿，而且凡女人孕育的婴儿都要在她们的庇护下出世。这位雅典娜女神，是从宙斯的脑里生出来的，她既把这最终的公道判给复仇女神，也就表明她承认她们比她年纪大，也比她有智慧。

如果只把这看做一场冷漠的"以物易物"的交易，那就错了。希腊宗教在这里是极其严肃的，而且或许是再明智不过了。复仇女神将实实在在地受到尊敬，而不是简单地加以赎买；老实说，她们也是赎买不了的（即使我们现代的镇静剂和安眠药也不行），只有给她们以公道的和应得的尊敬，才能够安抚住她们。她们是人生的比较阴暗的一面，但是也以她们自身的方式和另外一面同样神圣。其实，要是没有她们，就根本经验不到神圣。如果没有怕得震颤或惧得发抖，人就永远无法面对他自己或他的生命；他就只会漫无目标地漂泊进虚幻不实的拉普特王国。

埃斯库罗斯的悲剧是以古代语言同我们讲话，但是它实实在在地在讲，而且是在直接对我们讲。我们是启蒙思想的孩子，总喜欢把它保留下来；但是，我们要想做到这一步，就必须先同那些古老女神们签好合同。人类理性许多世纪的漫长进化，乃是人类取得的最伟大的胜利之一，但是它还在进化，还不完善，还有待未来。同理性主义的传统相反，我们现在知道，使人之为人的并不是他的理性，而毋宁说理性是那真正使他成为人的东西的结果；因为正是人的存在这个自我超越着的自我锻造了理性，使它成为自己的筹划之一。人的理性就其本身而言也特别地具有人性（很可能跟他的艺术和他的宗教一模一样），因而也应当受到尊重。凡是理性长期进化过程中产生出来的价值——在自由主义、智能、正经合理的人生观等名下的一切事物——我们都极想保留下来并且让它们发扬光大，尽管现代生活非常混乱。但是，相对于隐蔽的生命力量，这些合理的理想该是多么地靠不住呀！而且，对于一个完整而具体的人来说，它们真正代表的又该是多么微小的一部分！经过20世纪发生过的这一切，难道我们还需要别人来说服我们相信这些吗？我们必须在这一小部分和我们的整体之间签订一项工作合同；但是要签订合同就需要妥协，要求双方都放弃一些东西，而且在这种情况下，特别是启蒙思想的理性主义就不能不承认，在其光明的中心也有黑暗。

否认复仇女神存在，或是极力操纵她们脱离存在乃是理性的最后一次失误——在这一点上，正是它自己的"傲慢"毁了它自己，走向了它的恶魔般的对立面即无理性。否定人本质上是个烦恼的存在，除了生出更多的烦恼外是成不了任何事的。当然，我们也可以在一段时期里"收买"复仇女神；但是，由于她们属于大地，非常古老，而且比起想要完全取代她们的理性意识来，活得久得多，因而她们完全有时间等待时机进行报复。而当她们报复时，那就较有可能而不是不会从冒犯她们的机能本身①下手。众所周知，一些非常聪明的人对他们自己身上的人性盲点往往最愚钝，这恰恰是因为他们的智能在别的事情上太机灵了，从而把那个盲点遮盖了起来，使他们看不到了；把这种情况无限放大，你就会洞达辉煌的科学技术文明的底蕴：它可能由于自己的聪明才智完全离开了自己的根，而胡作非为。由此看来，希腊悲剧智慧借埃斯库罗斯的戏剧提出的

---

① 指人的理性机能。——译者

解决办法或许并不是我们想象的那样可怕：如果把复仇女神应得的地位给了她们，那时我们就会看到她们并不像我们逃避她们时所想的那样，是那么一种"外在的精灵"。事实上，她们非但不是外在的，还是我们自己的一部分，就像所有的神祇和恶魔同是我们自己的一部分一样。因此，图谋忘却她们，或是图谋否认她们的存在，原来竟不过是现代社会规模巨大而又有组织的逃避自我的又一个诡计。

附　录

附录一　否定性、有限性与人性①

没有什么比虚无更实在了。

——塞缪尔·贝克特

欧内斯特·海明威在《胜者无所得》（1933）里讲了一个故事，叫"一处光明洁净的地方"，当代哲学家要是肯对它的意境体味一下，会大有裨益的。故事的主角是西班牙某处一个咖啡店侍者，临到结尾时，海明威是这样描述他的内心独白的：

电灯熄了，但他同自己的对话却没有停。他怕什么？这根本不是个害怕或恐惧的问题。他知道得很清楚，这是一个虚无。它完全是个虚无，而且连人也是一个虚无。是的，它仅只是那虚无，灯光以及洁净和秩序就是它需要的一切。人就生活在它里面，虽说从来不曾触摸到它，但他却还是知道它完全是虚无，它就是虚无，就是虚无，就是虚无。何谓我们的虚无？如果你在虚无里，虚无就是你的名字，你的王国。至于作为你的意志的虚无，虽说它也是虚无，但却是虚无中的虚无。给我们这种虚无吧！把我们日常的虚无给我们吧！当我们使我们的种种虚无虚无时，就没有什么东西能够使我们成为我们的虚无，也没有什么东西使得我们不进入虚无中而把我们从虚无中解救出来的，它就是虚无。

让我们欢呼虚无，充满虚无，祝愿虚无与你同在……

在西班牙语里，当虚无讲的词叫"nada"，海明威这段文字对"nada"作近乎应答轮唱般的重复，把两段传统的基督教祈祷文渎神地改换成对这种"虚无"的祈祷，这或许会使普通读者有难言之隐。实际上这段文字通常总激起人们"虚无主义"一类平庸的叫喊——我们常常试图拿"虚无主义"这个紧箍咒来打发海明威所叙述的这类经验。然而，若从上下文看，就会发现这段文字的意境极深，即使从韵律和格调方面看，同整个故事也很合拍；这个故事虽然很短（只有 8 页），却是海明威最优

---

① 这篇论文曾在 1957 年 11 月 29 日召开的美国哲学学会会议上宣读过，它不依赖海德格尔而独立地论述了否定性经验的意义，因而可以看做是对第 9 章所论问题的进一步阐明。

秀的作品之一，也是他最有胆识的力作之一。因为在其中他给一直潜藏在他许多早期作品里的"在"命了名，虽然它一直流转贯穿这些作品，却从来没有给它命过名，也没有直接面对过它。只有这一段才给这个故事（一部完整的艺术作品）启示出来的东西命了名：海明威及其主角所体验到的"在"就是"虚无"，它跟咖啡店里的灯光、阴影以及店里面的固体对象，如桌子、椅子和人的躯体等一样，是完全实在的。

正是在这一点上，哲学家们很可能会感到有难言之隐。这种虚无真的能是一种给予的材料吗？在经验里什么是给定的什么又不是给定的这个问题很棘手；虽然今天哲学家们也许会承认它比他们过去通常想象的还要棘手些，但是他们却很可能断然拒绝考虑海明威正在试图提供的这样一类给予的材料。一些哲学家说，感觉材料是给定的；另一些哲学家则说，知觉对象是给定的；但是，不管他们之间如何可能对这些问题争吵不休，到最后却还是通力合作，共同反对海明威在这里为之作证的这样一种奇怪的否定东西。

海明威是个头脑相当清楚的证人。他的话挖了普通反对意见的墙脚，这种意见断言这里涉及的一切"仅只"是一种"心情"问题（似乎心情只是一种"生命情欲"，照笛卡尔的学说，它只属于精神实体所固有的样式）。因为他告诉我们："这根本不是个害怕或恐惧的问题。""他知道得很清楚，这是一个虚无。"害怕或恐惧是心情；但是对故事的主人公来说，所涉及的问题不是"心情"，而是一种他知道而且知道得很清楚的"在"。而且，即使就海明威的故事所涉及的心情而言，它也绝不是狂乱的，绝望的，或"虚无主义"的。毋宁说，它的格调既阴沉又明朗，有勇气有胆识。

其实，人遭遇虚无的心情和反应大相径庭，是随人而异，随文化而异的。中国道家发现"太虚"时心情安宁、平静乃至很欢悦。对于印度的佛教徒来说，虚无观念在他们身上可以唤起对所有生物普遍怜悯的心情；因为在他们看来，这些生物全都陷入了归根到底是没有根基的生活之网。在日本的传统文化里，虚无观念渗进了种种高雅的审美鉴赏里，这从绘画、建筑甚至日常生活的礼节仪式等都可以看得出来。但是，西方人却齐颈陷进事物、对象以及支配它们的事务里去了，从而面对着遭遇虚无的一切可能，心情焦虑地往后退缩，还把关于它的谈论统统说成是"否定的"——也就是说，在道义上是应受指摘的。这么看来，很清楚，人反映这种虚无的心情是依时间、地点和文化的条件而相应变化的；但是这里所争论的，不是人类应当以什么心情面对这样一种"在"的问题，而是这种"在"本身的实在性问题。

从胡塞尔提出"面向事物本身"这句箴言到现在许多年过去了。他的这句箴言是在规劝哲学家们去更靠近点经验源泉。不过，哲学家们要做到这一步，却是非常困难的，因为当他们开始经验时总是带有太多的理智成见。然而，艺术家在这方面要好得多。因为关注经验毕竟是艺术家以之为业的事。要是海明威读过海德格尔的书，或者要是他是让-保罗·萨特，出于某种理智上的"既定方针"来写他的小说，那么，在这种情况下，他的证言就很可疑，至少在写作开始的时候是如此。但是海明威并不是一个唯理智是从的人，不，他远不是如此；因为他为自己锻造的独特风格直接源出要求真实报道的强烈冲动，一无保留地把事物的本来面目直接呈现给读者，用胡塞尔的话说，就是面向事物本身。这样一种风格在这故事出现的年代还没有开始为人拙劣地仿效。所以，他从一开始就是一个信得过的证人。

艺术家和哲学家从西方哲学初露曙光时起就一直处于隐蔽的对峙状态。柏拉图对荷马的谴责最终与其说如柏拉图本人所承认的，是道德的，倒不如说是形而上学的。艺术家所显示的真理避开了哲学家的概念结构。因此，对于后者来说，它不是真理，而是"非真理"。（在晚期对话《智者篇》里，柏拉图把诗人同智者一起划入贩卖非存在的"商人"之列了。）然而，还有另外一条通路向哲学家敞开：面对艺术家提出的棘手材料，思想家可能也愿意让思想重新思想它自身，让它同所给予的东西处于一种比较敞开又比较生动的联系中。海明威的故事对于抗衡西方文化中心传统来说，似乎是件极小的玩意，但是一个人只有在他找到实在的地方才能获得关于它的经验。经验的真正证人可谓凤毛麟角，因此我们不能不倾听某个证人的证言，即使必须以一种我们不熟悉的方式进行思考让人感到很不自在，我们也应在所不辞。传统思维方式上无论何处出现一个缺口，在这个场合就是关于否定性的，都会使我们重新考察整个传统。

1

在《形而上学》第 5 卷第 7 章里，亚里士多德主要列举了存在实即存在者的两种意义[1]：

（1）存在是由十个范畴分开的东西（也就是说，存在或是一个实体，或是一个实体的一种性质，或是一个实体的一个量，或是一个实体的一种关系，等等）。

（2）存在是表明一个命题的真实性的东西。

中世纪思想家（我认为他们对亚里士多德解释得相当准确）把这一节看成区别上述存在——实在的存在和概念的存在——的基础。首先，第一个名词把实在的实存定义为有实际而肯定存在的东西，如世界上的一个物体——归根到底是一个第一实体或它的一个属性或关系。其次，第二层意义包括的实存并不

---

[1] 亚里士多德在这一章里讨论了"存在"的四种意义：偶性的存在，实在的存在，概念的存在以及关于潜能和现实的存在。巴雷特认为其中第二种和第三种意义更重要些。——译者

含有第一个意义上的实际而肯定存在的东西。因此，如果我能说上一个关于非现存事物的真的命题，那么它在一个意义上就有了存在，因为它不是一个纯粹的非实存。例如，"一个半人半马的怪物一半是人，一半是马"是一个真的命题；而且很显然，一个半人半马的怪物是某类实存，虽然不是一个实在存在的实存。一个半人半马的怪物是一个至少可以表达成一个真的命题的实存。既然命题如果没有解释它们的心灵就不复存在，则半人半马的怪物就是一个概念的或精神的实存。

根据这种区分，中世纪传统把所有否定的实存（包括匮乏）都看做概念的生存。关于匮乏，圣托马斯曾举出过一个例子，这就是盲。盲不是一个实在的实存；虽然，眼是实在的，而且白内障或另外一个可能长得覆盖住眼球而引起眼瞎的实体也是实在的；但是，我们若要说这盲本身、这看不见是一种实存，就只有在"这眼看不见"这个命题是真的意义上，也就是说只有当我们在谈论一个盲人时断言这种情况是什么这种场合才行。

或许，另一个例子会把这种观点解说得更贴切又更明白清楚些。我从我的桌面上拿去了一切东西，只留下一条镇纸石。桌子和这块石头这两样都是实在的实存，都是有实际而肯定存在的事物。在这种情况下，下述命题便是真的：

(1) 桌子上有一块石头。

如果我现在从桌子上拿走这块石头，则下述命题就成真的了：

> (2) 这块石头不在桌子上。或者
> (2′) 这块石头从桌子上不见了。

石头不在是一个事实；但是这只意味着上述命题(2)和(2′)是真的。如果我动手在桌面上到处摸索以便抓住这块"不在的石头"，我就不仅从实践上而且从理智上在愚弄自己。"石头不在桌子上"是一个只在心灵中存在的实存：我曾经看到过这块石头在桌子上，我以为它还在那儿，而它却不在，因而我想：这块石头现在不在桌子上了。

在这里，常识把问题表达得够简单朴实明白易懂了。这种思维方式是亚里士多德在其《形而上学》里首先确立起来的，尔后为经院哲学家继承了下来，它也是近代哲学的17世纪奠基人据以思维的框架。如今它也还是西方人思索存在及其否定性的顽固而一贯的传统。尤当注意的是，卡尔纳普1931年在《认识》杂志上发表了一篇论文，题为《逻辑分析语言，克服形而上学》，竟试图说明海德格尔的虚无概念是随滥用语言而来的，他所依据的依然是上面那段话中的理由。卡尔纳普虽然使用了逻辑工具，但他的思维的本质方向，则和圣托马斯在《存在与本质》开篇几页中的同出一辙。乍一看，卡尔纳普和圣托马斯似乎可能同床异梦，但是经进一步思量后我们便会不以为奇了。实证主义毕竟属于西方传统，而且当它思考存在或系统地避免思考存在时，思考或避免思考这两者就全都发生在这一个传统之内。不过，既然实证主义一直盯着一些处于"前景"的细小逻辑问题，它便能够让这些"预存概念"极深地没入背景里，结果人们便忘掉了它们，甚至否定其存在。

但是，不管多么合乎逻辑，多么健全，常识毕竟只是人的诸多态度中的一种。而且像人的每件东西一样，它也可能有它的局限——或"否定性"方面。西方传统只在确实现存的物体里寻找实在的存在，然而，不管这种传统多么宏大有力，我们也必须准备把它放到我们自己的经验里对它进行现象学的检验，不论我们自己的经验看上去多么卑下，多么邋遢。

那么，让我们来看看这盲或瞎吧！

一个风和日丽的早晨，一个人醒来知道自己眼瞎了。某一天，我们出生，某一天，我们要死；某一天，对某些人来说，我们变瞎了。或许，事实上，我们不应当说"一个人"。因为这个词一开始就把这人放进一个比较遥远的对象领域，在那儿，他的个人存在一点一滴地流失，就像一张脸从远处看失去了轮廓一样。我变瞎了，你变瞎了——"这个"人变瞎了。这样讲要好一些，因为这使人稍微多一点想到这事只发生在某一个人身上。那么，好吧，我们现在就说，这个人突然瞎了。他掉进了一个很大的黑沉沉的深渊，他的整个生命都叫黑暗吞没了。"看不见"，一种匮乏，不可抗拒地突然降到他身上。他痛苦得狂吼，颠颠踬踬地在房间里乱撞。一位医生过来检查他的眼睛。如果这医生像亚里士多德、圣托马斯或卡尔纳普那样进行哲学思考的话，他就会观察到：这双眼睛是实在的，眼上的赘生物也是一个实在的实体，然而这眼的"看不见"本身却不是一个物体，因而也不是一个实在的实存。而且，要是医生都懂拉丁文，或者要是这一位对莫里哀还略知一二的话，他就甚至可能自负地聊以自慰地引证圣托马斯的话："瞎并不具有物体那样一种存在。"就我来说，我倒是希望这位医生"不"能够从这个房间很快走出去，躲不开这瞎子的狂怒。他的语言，尽管有拉丁语的全部庄重分量，但若从人性立场来看，则是没有意义的。而且，凡从人性立场上看没有意义的，从哲学上看也应当是错的，即使我们对为什么错及错在什么地方搞不清楚，情形亦复如此。

就与哲学相关的而言，在这种情势里究竟发生了什么情况呢？至少，在传统的思维方式里，已经张开了一个裂口：一个存在于主体与客体之间、被认为是存在者（即一个确实现存的物体）的存在与作为主体存在样式的存在之间的裂口，也是一个存在于从外面观察到的瞎与从里面体验到的瞎之间的裂口。对于这个已经变瞎的人来说，他的瞎很可能是他生命中的实在实存，或者更贴切地讲，是他生命中的"实在存在"或"非存在"。

就这一点说，否定性和主观性这两个概念在传统里已经本质上联系在一起了，虽说传统至多赋予后者一种派生的和有问题的地位。然而，这种永远从外面寻找对象的思维方式，是无法把主体的主观性带进思想里的。这种主体的主观性同笛卡尔以来一直折磨着现代哲学的带有怀疑主义倾向的"主观主义"毫不相干。主体的主观性是一种处于世界之中的实在性。这世界里有石头，植物，动物，日月星辰——而且还有维系着自己主观性的主体。

人的有限性是人类存在里的这个"不"的"在"。那种理解不了否定性存在的思维方式是无法充分理解人的有限性的。诚然，有限性是一个有关人的局限的问题，而局限则总是涉及我们"不"能够做的事或不能够"是"的东西。然而，我们的有限性并不仅仅是我们各种局限的总和；毋宁说人的有限性这个事实把我们带到了人的中心，在这里肯定的和否定的存在彼此重合、相互渗透，甚至一个人的力量同他的精神病苦，他的"视"同他的"盲"，他的真理同他的非真理，他的存在同他的非存在也彼此重合。如果不理解人的有限性，也就理解不了人性。

2

传统的本体论在其发展过程中总是同神学纠结在一起的；

而这在西方的实际体系里又总是意味着神正论；所谓神正论也就是一种对上帝及其宇宙的完满性进行辩护的理论。古典的匮乏理论适合这一历史框架。实际上，这种理论总是同解决恶的问题的努力连在一起的，这就是为什么虽然这个理论作为萌芽在亚里士多德那里早就有了，但它只是到了后来才为基督教的亚里士多德派很精心地炮制了出来。如果恶从实质上看其本性是否定的，是善的匮乏，如果匮乏只具有精神的而无实在的存在性，那么，恶就势必变成了一种幻想的阴影，从上帝创造的完满宇宙里勾销掉了。这样，就播下了种子，那种把否定性存在看做一种实在的传统就是从这里生长出来的，结果，这种否定性存在不是被升华、调解、扬弃，就是被形而上学的鬼把戏弄得烟消云散。因此，这种本体论成见的人性动机是再清楚不过了。

但是，这种成见又转过来为人性理论提供了纲要。如果我们把亚里士多德在《伦理学》（以及他的其他著作）、圣托马斯在《论人》、笛卡尔在《论感情》、斯宾诺莎在论情绪的作品里有关人的论述看做这种传统的代表，那么，今天对于我们来说，这些思想家的统一性要比他们的歧异性重要得多，尽管后者也很重要。对他们所有这些人来说，人是一个客体，他这个客体处于诸多客体的等级序列即自然当中，此外他也具有固定的本性或本质，而且，正是这种本性或本质给他指定了他在这个等级序列当中的确切位置，这等级序列虽然可能很圆满，但最后竟依赖上帝存在的圆满无缺。因此，不管这些思想家中任何一位关于人可能写过什么，都只不过是关于客体本质的卓越理智推理的产物。这种推理完全不需要——实际上也没有露出任何蛛丝马迹——那种命运攸关的、有时是可怖的经验，只有当遭遇到自我时才能够被我们感受到。他们中每一个即使都只思想过而从来也不曾感受过这种经验，想必也写得出他们所写的东西。但是，至少对基尔凯戈尔和尼采是不能这样说的——这可能是一个很好的理由，说明为什么当代对人的思考不能不从这两个人开始。

对这个一般传统来说，唯心主义似乎算得上一个大的例外，因为它把主体性带进了哲学，让它在西方思想中充当了一个它先前不曾充当过的角色。但是，唯心主义引入哲学的"主体"只是认识论的主体，而非具体的人的主体：它是心灵，也就是说它是形成概念及体系的限制性条件，因而还不是具体的人，还不具有他的存在的彻底有限性。而且唯心主义到头来总是变成了"客观唯心主义"，"客观的"这个形容词再次表现出了唯心主义最终关心的是客体的本性，是"存在物"而非"存在"。唯心主义同唯物主义虽说有差异，但它的根子却一仍旧贯；它只是满足于和它的对手换个位置，发现客体的本性是精神材料而非物质材料。这样看来，黑格尔论述否定性和有限性的广度和深度，倒是超过了他之前的任何一位哲学家，至少他确确实实是在大力卖弄这些字眼。不过，这只是卖弄而已。黑格尔终究是古典传统最傲慢的代言人，因为凡是否定的、片断的、不完全的、片面的——一言以蔽之，人的——东西，到了他的体系里就都变样了，就都被吸收进他那个"绝对"的圆满无缺性里了。黑格尔设计的人的形象或许是个受颂扬的形象，但是它也是对我们现实人类经验的一种扭曲，因而最终也是侮辱性的。

但是，现在确实可以说这种传统不再有力量、不再起作用了。我们生活在一个非形而上学的、甚至可以说是反形而上学的时代，因而无须花费很大的精力去鞭挞一匹死马。然而，思维习惯却很顽固；它总是凭仗许许多多千奇百怪的变形"苟延残喘"。那些把人解释成这种或那种客体的人们仿佛找到了一种超越所有哲学界限的血族关系似的。于是，人们报道说，一些耶稣会士同共产主义哲学家们于铁幕的另一边在共同寻求马克思主义和托马斯主义之间的"接近"。无疑，每一方都私下想着这样一来就可以吞掉另一方。这些共产主义哲学家把从哲学上讨论人的主体性的任何企图都说成是资产阶级颓废没落的征兆而予以否定。在铁幕的这一边，在美国，时尚更喜欢用行为科学的观点根据"科学的客观性"来解释人：人不再被归结为一种形而上学的对象，就像在古典传统中那样，而是被归结为一种科学对象。19世纪的自然主义试图把人作为一种物理化学对象提供给我们；随着自然主义思想在本世纪变得更加灵活更加精细，我们已经依次地把人作为一种生物学的对象、生物社会学的对象、人类学的对象，而现在，对于有些更年轻一代的自然主义者来说，人又成了精神分析的对象。

在我看来，可以提出两条意见来反对从行为科学的观点解释整个人的企图，其中一条是实践上的，一条是原理上的。首先，这些科学到目前为止还很年轻，它们提供的一般结论可靠的极少。尊重严肃科学良知的要求，我们把自己限制在现已由这些科学提供的"可靠"结果上，我们能够得到的人的画面，就只是他的一个极小的片断。可是，当我们非常希望这些科学可能发展的同时，我们不得不生活，这就意味着我们必须为某个关于人是怎么回事的一般观念所指导。每个时代，如安德烈·马尔罗所说，都用艺术设计了它自己的人的形象。但是，即便这个时代没有任何艺术，它也依旧按照这样一种形象生活；当然，这种形象有时是清楚表达出来的，但更常有的却是蒙上一层面纱。如果哲学家把哲学人类学的任务交给行为科学，这并不意味着他根本没有人的完整形象，而仅仅意味着这个形象很可能是无意识的。今天当哲学家像在伦理学里那样讨论人的问题时，即使从表面看来，他们只是在对价值命题作逻辑分析，但是，我认为从中也能够表明，在这种分析里总是隐藏有人性这个先决条件。

对行为科学观点的第二条反对意见，即原理上的反对意见，是行为科学必定永远是不完全的。数学一向是所有科学中最严格最精确的科学，但是到了我们时代，它的不完全性已经确立起来了，由此便可以想见，像行为科学那样空泛和复杂的混合物（尚未成为体系）就永远无法自封"完全"了。因此，对于完整的人，它们是永远把握不住的。想从这些科学的观点出发"完全"解释人的任何尝试，从本质上看，势必都是还原的。

老实说，即使那些具有良好意向的社会学家和人类学家，要避免滑落到这样一种还原上，都是很困难的；无论何时，只要让他们概括较为复杂的社会实存（例如美国文明，其意义是我们自己主体性的一部分），我们就能看到这种情况。原始人，要是他们读得到人类学家关于他们所写的东西，很可能会同样觉得难以认出他们自己。实际上，这个问题当行为科学讨论的原始人进步到产生诸如贝宁和班图雕刻[1]之类伟大艺术的水平时，就更其尖锐了。这些原始艺术家已经进入了我们只有进行艺术创作才能进入的存在域，而且只要我们只站在它的外面对自然物体、加工品及材料进行系统编目，我们就把握不住它的意义。现在惟有一门人的科学已经尝试过像理解完整人格一类事情，这就是精神分析学；必须把精神分析学这个领域同它的可疑的近邻——学院心理学区别开来，学院心理学把自己限制

---

[1] 贝宁和班图是散居在非洲西部和南部的两个原始民族，曾以专擅牙雕和木刻著称于世。——译者

在人的存在的一个比较狭小的部分里。不过，精神分析学已经剧烈地分化成了几个学派，而且在基本原理方面它在当前也正经受着最深刻的危机，这种危机到最后就不能不由哲学来对它作出评价，因为它争论的是哲学问题，是一个存在于弗洛伊德、阿德勒和荣格之间的主要问题，确切地说，是一个有关人的主体性的本性和范围的问题。

然而，比哲学家们主张的任何一个"人的理论"都更加重要的，是人的实际形象，我们这个历史时代就是按照这种形象生活并展示它的历史命运的。这样一种人的形象可能部分地是由哲学家们的理论衍生出来的，但更其经常的在于它是某些历史力量的产物，这些力量由于非常大众性而往往趋于无意识。大众社会现象和人的集体化这些事实对我们时代具有决定性意义，乃至在政治形式之间和领导人之间的一切冲突都是在这个基础之上发生的，也都是在这个基础之内发生的。集体化愈演愈烈，它把人还原成一件物体，一件同其他物体（人们）处于功能性相互作用状态的物体，而且，在一定意义上它还完全出乎意料地使人回到他之作为一个被利用的自然物体的原始地位，而历史本来在很早以前就已把他跟这种地位区分开来了。集体存在正在变成我们时代的风尚，尽管我们星期天早晨也给人们以个人尊严、个人价值理想的口惠。主体性在集权主义下已经被我们自己的庸人习气看做是一种犯罪行径，一种病态的赘疏。面对着这样一种威胁性的历史气候，主体性体现出了反叛的人的尊严；否定性的实在性也使自己在人的说"不"的权力中显现出来了。

附录二　存在与分析哲学家

存在不是一个真正的谓词，这一向是实证主义和分析哲学尽心维护的教条之一。然而，最近在一些地区，这个问题好像又重新讨论起来了。实际上这个问题也值得分析哲学家重新作一番考察。为此目的，我们也可以从康德在其《纯粹理性批判》中对该问题的经典性陈述谈起，因为他的陈述对他身后的多数现代哲学家似乎有决定性意义。

康德说："存在显然不是一个真正的谓词，或一个有些什么东西可以添加到一件事物概念上面的概念。"这就是说，如果我想到一件事物，然后又想到这同一件事物存在着，我的第二个概念就没有给第一个添加上任何可观察的性质，因此（就与它所包含的概念的或严格表象的内容相关的范围而言）在这两种情况下，我在思考的都是同一个思想。现存的事物和仅只可能的事物，作为事物，完全是同一件东西。而康德在此列举的例子，也已和他宣布的一般原理一样，颇为出名：他告诉我们，100 元实在的钱的概念和 100 元只是可能的钱的概念，作为概念是一回事，一个并不比另一个多 1 分钱也不比另一个少 1 分钱。概念，作为概念而言，从存在的角度看，是中性的。

我们的思想在这个很卓越的例子上停留片刻是值得的，因为它再典型不过地体现了康德的坦诚精神；这位伟大思想家常常能够以这种精神对那些他想要证实的最棘手的问题提供一些允当的例证。例如，在这儿他就挑选了一个解说存在的最中肯的例证——当我们把手伸到口袋里意外而难堪地发现它是空的，我们就会真切地感受到在实在的钱和只是可能的钱之间相去天渊。康德非常坦诚地承认了这个事实：他说，"就我的经济状况而言，100 元钱无疑比只是这 100 元钱的概念有更多的存在性。"但是，为什么这种对一个人经济状况世俗事实的勉强承认几乎只附带地在脚注中提到呢？难道说钱似乎同一个人的经济状况只有非常偶然的关系，而不是实质上同我们富些或穷些相关的东西——我们会由于其在我们口袋存在而富些，由于其不在而穷些？一个普通市民，当他对如期支付账单感到拮据时，便会很清楚地看出，100 元只是可能的钱（他可能梦想的）和 100 元实在的钱（他为积攒这 100 元钱作了许多努力）不同，他便可能就是在康德朴实例证的激发下惊呼道：如果哲学家的概念不允许在 100 元实在的钱和 100 元只是可能的钱之间作出任何区别，那么，这些哲学家们的概念可就算糟透了！看来这倒算得上一个不乏哲学深度的人性反驳。

然而，如果考虑到康德在《纯粹理性批判》里提出的关于真正合法概念必要条件的一般学说，他的上述论点理解起来就很顺当了。这样一个概念必须能够依照想象力的某种先验图式表象出来，也就是说，这概念（如果它不是空的）必须使一系列心理印象，从而最终使一系列作为那些印象源泉的感觉材料结合在一起。在他的先验图式学说里，康德把英国经验论里出现过的概念本性的观点系统化了，这观点由贝克莱对"抽象观念"的著名反驳表现出来，尔后经休谟才传至康德的。在这里，概念说到底是感觉材料的心理印象，有些概念径直如此，而另外一些概念则须借助于一系列内蕴着逻辑关系的概念才看得出来，因为这些概念毕竟是由本身是这样一些心理印象的别的概念组建起来的。在这个意义上，我们自然一定会赞同康德的观点：认为我们不可能具有任何一个关于某件事物存在的心理图像。在形成一张桌子的概念时，我能够向自己表象出它的颜色、大小、形状等等，但是却表象不出它的存在。颜色、大小、形状等等，所有这一切，今日哲学家们称之为可观察的性质；而这张桌子的存在却不在这些性质之列。诚然，如果没有现实存在的桌子，我们就感觉不到这些可观察的性质，也不可能由此前进形成一个关于桌子的心理图像，这图像是不分什么现实桌子或可能桌子的。然而，这件事实被允许潜藏在康德整个讨论的背景里，就像一个未曾提及的讨厌的鬼魂似的；这在《纯粹理性批判》的其他地方，引起了一些相当棘手的难题，并最终使他陷于绝境，提供不出关于外部世界实在性的证明，照他自己的说法，这是哲学的一种耻辱。

由此看来，康德关于存在不是一个谓词的见解，属于他哲学比较明确的经验主义一面，这也是康德主义的一个极其重要的方面，康德主义就是用这个观点塑造后来实证主义和实用主义的；老实说，它的这种塑造功能有时比实证主义者和实用主义者似乎记得的还要多得多。再说，在这里，他的攻击目标也十分清楚——在哲学争论里，如果想使争论不在完全不得要领而又令人困惑的论证细节里迷失方向，哲学家就绝对必须明白他实际上在追求什么：就康德而言，他之所以要摆脱存在可以成为谓词这一信条，为的是推翻关于上帝存在的证明。后来的经验主义者和分析哲学家，在这个问题上追随康德，他们一向关心的是一个类似的但却又更加一般的目标：完全挖掉整个形而上学的墙脚。因为如果存在是一个空洞的概念，那么，谈论它的形而上学家就只是在谈论无意义的废话。当然，哲学家们已经就存在谈了许多废话，因而揭露这种废话，单就目标而言，就很可嘉许。但是一个人也无须因此而走上极端，把"存在"这个词从其所允许的词汇里一笔勾掉，对普通语言和普通人实施报复。

然而，问题还不限于此。因为人们虽然能够接受康德的观点，但在如何运用这个观点上，却可以跟经验主义者大相径庭。而这也恰恰是在基尔凯戈尔那里发生的事。他赞成康德存在不是一个概念（或谓词）的观点，但却是从同经验主义者针锋相对的观点出发的。对于实证主义者来说，存在之所以不是一个概念，乃是因为它太空洞、太稀薄了，因而最终是无意义的；对于基尔凯戈尔来说，我的存在之所以不是一个概念，乃是因为它太稠密、太丰富、太具体了，因而不能够由一具心理图像充分地加以表象。我的存在不是一个心理表象，而是一个我深陷其中甚至没过头顶的事实。在这座满是镜子的大厅（康德的心灵及其所有的表象）里，我的存在的形象从来不曾充分地在任何一面概念的镜子里显现出来；这只是因为它是包封着所有那些镜子的"在"，如果没有这个"在"，就根本不会有这些镜子。人（现实的而非只是可能的人）同他们自己相关联的方式，完全不同于理智试图获得心理表象的方式：在欢悦或绝望的心情中，他们可能祝福或诅咒他们自己的存在。当哈姆雷特在其终极的焦虑中提出了"在还是不在"这个问题时，他就使自己在这个问题本身中，同他自己的存在关联起来，而这显然完全不是理智同它的一个概念相关联的那种方式。基尔凯戈尔虽然就其哲学底蕴而言与康德大相径庭，但在这里的目标是十分确定，这和康德一模一样：如果存在不能够是一个概念，那么，很清楚，它就不能还原成本质，而且也不能要求本质先于存在。当然，基尔凯戈尔的直接攻击目标是黑格尔，因为黑格尔企图把存在说成是辩证法展开过程中的一个阶段，从而把存在还原为本质；但是，基尔凯戈尔以存在的名义向本质提出的抗议，完全超出了这个直接目标，其实是对西方哲学内的整个柏拉图传统提出的疑问，因为这个传统总是力图把存在看做本质的摹本、赝品、分有，甚至是它的堕落或降格。在这里基尔凯戈尔直接指向那隐藏在关于存在是不是一个谓词的辩论背后的真正有重大意义的问题：归根到底，问题不在于我们能否把我们的语言装备起来，使"存在"能够或者不能够成为一个可允许的谓词（其实以其中任何一种方式都能把它装备起来），至关紧要的是我们如何对待存在：我们是来公正地把它看做一个原始的和不可还原的事实呢，还是不知怎么地把它变成本质的一个鬼影般的替身。

1

在这方面，西方思想一直非常精细深入地维护着柏拉图的遗产，乃至即使在那些未被意识到的地方，它的幽灵也很可能十分强大有力。这里有一个颇引人注目的例子是贝特兰·罗素提供出来的，而且是他在自己的思想已经发展到宣布放弃他早期信奉的柏拉图主义这样一个阶段提供的。罗素显然把康德的观点提得更尖锐了。他说："苏格拉底存在"这个命题对他变得无意义了，因为在其《数学原理》的形式语言里，对这种形式的表述在句法上是不可能的。但是，在日常语言里，"苏格拉底存在"这个命题是完全可以理解的；而且，实际上，每个人不仅理解它的意义，还知道自公元前399年(那时，苏格拉底饮鸩而死)以来它就成了一个假命题。然而，正是这样一件事成了罗素必须注意加以对付的一个障碍。照这样，他会允许作下面这个"代位陈述"："(Ex)(x＝苏格拉底)"，这可以译成"有一个个体，他的专名是苏格拉底"。在这里，由于致力于取消作为谓词的存在，我们就只剩下一个可疑的相近表达式"有"了。存在显然成了一种相当黏性、相当黏糊的"在"。罗素的技艺开始有点像喜剧演员的滑稽老套子，他拼命想甩掉右手上的黏蝇纸，结果不行，然后坐下来用他的左手耐心地把它剥下来；最后像孩子般喜形于色地举起他的空着的右手；同时观众看到了那纸现在粘在左手上。早期维特根斯坦是最早叫人注意到这张黏蝇纸依然在那儿的人之一。

既然"有"依然保留在他的语言里，罗素就必须对存在意味着什么作一番解释；于是，他就胆大心细地干起这件事来了。至于用符号消除存在的细节，我们可以归结如下：所谓存在就是满足一个命题函项；当我们在数学里说一个方程的根存在，这是什么意思呢？就是说它能满足这个方程；前面那句话里"满足"一词所具有的意义也当如此。而且这也并不仅仅是作为一个典型例证提出来的；正相反，罗素告诉我们，"这是'存在'的根本意义。"别的意义若不是从这推演出来，就只是体现了思维混乱。难道贝特兰·罗素这人确实相信"他存在"跟一个方程的根存在意义一样？我想大概还不至于如此。但是，罗素堪称我们时代最负盛名的哲学家，他竟能提出这种观点，而且还能逃脱哲学界的惩罚，这样一个事实似乎表明，这个时代本身，至少它的分析哲学家，已经不知不觉地滑向拉普特王国有多远啊！

这里，罗素已经大大改变了柏拉图的语言，但是他们的思想路线却完全一致。柏拉图说，存在就是成为理念或本质的摹本或相似物，个别事物的存在视它们实现或"满足"理念原型的程度而定。罗素说，存在就是满足一个命题函项，恰如一个数字可以满足一个既定方程一样。在这两种情况下，存在都被理解为由本质派生出来、推演出来的。存在者由于本质而存在。

罗素之后，维特根斯坦的思想更加大胆又更加严密，他明言罗素《数学原理》的语言并没有正当地从逻辑推得存在。这种语言不仅允许有不受限制的存在的算符，而且它里面的命题"(Ex)(x＝x)"——"有一个与它本身同一的个体"——是一条分析真理。维特根斯坦感到逻辑甚至不应该造出这样一个命题——单单让它的存在成为一条分析真理。如果从逻辑语言纯正癖(对于他们来说，逻辑，即纯粹逻辑，必定同存在及实在世界毫不相干)的立场看问题，则维特根斯坦在这个问题上无疑是正确的。但是，他因此也就被迫必须不顾一切地从逻辑中得出那"有"。如果有人得到一个世界，在那儿所有的原子事实都一一详细列明，这样他就能够坚信：一个人可以简单地说"a是p"或"b是p"或"c是p"等等，等等(这里，a、b和c是专名，而p是可观察的性质)，而不必屈尊去说"有一个x，它是p"，因为这只不过是这个或那个确定命题的一个空泛而不确定的暂时代用品。不幸的是(虽然或许我们作为存在的人是有幸的)如果整个世界是这样一些确定的原子事实的总和，在它里面，每个个体实存都在其专名下一一详细列明，那么，这个世界就只是这位逻辑学家的梦幻，同我们确实生存于其中的实在世界没有一点相似之处。(即使在数学里，也有一些让人非信不可的理由，说明为什么维特根斯坦的提议不应采纳。)维特根斯坦这些早期的建议到现在已被分析哲学家们很有理由地抛弃了。但是，他之被迫得用这样极端的方法，念动咒语从逻辑中召唤出"有"来，这个事实有助于使人们再次回想到我们在罗素身上已经看到的东西：存在实际上是一种很黏手的东西，即使纯粹逻辑学家也会发现，要把他自己同存在分开也是很困难的。

2

在这个问题上，我们必须调解康德的原初困难，或者毋宁追到它的根子上，从"有"转向简单的联系动词"是"，并且来问一问是否这个简单动词本身只用作联系动词，而不具有某种存在的意义。康德会把"s是"这个表达式说成是无意义的，而会觉得"s是p"可以接受。但是，倘若这"s是p"中的"是"不只是一个联系谓词和主词的纯粹符号，而且还以这样那样的方式具有存在的意义，又将怎样呢？对问题的这个方面，康德根本没有发挥。现代数理逻辑不用"是"这个述语，通常使用圆括号履行这份职责——因此"a是p"就成了"p（a）"——而后面这种句法形式又使人想到日常语言里的这个"是"不过是一个辅助符号，它除了用作述语形式符号的圆括号外，再无别的意义。然而，说日常语言里的这个"是"只具有这样一种意义也还是不十分确定的；而且，在实际上，如果我们肯查阅一下《牛津词典》的话，就会发现，在它达到它作为一个联系动词的意义之前，这部词典竟枚举了动词"是"的6个意义！无疑，在形式逻辑学家看来，这只不过是历史用法中一个乱七八糟、纠缠于世俗的事实，对哲学理解没有什么特殊的意义。但是，既然我们在这里碰巧也要讨论这个关于存在的乱七八糟、纠缠于世俗的事实，我们就至少可以让历史用法这个事实也具有相当的分量，至少表面看来无可争议地不亚于逻辑学家的形式结构的分量。

消除联系动词的努力曾经发生在早期实证主义[①]关于约定

[①] 巴雷特这里所谓早期实证主义，是指以卡尔纳普为代表的逻辑实证主义，而非孔德、穆勒和斯宾塞所代表的19世纪实证主义。——译者

句子的一个著名插曲里（这里，原动力再次来自维特根斯坦）：如果当我们报道时，不说"这张桌子是棕色的"，而去说那被假定为更基本的所与材料："这里有一片棕色"，这样我们就消除了联系动词"是"。现在，我们既然有了大量这样的"约定"陈述，再加上有了形式逻辑工具而无须使用联系动词"是"，我们就能够在没有形而上学废话的情况下，去讨论我们这个经验世界；这些"形而上学废话"在过去一直是依附于动词"是"的，并且还使它的"纯属偶然"的用法成了哲学家铺陈存在意义的机缘。至少，早期实证主义是这样建议的。

然而，问题并不在于动词"是"的神圣不可侵犯性质，要是抛弃了动词"是"于问题有所补益的话，我们也会完全甘愿弃之了事的。但是，在我们抛弃它时，我们必须确信我们并没有造出另一种动词形式来承当它的工作。而就这最后一个方面而言，"这里现在"（here now）是一个极其可疑的表达式；因为一个人在语言里几乎再找不出别的字眼能更加生动明确地意指这个直接的、现实的、囊括当下事态的东西，简言之，存在。在这样执着于时间参照的地方，就肯定有关于存在所说的东西。要消除任何存在的参照，我们就必须消除掉动词的时态。因此，在逻辑形式"p(a)"（读作"a 的 p"）里，这种说法从时间上说是中性的，或者说是无时间的；"棕色（这张桌子）"（"这张桌子的棕色"）并没有告诉我们它在什么时候是、曾是或将是棕色的。反之，"这张桌子是（is）棕色的"却指明这是一个当下存在的事实。所以，在像俄语和希腊语那样的语言里，"是"这个动词作为联系动词在现在时里便可以省掉。但是这种省略之所以可能，是因为这个时态能够为人清楚明白地理解；而当表示其他时态时，就必须使用"是"这个动词了。

用从时间上看是中性的数的指称来表示时间以消除现在——过去——将来，似乎是可能的。因为说"在 10 点钟"，并不是说 10 点钟是过去、现在或将来。因此，实证主义超越它早期的"约定句子"阶段后，下一步就是把谓词指派给时空坐标：不说"这里有一片棕色"，因为这明显带有现在和存在的参照，我们代之以"棕色(x, y)"——"一片棕色在时空点 x, y。"结果，一个表示时间的数的指称从动词时态中抽象出来了。这样，我们就似乎达到了一种完全非存在主义的语言，它由清一色名词和形容词组成而不用任何动词。

但是，这个建议只有在牛顿的绝对时空里有固定不变的点的情况下才行得通，因为这样一来，我们就可以不依赖于在那些时空点上找到的事件或实在物体而认识到这些点。然而，实际上，我们总必须相对于某个现存物体(地球，太阳等等)来确定物理的空间坐标；同样地，我们也总必须相对于某个实际事件来确定时间坐标；而且，既然是"实际"事件，则它就总是过去曾经存在，或是现在这样存在，或是将来要存在。这样看来，一种完全由名词和形容词组成的语言，就总是从一种有真正动词的语言借来它的时间意义的，不管它依然保留着什么样的时间意义都是如此。但是，一个真正的动词总是带有时态的，因而总是带有一种对时间的实质性参照；而且同时间一起，还有一种驱除不了的对存在的参照。

3

综上所述，这个关于存在是不是一个谓词的问题，这个为康德以来的现代哲学家争论不休的问题，掩盖着另外一个问题，而且历史地看是一个对哲学更为重要的问题，这就是关于存在与本质及其关系的问题。否认存在是真正的谓词，就大多数哲学家而言，属于哲学心灵的那样一种冲动，它酷爱静止不动的无时间性的本质的自我同一性，并且将会把存在解释为本质的某种阴影般的派生物。超越存在这一原初事实的努力，如我们所见，采取了三种形式：否认存在，这种形式或许是其中最不彻底的；第二种形式是从一种严格逻辑的语言里逐出存在的算符——"有"（There is）；第三种形式是把动词"是"（to be)的意义还原为一个纯粹的联系动词，一个表示谓词和主词以某种方式联系在一起的辅助符号。正是这最后一种形式把我们带到这整个问题的隐蔽的根子："是"的意义。

具有时态的动词保有对存在者的实质性参照。就这一方面而言，"是"是动词的动词，因为它表达了使一个动词成为动词而不是某个别的词类这样一个第一性的事实，即正是现在，或者已经是过去，或者就要是将来这样一个纯粹事实——它不蕴含有任何伴随的、第二性的和可观察的行为。然而，悖论性的事实是：在有一种使用范围内，"是"恰恰是那能够失去其本质的时间性的动词。我们只说"7 是一个质数"，如果说"7 曾经是一个质数"或"7 将是一个质数"，则都是无意义的。现在时在这里成了一个时间性退化的实例。但是正是这种退化的实例——在这里"是"失去其全部时间意义而用作纯粹的联系动词——逻辑学家偏把它作为首要的实例，"是"的所有其他意义都从此出发加以理解。

我们的论证已经最终达到了依据动词时态，依据时间和时间性作为存在的驱除不了的特征；其实，这一点也并不新奇，而且事实上它又使我们回到了在历史上这个问题的最初源泉：使我们返回到柏拉图，对他来说，从本质派生出存在是人逃避时间性达到无时间性的筹划。诚然，现在分析哲学家，因为他们是反形而上学派——没有任何柏拉图式的本质王国。但是柏拉图主义——作为这样的基本思维模式，总是不得不认为本质高于存在——可能大肆张扬地从前门被赶走，然后又让它蹑手蹑脚地悄悄从后门溜了回来。只要逻辑学在哲学中享有绝对至高无上地位，只要逻辑心灵在人的功能的等级序列中被置于首位，理性似乎就不可避免地要陷入对静态的和自我同一的本质的迷恋，而存在也就会因此而趋于成为一种难以捉摸的影影绰绰的东西，一部哲学史充分证实了这一点。人只要搞逻辑，他就倾向于忘掉存在，然而，如果他恰巧要搞逻辑，就首先必须存在。

译后记

本书的翻译始于 1987 年秋，至 1989 年春译出初稿，并交陈修斋教授审校。后来又根据上海译文出版社刘建荣同志的建议，对部分译稿作了些许修改和文字上的调整。

在翻译过程中除得到陈修斋教授的指导和帮助外，还得到了陈殿云（武汉大学出版社）、郭齐勇（武汉大学哲学系）、丁新华（武汉大学师资培训中心）、陶佳珞（武汉大学出版社）诸同志及黄国钟先生（台北东大图书股份有限公司）的热情鼓励和支持，谨在此一并致以谢意。

由于译者的水平所限，错误和不当之处在所难免，恳请专家和读者批评指正。

译　者

图书在版编目(CIP)数据

非理性的人/(美)巴雷特(Barrett, W.)著;段德智译.
—上海:上海译文出版社,2012.11(2024.7重印)
(译文经典)
书名原文:Irrational Man
ISBN 978-7-5327-5936-1

Ⅰ.①非… Ⅱ.①巴… ②段… Ⅲ.①存在主义-研
究 Ⅳ.①B086

中国版本图书馆 CIP 数据核字(2012)第 179502 号

William Barrett
Irrational Man
Copyright ©️ 1958 by William Barrett
All rights reserved

图字:09-2012-871号

非理性的人
〔美〕威廉·巴雷特 著 段德智 译
责任编辑/张吉人 装帧设计/张志全工作室

上海译文出版社有限公司出版、发行
网址:www.yiwen.com.cn
201101 上海市闵行区号景路159弄B座
山东临沂新华印刷物流集团有限责任公司印刷

开本787×1092 1/32 印张13 插页5 字数221,000
2012年11月第1版 2024年7月第16次印刷
印数:43,001—47,000册

ISBN 978-7-5327-5936-1/B·354
定价:55.00元